자유주의의 역사

자유주의의 역사

노명식 지음

cum libro
책과함께

개정판 서문

18세기 중엽 장 자크 루소는 사람은 날 때부터 자유롭지만 어딜 가나 사슬에 묶여 있다고 선언하였다. 그 사슬을 어떻게 풀어서 인간 본유의 자유를 회복시켜줄 것이냐고 묻고 그 물음에 대한 답을 추구하는 것이 자유주의이다. 자유란 도대체 무엇이며 그것이 왜 가치가 있는 것인지 자유의 가치와 이념을 밝히고, 그 가치와 이념을 실현하는 방법을 이론적으로 체계화하는 것이 자유주의이다.

 자유주의를 연구한 이 책이 처음 출간된 것은 20년 전인 1991년 여름이었다. 이 책을 쓰고 있을 때 갑자기 베를린 장벽이 무너지고 반세기 이상 계속되었던 냉전시대도 막을 내렸다. 베를린 장벽이 무너진 1989년은 근대 시민혁명의 전형으로 꼽히는 프랑스 대혁명이 일어난 지 꼭 200년 뒤였다. 유럽의 역사가 프랑스 혁명이 일어난 1789년을 꼭짓점으로 일대 전환을 했듯이 1989년도 현대 세계의 일대 전환점이 될 것이 틀림없어보였다. 미국과 소련의 두 세력권으로 갈려 있었던 지구 전체가 둘이 아니라 하나의 세계가 되었으니 그 현상을 지구화globalization라고밖에는 달리 표현할 길이 없었을 것이다. 세계화라고 번역되고 있는 이 지구화의 거대한 물결 속에서 신자유주의neo-liberalism라는 새 낱말이 등장하고 있었다. 이 신자유주의는 이 책의 제10장 3절에서 다룬 신자유주의new liberalism와는 다른 자유주의이다. 애담 스미스를 선두로 한 고전 자유주의를 수정해야 할 필요에 직면한 19세기 말엽의 영국에서 홉하우스와 홉스 등에 의해 수립된 신자유주의가 이제 세계화 시대를 맞아 다시 수정되어야 할 필요가 생긴 것이다. 영어로는 'new' 외에 'neo'라는 형용사가 있으나 우리말에는 'neo'에 해당하는 낱말이 없으니 좀 답답하다. 그렇다고 해서 그냥 신자유주의라고 하면 19세기 말엽 이래 20세기에 당당히 자기 역할을 수행하는 데 성공한 신자유주의와 혼동될 터이니 '새 신자유주의'라고 하면 될 것 같다. 이 '새 신자유주의'는 말하자면 세계화 시대의 자유주의global liberalism인 셈이다.

루소가 자유는 사람이 나면서부터 가지고 나오는 것이라고 선언한 지 이백수십 년이 지난 지난 세기에 롤스John Rawls는 사람이 이 세상에 태어나면서 가지고 나오는 것은 자유가 아니라 정의에 바탕을 둔 권리라고 주장하였다. 여태껏 자유주의는 개인적 자유와 관용 등이 자유의 핵심적 가치이고 정의와 권리는 종속적이고 2차적인 것이라고 주장해왔는데, 그보다 권리가 오히려 최고의 가치라는 주장이 제기된 것이다. 권리를 우선하는 롤스의 자유주의는 종래의 자유주의와 충돌할 수밖에 없었다. 그런데 이런 충돌은 공교롭게도 이 책을 처음 쓰고 있던 20여 년 전에 이미 진행되고 있었다. 노지크Robert Nozick와 롤스를 선두로 하는 권리 우선론과 밀턴 프리드먼과 프리드리히 하이에크를 선두로 하는 이른바 시카고학파가 맞서 있었던 것이다.

그 후 20년이 지나 이 책의 개정판을 내는 오늘에 와서는 하이에크는 말할 나위 없고 롤스의 권리 우선론도 그 위상이 마이클 샌델

Michael Sandel의 《정의론 *Justice: What's the Right Thing to Do?*》(한글판 서명은 《정의란 무엇인가》) 앞에 가려지고 있는 것 같다. 20년 전 이 책의 초판 서문에서 나는 우리나라에서 왜 자유주의가 활발히 연구되어야 하는가를 강조한 바 있는데, 이 역시 최근 한국의 독서계와 지성계에서 울연히 일어나고 있는 샌델의 정의론 앞에서는 별로 설득력이 있어 보이지 않는다.

그런데 여기서 생각해 봐야 할 것이 있다. 바로 샌델의 '정의론'이 자유의 이념과 가치—그것이 하이에크적인 것이든 롤스적인 것이든—를 경시하거나 무시하는 이론이냐 하는 것이다. 샌델은 롤스를 포함하여 여태까지 자유주의 이론에 이바지한 선인들의 이론을 면밀히 검토하고 비판하는 가운데서 오늘의 새로운 역사적 상황에 적실한, 말하자면 세계화 시대에 가장 적실하다고 여겨지는, 자유의 이념과 가치의 실현을 개인적 자유나 권리에서보다는 정의의 실현에서 찾고 있는 것이 아닐까? 자유도 권리도 그 근본은 정의에 있으니 말이다.

그렇다면 샌델의 정의는 종래의 자유주의가 꾸준히 추구해온 자유, 프랑스 혁명 이래 줄기차게 실현해온 자유와 평등에 조금도 상치하지 않을 뿐만 아니라 오히려 일치하는 것이 아니겠는가? 따라서 그의 정의론은 고대 아리스토텔레스에서 시작하여 임마누엘 칸트, 존 로크, 제임스 밀, 제러미 벤담 등을 거쳐 최근의 노지크와 롤스에 이르는 주요한 자유주의 이론들을 낱낱이 분석하고 거기에서 발견되는 오류와 모순을 지적하고 비판하여, 그 모든 논의를 자기의 테제에 적합하도록 변증법적으로 논증하는 정의론이다. 그런데 자신의 정의론이 만일 종래의 자유주의 이론들과 아무 상관이 없는 것이라면 뭣 때문에 그런 복잡하고도 어려운 작업을 했겠는가? 샌델의 정의론은 아리스토텔레스 이래의 저명한 사상가들을 공박하는 것이 아니라 그들의 사상과 이론들이야말로 인류 역사상 가장 훌륭한 것이라고 평가하기 때문에 그들의 이론들을 낱낱이 검색하는 것이다. 그러므로 샌델이 비판하는 선인들의 이론은 역으로 샌델의 이론을 수립하는 데 가장 중요한 자료가 되어 있다. 그러므로 샌델의 정의론은 자유주의 이론의 최신판인 셈이다. 그의 정의론을 공동체주의communitarianism라고 규정하는 일부 사람들에 대해 롤스가 별로 달가워하지 않는 이유도 그의 정의론이 궁극적으로는 자유주의의 최신 이론이기 때문일 것이다.

그런데 자유주의가 반공주의를 대변하는 극우파의 정치 이데올로기에 불과한 것으로서 이미 역사의 뒤안길에서 폐기 처분된 것쯤으로 여겨지고 있는 한국 사회에서—심지어 지식인 사회에서조차도—샌델의《정의란 무엇인가》가 출판된 지 1년도 안 되는 사이에 100만 부가 팔리는 놀라운 현상이 일어나고 있는 까닭은 무엇일까? 더구나 일본에서는 60만 부가, 영미권에서는 10만 부 정도가 팔렸다는 것과 비교해 볼 때 더더욱 수수께끼 같은 현상이 아닐 수 없고 극히 주목하지 않을 수 없다.

이 놀라운 현상의 원인이 무엇인가에 대한 답은 여러 가지가 있을 수 있겠지만, 우선 오늘의 한국 사회가 사회정의를 얼마나 갈망하고 있는가를 보여주는 것으로 해석되는 동시에, 샌델의 정의론을 자유주의 이론의 범주에서가 아니라 이데올로기적 범주에서 접근하는 데도 그 원인이 있지 않나 생각해본다. 그렇게 생각하는 이유는 무엇일까?

한국 현대사에서, 1960년대 이래 유신 체제와 그것을 실질적으로 계승한 신군부 시대에, 정의 문제에 대한 접근이 샌델의 변증법적 접근과는 다른 문맥에서 극심한 갈등과 고뇌를 표출하고 있었는데, 그 시기에 자유민주주의를 열망하는 지성들에게는 사회정의를 짓밟는 유신 이데올로기는 반드시 제거되어야 할 절대 불가용의 불의로 규정되어 있었다. '유신이냐 귀신이냐'라는 학생들의 구호가 단적으로 말하듯이 유신 체제는 악마적인 것이었다. 따라서 유신에 대한 털끝만큼의 이해나 관용도 무조건 불의이고 절대 악이었다. 정의와 불의, 선과 악에 대한 해석에서 자기의 주장 이외의 다른 어떤 논리도 일체 용납되지 않는 이분법적 흑백논리가 압도하고 있었다. 자유의 문제도 정의의 문제도 객관적·이론적으로 냉철히 접근하는 태도가 일체 배제되어 있었다. 그런데 실은 안타깝게도 거기에 정의론이 이데올로기화할 위험이 잠복해 있었다.

그런데 그 위험이 민주화에 성공한 근년에 와서도 아직 사라지지 않고 있다는 증거들이 나타나고 있다. 일례로 가톨릭 사회에서 정의의 구현을 목적으로 행동하는 사제들과 정진석 추기경의 시국관 사이에서 보여준 민망스런 대립과 그 사제단에 대한 어느 국회의원의 정면 공박은, 정의의 관념이 사람들의 관점 여하에 따라서는 얼마든지 이데올로기화할 가능성이 아직도 농후하다는 사실을 말하는 것이 아닐까? 그리고 정의의 최후의 보루인 사법부에 대한 일반 국민의 불신도 그 가능성을 더욱더 농후하게 만들고 있는 것으로 보인다.

이처럼 정의의 문제가, 자유와 평등이 개인적·사회적 차원에서 어떻게 실현되어야 하느냐를 묻는 자유주의의 범주에서가 아니라 이데올로기적 범주에서 접근하는 경향이 아직도 사라지지 않고 있다면, 혹자는 한국의 정치적·사회적 현실에서는 그럴 수도 있지 않겠느냐고 해명할 수도 있을 것이다. 그럼에도 불구하고, 샌델의 정의론이 폭발적으로 환영받고 있는 현상에 대해 그것이 무엇을 의미하는지 신중히 진단해볼 필요가 있지 않나 생각된다.

한국에서 자유주의가 지난날, 아니 아직도, 보수 반동의 이데올로기로 오해되고 있듯이 정의론이, 오늘날 그리고 내일에도, 좌파 이데올로기로 오해될 위험성이 배제될 수 없지 않겠느냐고 생각하게 될 때, 자유니 정의니 하는 것은 본래 우리 문화에 착근하기에는 생소한 관념이라는 사실에 주목하지 않을 수 없다.

정의는 물론이고 자유도 평등도 우리 문화에서는 일찍이 있어 본 일이 없는 생소한 관념이다. 셋 다 서구 문화에서만 발견되는 것들이고 그중에서도 특히 정의의 관념은 고대 그리스 이래 그 역사가 매우 오래되었다.

정의를 의미하는 'justice'라는 말은 법을 의미하는 라틴어 'jus'와 의를 의미하는 'just'의 합성어이다. 이는 법이 곧 정의라는 것을 말한다. 법과 법을 다스리는 법무부를 영어로 'justice department'라고 칭하는 까닭이 거기 있다. 영미권에서는 치안판사나 대법원 판사를 'justice'라고 부른다. 법이 곧 정의이기 때문이다. 그런데 우리 문화가 속해 있는 유교 문화권에서는 법이 곧 정의라는 관념은 아예 없다. 법은 피치자被治者 곧 백성에게만 적용되는 것이고 치자治者 곧 권력을 가진 자에게는 해당되지 않는다는 법사상이 지배적이었다.

그런데 서양 문화에서는 전제군주나 특권적 권력자라도 역사적으로 전승되어 오는 보편적 규범을 무시하려고 할 때에는 반드시 인민 저항권의 발동에 의해 타도되었다. 그러면 그 인민 저항권의 근거가 되는 보편적 규범의 근거는 무엇일까? 바로 자연법사상이다. 자연법은, 자연의 법칙이 언제 어디서나 불가역적不可易的이고 보편적

이듯이, 어떤 특정한 사회나 국가의 특정한 습관들과 제도들을 넘어선 우주적·보편적 규범과 법칙이 존재한다는 사상으로서, 그 자연법의 규범과 법칙은 어떤 사회든 어떤 국가든 그들이 규율하는 실정법에 우월하는 원리를 가지고 있다는 것이다.

이 자연법사상은 고대 그리스 이래 현대에 이르는 사이에 그 이론 체계가 복잡 다양하게 발전해왔고 그 구조와 기능도 몇 차례 수정되어 왔지만, 보편적·초월적 질서와 규범이 객관적으로 엄존한다는 신념을 가지고 구체적인 현실 문제 해결의 원리로서의 기능을 발휘해왔다.

거기서 모든 사회와 국가의 실정법이 자연법의 보편적인 법jus과 정의justice의 척도에 맞지 않으면 안 되었다. 만일 맞지 않을 때는 맞도록 고쳐야 하고, 고치지 않을 경우에는 역시 자연법사상에 근거한 자연권의 가장 근본적인 혁명권 내지 저항권에 의해 고쳐지게 되었다.

그런데 이와 같은 자연법사상의 전통이 없는 문화적 토양에는 정의의 관념이 착근하기가 여간 어렵지 않을 것이 틀림없다. 한국의 경우 4·19 혁명과 6·29 선언에서 발휘되었던 저항권 승리의 기록에도 불구하고 유신 이데올로기와의 투쟁 과정에서 뿌리내린 정의관이 이데올로기화할 위험이 여전히 상존하고 있다고 판단되는 현실을 고려할 때, 한결 더 착근하기가 어려울 것으로 보인다. 그 이유가 어디 있을까?

가장 큰 이유는 자유주의의 토착화라는 기반 위에 세워져야 할 정의가 존재하지 않는다는 데 있다고 생각된다. 정의의 이데올로기화를 막고 국민 생활에 뿌리내리는 정의를 실현하기 위해서는 그 토대가 되는 자유주의의 이데올로기화를 막고 올바른 자유주의의 토착화를 우선 정착시켜야 한다. 그러므로 아전인수 격이라는 비난을 받을지 모르겠으나, 이 책의 초판 서문에서 강조했듯이 한국에서 자유주의가 연구되어야 한다는 그 주장은 여전히 유효한 듯하다. 이 책의 개정판을 내는 까닭은 여기에 있다.

1991년에 《자유주의의 원리와 역사》라는 제목으로 출간된 이 책을 20년 만에 제목을 바꾸어 다시 출간하면서, 그 사이에 전개된 자유주의의 새로운 문제에 대한 논의를 추가시켜야 함에도 불구하고 그렇게 하지 않았다. 그 새로운 문제란 결국 샌델의 정의론에 관한 것인데, 그의 책이 100만 부가 팔린 한국에서는 더 이상 그것을 설명할 필요가 없다고 판단했기 때문이다. 이 책의 독자라면 그의 책을 읽지 않는 사람은 아마도 한 사람도 없을 것으로 생각한다.

모쪼록 이 책이 21세기 한국 사회를 사는 사람들에게 정의와 자유의 문제에 대해 한 번쯤 숙고할 수 있는 계기가 되기를 바란다.

2011년 6월
대전 지족산 기슭 우거에서

초판 서문

이 책은 자유주의란 무엇인가를 알기 쉽게 풀이한 해설도 아니고 또 자유주의가 얼마나 훌륭한 이데올로기인가를 추켜올리는 자유주의 예찬론도 아니다. 오히려 자유주의의 참모습을 객관적으로 추구하다 보니 자유주의가 그 발전 과정에서 보여준바, 어둡고 비정한 면도 숨김 없이 비판하였다. 이런 점에서 아마 어떤 독자는 예기치 않았던 자유주의의 부정적 모습에 놀랄지도 모르겠다. 자유주의의 원리와 가치를 존중하는 사람이라면, 자유주의가 그 발전 과정에서 어떤 때는 스스로 공언한 원리를 망각하거나 배반한 사실들을 정직하게 비판하는 일에 주저해서는 안 될 것이다. 이것이 이 책을 쓰면서 저자가 취한 일관된 태도이다.

한국에서 자유주의라면 해방 후부터 이 나라에 범람하고 있는 저급한 G. I. 문화 정도로 착각하는 사람들이 있는가 하면, 자유주의는 국가 안보를 약화시킨다고 주장하거나 혹은 평등이 뒷받침되지 않은 자유는 무의미하다고 생각하는 사람들도 있다. 그리하여 한국에서는 대체로 자유주의를 부정적으로 보는 시각이 강하다. 그래서인지 자유주의를 체계적으로 논술한 저서가 별로 눈에 띄지 않는다.

자본주의가 봉건적 사회경제 질서와의 끈질긴 투쟁을 통해 인류 역사상 초유의 물질적 풍요를 창조해냈다면, 자유주의는 봉건적 정치사회 질서와 전근대적 우주관, 세계관, 인간관, 사회관과의 이념적 투쟁을 통해 개인의 자유와 개인의 권리를 무엇보다도 존중하는 개인주의 철학에 기초를 둔 자유의 이념을 체계화하고, 그것을 개인 생활과 국가 생활에 실제로 구현하는 데 성공하였다. 그러므로 자유주의에 대한 올바른 이해 없이 현대 세계에서 일어나는 역사적 사건과 이데올로기를 제대로 이해하기는 매우 어려운 일이다. 시민혁명도 사회주의혁명도 파시즘도 공산주의도 그리고 냉전과 그 해체 과정에서 일어나고 있는 오늘의 역사적 변화도 자유주의와의 관계를 떠나서는 충분히 이해하기가 어려울 수밖에 없다.

  따라서 이 책은 오늘의 정치적·이념적 혼란 속에서 왜 하필 자유주의를 연구하는 것이 필요한가라는 물음에서 시작하여, 자유주의의 철학적 기반이 되는 개인주의의 형성 과정과 그 이론적 구조를 분석하고, 그 철학적 기반 위에 수립된 자유주의의 원리와 가치는 어떤 것이며 그 원리와 가치는 어떠한 모양으로 하나의 체계를 이루고 있는가를 고찰한 후, 그러한 가치 구조의 자유주의가 언제 어디서 어떤 모양으로 싹이 트고 자라서 제 모습을 갖추게 되었는가를 발생적·발전적으로 탐색하고 있다.

  어떠한 이념 체계도 본래부터 고유한 제 모습을 갖고 있는 것이 아니라 역사적으로 그렇게 생성된 것으로서, 자유주의 역시 마찬가지이다. 미국 독립혁명과 프랑스 대혁명으로 승리를 거둔 자유주의는 19세기에 전성기를 맞이하지만, 1848년 혁명들의 해를 고비로 사회주의와 대결할 필요에서 자체 변혁을 모색하지 않으면 안 되었다. 거기서 19세기 말엽 이래의 자유주의는 신자유주의 내지 사회민주주의의 길을 찾아 고유의 전통적인 진보성을 잃지 않으려고 노력하였으나 사회주의에 밀려 점차 보수화하는 경향을 보이기 시작하였다. 이런 보수화의 경향은 20세기의 양차 세계대전을 전후하여 군국주의, 공산주의, 파시즘에 의해 자유주의의 가치들이 무참히 짓밟히는 가운데서 한결 더했으나, 냉전 시대의 퇴조와 함께 다시 그 진보성을 회복하는 조짐을 보이고 있다.

이 책은 자유주의의 주류가 오늘에 이르기까지 어떻게 전개되었는가에 중점을 두고 있기 때문에 그 주류에서 벗어나 있는 나라들의 자유주의 운동은 논급하지 않았다.

이 책을 집필하기 시작한 때로부터 지금까지 꽤 많은 시간이 지났다. 그동안 자유주의에 대한 평가의 기준도 매우 달라졌고 자유주의를 바라보는 시각에도 다양한 편차와 층위가 형성되어, 정치·사회·경제 각 부문에서 이를 둘러싸고 열띤 논쟁이 벌어지는 것 같다. 필자도 이러한 변화를 가급적 고려하면서 이 책을 쓰려고 노력하였으나, 세계 정세의 변화가 하도 급격하여 그 점이 충분하였다고는 말할 수 없다. 이뿐만이 아니다. 이 책이 여러 면에서 충분하지 못함을 잘 알고 있다. 독자 여러분의 질타를 바라 마지않는다.

이 책이 탄생하는 데 여러 해가 걸렸음에도 불구하고 끝까지 기다려주시고 또 여러 가지 수고를 아끼지 않으신 많은 분들께 심심한 사의를 표하는 바이다. 그리고 이 책의 지지부진한 집필 과정을 저자 못지않게 늘 걱정하면서 쇠약한 건강을 무릅쓰고 내조를 아끼지 않은 집사람에게 고마운 마음을 전한다.

1991년 7월
과천 우사에서

차례

개정판 서문 _5
초판 서문 _13

서론 왜 자유주의를 연구해야 하는가? _19

제1장 자유주의의 철학적 기반 : 개인주의 _37

    1. 자유주의의 정의 _37
    2. 자유주의적 개인주의 _41
    3. 욕망과 이성 _49
    4. 개인과 사회 _56

제2장 자유주의의 여러 가치들 _65

    1. 개인적 자유 _65
    2. 관용과 이성 _78
    3. 입헌주의와 민주주의 _86
    4. 자유주의와 자본주의 _95

제3장 자유주의의 발생 　　　　　　　　　　　　_102

　　1. 개인주의의 출현 　　　　　　　　　　　_102
　　2. 종교개혁과 종교적 관용 　　　　　　　　_116
　　3. 종교전쟁과 관용 정책 　　　　　　　　　_125

제4장 17세기의 네덜란드와 영국 　　　　　　　_135

　　1. 네덜란드 공화국의 자유 　　　　　　　　_135
　　2. 자유와 재산 　　　　　　　　　　　　　_141
　　3. 영국혁명과 자유주의 　　　　　　　　　_146
　　4. 크롬웰과 수평파 　　　　　　　　　　　_150

제5장 18세기 영국의 자유주의 　　　　　　　　_156

　　1. 존 로크의 자유주의 　　　　　　　　　　_158
　　2. 휘그적 자유주의 : 재산의 승리 　　　　　_165
　　3. 빈곤관 　　　　　　　　　　　　　　　_171

제6장 18세기 프랑스의 자유주의 　　　　　　　_176

　　1. 영국의 영향과 계몽사상 　　　　　　　　_176
　　2. 공리론과 행복론 　　　　　　　　　　　_182
　　3. 교육관과 정치관 　　　　　　　　　　　_188
　　4. 위로부터 시작된 개혁의 좌절 　　　　　_193

제7장 자유주의의 승리 　　　　　　　　　　　_196

　　1. 미국 독립 혁명 　　　　　　　　　　　　_196
　　2. 프랑스 대혁명 　　　　　　　　　　　　_202
　　3. 유럽에 미친 프랑스 혁명의 영향 　　　　_211

제8장 　자유주의의 두 갈래　　　　　　　　　　　　　_217

　　1. 영국의 경우 : 버크와 페인　　　　　　　_217
　　2. 프랑스의 경우 : 콩스탕과 콩도르세　　_225

제9장 　경제적 자유주의의 이론과 실제　　　　　　_231

　　1. 자유방임의 경제 이론　　　　　　　　　_231
　　2. 자유방임의 실제 정책　　　　　　　　　_240

제10장 　자유주의의 분수령　　　　　　　　　　　　　_247

　　1. 2월혁명과 토크빌　　　　　　　　　　　_247
　　2. 존 스튜어트 밀　　　　　　　　　　　　_255
　　3. 신자유주의　　　　　　　　　　　　　　_261

제11장 　20세기의 자유주의　　　　　　　　　　　　　_274

　　1. 양차 세계대전 기간　　　　　　　　　　_274
　　2. 냉전 자유주의(1) : 매카시즘　　　　　　_280
　　3. 냉전 자유주의(2) : 전체주의에 대한 분석　_285
　　4. 냉전 자유주의(3) : 민주주의 정의의 수정　_290

제12장 　오늘의 자유주의　　　　　　　　　　　　　　_296

　　1. 일반적 특색　　　　　　　　　　　　　　_296
　　2. 롤스와 하이에크　　　　　　　　　　　　_301

주　　　　　　　　　　　　　　　　　　　　　　　　_311
참고문헌　　　　　　　　　　　　　　　　　　　　　_327
찾아보기　　　　　　　　　　　　　　　　　　　　　_337

서론

왜 자유주의를 연구해야 하는가?

"사람은 날 때부터 자유롭지만 어디를 가나 사슬에 묶여 있다." 루소Jean Jacques Rousseau의 이 유명한 말은, 인간의 본래적 속성은 자유이지만 역사적·사회적 조건으로 말미암아 언제 어디서나 구속과 속박을 받고 있다는 뜻이다. 이 명제를 긍정한다면, 인간의 본래적 속성이 자유이므로 그 속성은 반드시 속박을 물리치고 자유를 되찾으려고 몸부림칠 것이다. 자유란 묶인 사슬을 풀어버리고 속박에서 해방되는 것을 말한다. 자유liberty와 해방liberation은 뜻이 같다. 루소의 명제에 따라서 잃어버린 자유를 되찾으려고 몸부림친 것이 프랑스 대혁명이었다. 헤겔Georg Wilhelm Friedrich Hegel은 인류의 역사를 더 많은 자유를 얻으려는 투쟁의 과정으로 보았다. 그런데 인류가 자유를 실현하는 과정은 지극히 험난하고 긴 가시밭길이었다. 20세기 최대의 이탈리아의 철학자 크로체Benedetto Croce는 자유를 위한 길고 긴 투쟁을 다음과 같이 묘사했다.

진실로 자유라는 말은 산문과 시가에서 일찍부터 써온 말이고 ……
그리스와 로마는 수없이 많은 자유의 투사들과 자유를 위해 고결한
생명을 바친 장엄한 행위와 비극의 기록으로 점철되어 있다. 기독교
와 그들의 교회는 여러 세기 동안 자유를 간절히 갈구하였다. 자유는
황제와 왕에 대항해 싸운 코뮌과 봉건영주, 귀족이 내지르는 함성이
었다. 또 자유는 귀족과 봉신封臣과 코뮌에게 주권을 빼앗긴 황제와
왕이 주권 탈환을 위해 내건 구호였다. 또 제후와 도시가 그들의 의회
와 특권을 지키려고 절대군주와 대항하여 싸울 때 부르짖었던 구호도
자유였다. …… 그리고 근래에 와서 '자유'는 '평등' 및 '우애'와 더
불어, 낡은 프랑스의 전체 구조와 낡은 유럽의 거의 전체 구조를 마치
강력한 지진이 무서운 파괴력으로 모든 것을 부숴버리듯이 철저히 부
수고 말았다.[1]

액턴John Emerich Edward Dalberg Acton 경은 자유가 열매 맺기까지 가
야 할 길고 긴 가시밭길을 크로체와는 좀 다른 말투로 다음과 같이
서술하고 있다.

자유는 2,460년 전에 아덴에서 씨를 뿌리고 현대에 우리가 그 열매를
거두어들이게 될 때까지 종교 다음으로 선행의 동기도 되고 범죄의
구실도 되었다. 자유는 성숙한 문명만이 따먹을 수 있는 섬세한 열매
로서 자유의 의미를 알게 된 인민들이 자유롭기로 결심한 것은 아직
100년이 채 못 된다. 자유의 전진은 어느 시대에서나 원수들의 방해
를 받아왔는데, 원수란 무지와 미신, 정복욕, 안일의 타성, 강자의 권
력욕, 빈자의 게걸스러움 등이다. 어떤 때는 자유의 전진이 오랫동안
완전히 막히기도 하였다. …… 사람들이 먹고 마시는 데만 정신을 팔

고 정치에 대한 관심과 이해가 없어 팥죽 한 그릇에 장자의 상속권을 팔아먹고, 자신이 팔아먹은 보물이 얼마나 값진 것인가를 모르면서 살던 때가 바로 자유의 전진이 가로막혔던 시기이다. 자유는 어느 시대에서나 성실한 동맹자가 적었지만 소수의 동맹자들에 의해 승리를 거두었다.[2]

정치, 경제. 사회, 문화, 종교, 법률, 사상 등 인간 생활의 일체에서 이룩한 혁명적인 주장과 성취를 단 하나의 낱말로 집약할 수 있고 또 그 모든 것에 생명을 불어넣은 정신을 표현할 수 있는 단 하나의 낱말이 드디어 생겼는데, 그것은 자유라는 낱말이었다.[3]

성 아우구스티누스St. Aurelius Augustinus의 기독교적 역사관이 수립된 이래 천 수백 년간 기독교 문명권의 정신을 지배해왔던 역사는 우주와 인간을 창조한 신의 뜻에 의해 움직이는 역사였는데, 19세기에 이르러 그 역사는 자유의 역사에 자리를 물려주어야 했다. 종래의 전통적 종교들이 역사에서 차지해왔던 자리는 자유라는 새 종교에 밀려나게 되었다. 자유라는 이 새로운 종교도 낡은 종교와 마찬가지로 자체의 신학을 수립해야 했는데 그것이 바로 자유주의이다.
 그런데 자유주의는 오늘의 세계에서도 여전히 역사의 방향을 결정짓는 푯대가 되며, 앞으로의 역사에서도 계속 그 고귀한 가치를 유지할 수 있을까? 무엇보다 20세기 이후로 자유주의는 당당했던 지난날의 위세를 잃어가고 있는 듯하다. 공산주의는 자유주의를 부르주아 이데올로기로 낙인찍어 말살해버렸고, 한때 기승을 부렸던 파시즘도 자유주의를 짓밟기는 마찬가지였다. 자유주의의 본고장인 유럽과 미국에서조차 19세기에 꽃피었던 자유주의는 그 힘을 잃어

가고 있다.

또 서구 제국주의 국가들이 식민지에서 물러가면서 만들어놓고 간 의회 민주주의에 입각한 헌법은 오늘날 거의 없어지고, 그 자리에는 권위주의 체제―우익적이건 좌익적이건―가 들어서서 위세를 떨치고 있다. 또 남아메리카 국가들처럼 한때 자유주의적 헌정이 확립된 것처럼 보였던 여러 나라에서도 군사독재 체제가 지배하고 있고, 문민정치가 계속되고 있는 경우에도 일당 지배 체제인 경우가 대부분이다.

더구나 오늘날 빈곤에 허덕이는 제3세계에서 자유주의는 더욱더 매력이 없다. 빈곤과 기아에 허덕이는 사회에서는 물질 문제가 가장 다급하다. 그런 사회에서는 사회적 부정과 착취에 대항하여 빈곤 대중의 실질적인 생활 개선을 가능케 할 정치 전략에 몰두해야 하기 때문에 자유라는 낱말은 경멸의 뜻으로밖에 쓰이지 않는다. 죽지 않고 살아남아야 하는 절박한 현실 앞에서 자유는 전혀 문젯거리가 안 된다. 빈곤과 기아의 정치는 무엇보다도 어떻게 살아남느냐의 정치이다. 서양의 자유주의자들도 이 점은 원칙적으로 인정하고 있다.

> 헐벗고 굶주리고 병들고 무식한 사람들에게 국가 간섭을 막는 정치적 권리를 제공한다는 것은 그들의 생활 조건을 우롱하는 짓이다. 그들은 자유를 증진시키고 자유를 행사하는 방법을 배우기 전에 당장 의약품이나 교육이 필요하다. …… 자유를 행사할 충분한 조건이 없는 곳에서 자유란 도대체 무엇이란 말인가? 19세기 러시아의 한 급진주의자가 선언한 바와 같이, 셰익스피어William Shakespeare의 작품보다 신발이 더 중요한 상황도 있는 것이다. 개인적 자유란 모든 사람에게 다 같이 일차적으로 필요한 것은 아니다. …… 이집트의 농민은 인격적

자유에 앞서 옷과 의약품이 훨씬 더 필요하다.[4]

빈곤과 기아에 허덕이는 제3세계의 과격파와 혁명가들은 자유주의적 질서 따위는 아랑곳하지 않고 자유주의와 자유주의자를 노골적으로 경멸한다. 이 경멸이 정당한 것이든 아니든, 그들이 경멸하는 이유를 아는 것은 매우 중요하다. 그들은 서양의 자유주의자는 위선자일 뿐만 아니라 자신들이 표명한 가치를 실제 적용하는 일에서조차 일관성이 없다고 생각한다. 입으로는 남아프리카 공화국이나 짐바브웨의 인종차별을 비난하면서도 실제로는 아무 일도 하지 않고 또 평화와 비폭력의 가치를 입으로는 선전하면서도 베트남 전쟁을 지지한 것이 바로 서양의 자유주의자들—사회민주주의자들을 포함하여—이라는 것이다. 그들의 이런 생각은 현대 서구 자유주의의 도덕적·정치적 성격에 대한 편견일지도 모르겠으나 서양의 자리를 떠나서 보더라도 반드시 편견만은 아니다.

그리고 20세기의 서양 세계에서도 권위주의적 경향이 커져가는 현실을 부정할 수 없다. 자본주의의 불황을 극복하기 위하여 자유주의적 정치 균형이 깨진 경우도 있었고, 또 자본주의를 유지하기 위한 힘겨운 싸움이 정치적 자유라는 '사치품'을 언제까지나 허용할지도 알 수 없는 일이다. 그리고 근자에 자유주의경제학이 다시 대두하고 있으나 거기에 비등하는 자유주의 정치학은 뒤따르지 않고 있다. 그리하여 그 '자유' 경제는 오히려 거꾸로 '강한' 국가와 연합하고 있다.[5]

이상에서 개관한 바와 같이 자유주의와 자유주의적 제도들은 비서양 세계에서는 물론이고 서양에서조차 물러나고 있는 것 같다. 그렇다면 자유주의는 오늘날 한낱 시대착오적인 이데올로기에 불과한

가? 여기서 생각해봐야 할 문제는 자유주의가 좌우의 적들로부터 맹렬한 비난과 공격을 받고 있다는 바로 그 사실이 무엇을 의미하느냐 하는 점이다. 어떤 신조나 이론도 그것이 시대착오적인 것에 불과하다면 그저 무시해버리고 말 뿐 아무도 신랄하게 비판하거나 공격하지 않는다. 자유주의가 우익의 보수주의와 좌익의 공산주의로부터 맹렬한 공격을 받고 있다는 사실은, 자유주의가 그저 무시해버려도 좋을 만큼 시대착오적인 것이 아니라 오히려 공격과 방어의 가치가 있는 살아 있는 이론임을 증명해주고 있는 것이다.

오늘날 고도 자본주의사회에서 자유주의가 독자적인 정치 운동의 형태를 취하고 있지 않은 이유는, 자유주의의 여러 가치—개인적 자유, 인권, 정치적 자유, 정치적·종교적 관용, 입헌정치—는 이미 다 실현되어 있어서 그런 가치의 실현을 위한 투쟁이 더 이상 필요하지 않기 때문이다. 자유주의가 한때 열심히 추구했던 자유주의적 가치와 덕목들은 이제는 서구적 생활의 구석구석에 보이지 않게 스며들어 있다. 그것은 서양 사회의 가장 기본적 차원의 생활 태도와 사고방식의 보이지 않는 전제가 되어 있다. 그 전제들은 이제 너무나 당연한 것으로 되어 있어 드러내놓고 소리 높여 논쟁할 필요가 없게 된 것이다. 그 사회의 공통된 사회·정치·경제적 생활 태도에 깊숙이 숨어 있는 전제들은 기독교적인 것, 봉건적인 것, 혹은 사회주의적이거나 무정부주의적인 것이라기보다는 본질적으로 자유주의적인 것이다. 오늘날 서양 세계가 널리 일반적으로 갖고 있는 세계관은 전통적 보수주의의 세계관이나 혁명적 사회주의의 세계관이라기보다는 자유주의적 세계관이다.[6]

현대적 형태의 자유주의는 마르크스주의처럼 어떤 명백한 틀을 가진 사상이나 이론이 아니라 사회와 세계를 바라보는 태도와 그 태도에 관한 전제들의 사상 체계이다. 서양 사람들은 이 전제들을 매우 자연스럽게 서서히 섭취해왔기 때문에 이를 실생활에서 의식하지 못하고 있다. 따라서 자유주의는 마르크스주의의 경우와는 달리 의식적으로 선택할 필요가 없는 것이다. 말하자면 자유주의는 서양 세계 전반의 지적 분위기를 만들어낸 그 길고도 복잡한 역사적 발전의 현 단계에서는 자유주의의 구호가 필요치 않을 만큼 그 이념들이 구체적인 생활 태도와 일상적인 사고방식에 육화(肉化)되어 있는 것이다.

이처럼 그 이념이 현실 생활의 밑바닥에 널리 뿌리내리고 있다는 것은 자유주의의 강점이 아닐 수 없다. 그러나 그것이 곧 약점이기도 하다. 과거에는 자유주의가 특유한 정치 형태를 집중적으로 표현하고 있었지만 오늘날에는 그럴 필요가 없어졌기 때문에 형태가 흐릿하게 희석되어 있다. 그리고 보수주의와 사회주의도 자유주의의 전제와 태도를 자기들의 것으로 만들었다. 이 같은 사실은 바로 자유주의의 우세를 입증하는 것이기는 하나 동시에 우세의 한계를 말하는 것이기도 하다. 자유주의적 원리는 이제 주요한 정치 운동과 정당 활동에 날카로운 활력을 제공하지 못하고 있다. 그 원리들은 자유주의의 왼쪽과 오른쪽의 정치적 이데올로기에 다 같이 흡수되고 만 것이다. 자유주의 이외의 다른 정치적 전통들이 자유주의의 원리를 제 것으로 흡수하여 자기 변모를 하고 있는 사이에 자유주의는 혼합과 희석에 의해 힘이 약해진 것이다. 이에 따라 보수주의와 사회주의는 자기들도 볼테르Voltaire나 존 스튜어트 밀John Stuart Mill만큼 자유와 관용을 중요한 가치로 여긴다고 주장할 수 있게 되었다. 뿐만 아니라 어떤 정치적 가치를 더 중시하느냐 하는 문제에서도 단순한 자유주의와는 달리 보수주의 쪽에서는 질서와 안정을, 사회주의 쪽에서는 평등과 합리적 계획을 자유와 관용보다 더 높은 우선순위에 올려놓고 있다.

　이처럼 오늘날 서구 사회에서 자유주의의 제 원리는 쟁취나 논쟁의 대상이 아니라 누구나 당연한 것으로 여기는 생활 원리가 되어 있다. 이것은 분명 자유주의의 승리의 기록이지만 이 승리와 일상화가 실은 자유주의의 원리를 약화시키고 위험하게 만들고 있다. 자유주의는 살아 있는 진리이기보다는 죽은 도그마가 될 위험에 빠지고 있는 것이다.[7]

　이처럼 자유주의가 본고장에서조차 죽은 도그마가 될 위험에 놓여 있고 서구 선진 제국 이외의 다른 세계 각국에서도 자유니 자유주의라는 말 자체를 백안시하는 것이 오늘의 실정이라면, 한 가지 매우 기이한 현상은 자유를 드러내놓고 매도하거나 욕하는 정부가 이 세상 어디에도 거의 없다는 사실이다. 개인의 자유와 인민의 자유를 미워하는 독재자들과 독재 정부들도 내심 자유를 모멸하면서도 겉으로는 자유를 찬양하고 자유의 수호와 확대를 입에 침이 마르도록 외치고 있다. 현대 사회의 어느 정치체제도 자기의 체제가 자유를 수호하기 위한 것이 아니라고 하는 말을 들어본 일이 없다. 이 사실은 자유주의는 혹 그 힘이 약해지고 있을지 몰라도 자유의 가치는 아직 19세기의 자리에서 추방되지 않았다는 사실을 말하는 것이 아닐까?

　자유에 관한 어느 권위자의 다음 말은 퍽 흥미롭다.

　　온갖 절대로부터 해방됐음을 자랑하고 '절대'라는 말 자체를 아주 낡아빠진 말로 만드는 데 성공한 우리 시대에도, 거의 절대적 지위를 누리는 이념이 하나 있는데 그것은 바로 자유라는 이념이다. 자유라는 이념이 실제로 아무리 유린당하고 있고 개념상 아무리 왜곡되어 있다 하더라도, 그 이념 자체는 종래 신, 자연, 정의, 이성, 혹은 이상국가 등의 이념들이 누렸던 궁극적 권위를 계속 행사하고 있다. 자유의 가장 기본적인 신조마저도 아주 철저히 아주 고약하게 침범하는 체제들도 '적극적 자유'니 혹은 '단순한 자유'보다 더 '높은 자유'니 하는 따위의 자유를 외치면서, 자유의 이념에 대해 말만의 찬사라도 하지 않을 수 없다고 생각한다.[8]

이처럼 독재 체제들이 말만이라도 자유를 찬양할 수밖에 없는 이유가 무엇일까? 20세기에서도 자유의 이념은 여전히 궁극적 권위의 자리를 유지하고 있기 때문이다.

그렇다면 자유의 가치를 어떤 가치보다도 존중하는 자유주의의 전통 위에 수립되어 있는 체제들의 자유는 오늘날 어디까지 와 있을까?

자유를 가장 중시하는 체제들도 상당히 많은 자유를 제공하게끔 제도적 장치를 하고 있기는 하나 완전한 장치에는 많이 못 미치고 있다는 질책을 늘 받고 있다. 그러나 이런 질책을 가장 많이 받는 나라들이 실은 가장 자유를 존중하는 나라들이다. …… 자유의 이념은 점점 더 높아지고 권위의 관념은 점점 더 떨어지고 있다. 특정 권위들이 의심쩍게 여겨짐에 따라 권위의 관념 자체가 의심스러워졌다. 권위의 정통성이 상실되고 그 타당성이 의심받게 되면서 권위란 것은 일체 권력과 힘의 행사 이외에 아무것도 아닌 것으로 퇴락하였다.[9]

자유는 전진의 길을 막고 있던 갖가지 구체적인 권위들을 밀어낼 뿐만 아니라 권위 그 자체마저도 멀리 밀어내면서 그 전진의 길로 계속 나아가고 있다. 따라서 자유의 가치를 이론적으로 체계화한 자유주의가 지난날의 위세를 잃어가고 있는 것 같은 인상은 착각일지도 모른다. 자유주의는 결코 쇠퇴하거나 본래의 권위를 잃어버린 것이 아니다. 다만 19세기의 고전적 자유주의가 역사적 조건이 변함에 따라 자체 수정을 하고 있을 뿐이다. 자유주의의 기본 구조와 가치는 여전히 유효하다. 오늘의 문제는 그 기본 가치를 망각하거나 왜곡하는 데 있다.

오늘의 세계에서 자유와 자유주의가 아직도 계속 실현되어야 할 고귀한 이념이라면 한국에서 그것의 위치는 어디쯤 자리하고 있을까? 한국에서도 자유와 자유주의는 불가결한 가치이며 실현되어야 할 이념일까? 서양에서 자유와 자유주의가 고귀한 것일지는 몰라도 우리에게는 그렇지 않은 것은 아닐까? 그런데 한국에서 자유민주주의라는 낱말만큼 식은 죽 먹듯이 모든 사람의 입에 오르내리는 낱말도 아마 없을 것이다. 더구나 정치와 권력의 영역 언저리에 살고 있는 사람들치고 입을 열었다 하면 자유와 민주주의를 말하지 않는 사람이 거의 없다. 그런 형편인데도 정작 자유와 자유주의는 한국에서 푸대접을 받거나 오해를 받고 있다. 최상용 교수의 다음 글은 저간의 사정을 명쾌하게 지적하고 있다.

> 대한민국헌법 전문에는 '자유 민주적 기본 질서'를 확고히 한다고 되어 있다. 우리가 지향하는 민주주의가 인민민주주의도 사회민주주의도 아닌 자유민주주의일진대, 자유는 …… 우리 민주주의의 내용을 규정하는 가치 원리라고 말할 수 있다. 그런데 놀랍게도 오늘날 한국

에서 자유주의는 좌우 양쪽에서 의식적으로 푸대접을 받거나 아니면 많은 사람들의 무의식 속에 매몰되어 버린 듯한 느낌마저 든다.
어떤 사람은 자유주의라면 한국 속에 팽배해 있는 미국적 가치관이나 생활양식 정도로 생각하고, 어떤 사람은 평등을 토대로 하지 않는 자유는 무의미하다고 일축해버린다. 그리고 어떤 사람은 자유에 대한 논의 자체가 국가 안보를 약화시킨다며 자유의 주장을 마치 망국론처럼 경계한다. 심지어 어떤 사람은 '공산주의와 싸우려면 자유주의로는 안 된다'고 단정하면서 은근히 강력한 권위주의 내지 파시즘의 유혹을 받아들인다.[10]

최 교수가 여기서 말한 대한민국헌법은 제5공화국 헌법을 가리키는데, 1948년 대한민국의 건국 이래 헌법이 여러 번 바뀌었지만 어느 헌법도 대한민국의 기본 질서를 자유민주주의 공화국으로 규정하지 않은 것이 없다. 이것은 결코 짧지 않은 지난 40여 년간의 국민 생활의 가치 원리가 자유였다는 사실을 말하는 것이고, 대한민국의 존재 이유가 우리 민족과 역사에 자유를 실현하는 데 있음을 말하는 것이다. 그럼에도 불구하고 자유와 자유주의가 이 땅에서 의식적으로 푸대접을 받거나 무의식 속에 묻혀 있다면 이 이상 중대한 일이 또 어디 있을까? 이는 자유의 문제에 그치지 않고 대한민국의 존재 이유에 관련 되는 문제이다. 어찌하여 문제가 이렇게 중대한 지경까지 이르게 되었으며, 이렇게 된 원인은 어디 있을까? 그 까닭은 결코 단순하지 않겠으나 한배호 교수의 다음 말을 들어보자.

한국에서 자유주의는 오랫동안 스탈린식 공산주의와 이에 맞서 반공 일변도의 이념적 획일화를 강요한 극우 보수주의 사이의 좁은 틈바구

니에 끼인 채 명맥을 유지하기도 어려운 처지에 있었고, 오늘날 급진주의적 정치 세력의 등장 속에서 또다시 중대한 시련을 맞이하게 되었다. 이 정권과 박 정권 그리고 전 정권이 '공식적'으로나 명목상으로 자유주의와 민주주의를 체제 이념으로 내세우기는 했으나, 분명한 것은 이 정권들이 추구하거나 실현하고자 했던 것이 자유주의도 아니고 민주주의도 아니라는 점이다. 정도의 차이는 있지만 모두가 자유주의 신조와 어긋나고 민주정치 제도와 거리가 먼 권위주의 정권들이었다. 집권 세력이 권위주의를 내세워 새롭고 영구적인 정통성 기반을 조성해보려고 시도했으나 세 정권 모두가 비참한 말로를 걷고 말았다.[11]

한국에서 자유와 자유주의가 푸대접을 받게 된 원인은 역대 정권의 반자유주의적·반민주주의적인 정책에 있다는 것이다. 바깥에 내세운 간판은 자유민주주의였지만 실제 거래하는 상품은 그것과는 정반대의 권위주의적 독재였다. 그러니 나라 일을 한다는 사람치고 입으로는 자유와 민주주의를 말하지 않는 사람이 없지만 모든 국민의 실제 생활에서는 자유와 자유주의는 듣지도 보지도 못한 것이었다. 따라서 "한국에서 자유주의는 좌우 양쪽에서 의식적으로 푸대접을 받거나 아니면 많은 사람들의 무의식 속에 매몰되어 버린 듯한" 것이 너무나 당연한 귀결이었다.

그런데 흥미로운 것은 의식적인 푸대접은 "그나마도 재산과 교양이 있는 사람들의 자유에 대한 반응"[12]이라는 최 교수의 지적이다.

본래 자유주의는 근세 서구 사회의 자본주의적 발전 과정에서 부르주아지가 앞장서서 귀족적 봉건제도와 절대주의적 왕권에 대항하여 개인들의 사람다운 삶을 실현하기 위한 투쟁 속에서 형성된 이념으로, 재산과 교양이 있는 계층의 이익과 감정에 가장 적합한 이데올로기였다. 그런데 한국에서는 재산과 교양이 있는 사람들마저도 자유주의에 거부반응을 일으킨다면 그 결과는 어떻게 될까?

"한 사회가 그 구성원이 자발적으로 신봉하는 정치 이념을 가질 수 없다면 국민은 방향성을 잃고 사회는 연대성을 잃어 결국 체제와 권력을 유지하기 위한 비용만 늘게"[13] 마련이다. 이 나라의 국민이 자발적으로 신봉할 정치 이념은 자유주의밖에 없는데도 그 이념을 앞장서서 적극적으로 실현해야 할 재산과 교양이 있는 사람들도 자유주의를 의식적으로 푸대접하고 있으니, 일반 국민이 방향감각을 잃고 우왕좌왕하고 민중이 연대 감각을 잃어 결국 필요없는 낭비만이 누적되는 것은 당연한 이치이다.

더구나 "민초로 불리는 많은 백성들은 자유주의란 말을 해보지도 들어보지도 못하며 또 그럴 필요조차 안 느끼는 것"[14] 역시 당연한 일이다. 왜냐하면 재산과 교양이 있는 사람들도 자유와 자유주의를 푸대접하고 있는데 어찌 민초에게 자유란 말을 해볼 기회가 있으며 자유주의란 말을 들을 기회가 있을까? 그들은 자유민주주의라는 나라의 간판과 그 간판 밑에서 실제 거래되는 권위주의적 독재를 보고 권위주의적 독재를 자유민주주의로 오인하게 된 것이다. 천년 묵은 전제주의와 반세기의 일본 군사적 파시즘밖에는 경험한 것이 없는 한국의 민초가 건국 후 40여 년 사이에 듣고 보고 경험한 대로 권위주의적 독재를 자유민주주의로 오인하게 되었다면 하등 이상한 일이 아니다. 그리하여 그들에게는 자유와 자유민주주의라는 말은 독재와 부패와 무능에 일치하는 일고의 가치조차 없는 혐오와 경멸의 대상이 된 것이다.

그러한 사상적 공동 상태에서 6·29를 맞게 된 민초에게, 민주화의 물결을 타고 자유민주주의의 허구성을 폭로하는 급진적 이데올로기가 크게 소리치며 다가왔을 때 거기에 쉽게 귀를 기울일 것은 뻔한 이치이다. 본래 자유주의는 "공산주의와 파시즘을 제외하고는 어떠한 진보주의 이념과도 상호 배타적인 것이 아니며 어느 면에서는 자유주의의 연장선 위에 있거나 상호 보완 관계를 맺으면서 정당성의 기반을 강화해줄 수 있는 것"[15]으로서, 만일 지난 40년간에 자유와 자유주의의 가치와 이념이 적극적으로 신봉되고 실현되었더라면 일반 민중이 사회주의라는 말을 들어보기도 했고 말해보기도 했을 것이다. 만일 그랬더라면 6·29 이후에 급진적 이데올로기가 갑작스럽게 대두하지도 않았을 것이고 또 대두했다 하더라도 일반 민중이 쉽게 거기 귀를 기울이게 되지 않았을 것이다. 따라서 6·29 이후 급작스런 사상적 혼란이 일어날 조건은 애초부터 없었을 것이다.

오늘날 이 나라의 재산과 교양이 있는 사람들이 6·29 이후 급속하게 성장한 급진주의 앞에서 크게 당황하고 있다면, 그 당황은 그들의 태만과 오만이 부른 인과응보 nemesis라고 볼 수밖에 없다. 그러나 이 땅의 자유와 자유주의가 입은 실패의 상흔이 깊을수록 우리는 한결 더 자유주의의 성장을 서둘러야 한다. 왜냐하면 우리 사회에 알맞은 제3의 새로운 이념적 대안이 없기 때문이다. 다시 최상용 교수의 말을 따른다면, 한국에서 자유와 자유주의는 절대 권력과 독재정치를 비판할 수 있는 귀중한 정치적 가치인 동시에 공산주의와 경쟁할 수 있는 적극적인 정치 이념이라는 최소한 두 가지 이유만으로도 그 존재 이유와 적실성이 인정되어야 한다.

> 이 자유의 원형은 유럽 역사에서 절대주의 이데올로기에 대립하여 나타난 근대적인 의미의 자유이다. …… 자유주의는 …… 절대왕정에

대한 저항에서 나왔다. 오늘날 우리 사회에서 비록 '교과서적'이라고 냉대받고 있는 이 자유도 저항의 원리란 점에서는 오히려 자유를 만끽해온 구미 선진국에서보다 더 강인한 생명력을 발휘할 수 있을 것이다.[16]

엄밀히 따져보면 시민혁명을 경험하지 않은 한국에서 반反절대주의 사상인 자유주의가 뿌리박기 어려웠고 …… 반공 이데올로기로서의 자유주의 또한 바깥에서 주어진 것이지 우리 사회 안에서 자생한 것은 아니었다. 그러나 이러한 구조적 약점에도 불구하고 해방 후 우리는 한국전쟁, 4·19혁명, 반유신 운동을 통하여 반공 반독재 이념으로서의 자유를 위한 투쟁의 경험을 쌓아왔다. …… 오늘날 한국에서 자유는 안으로 우리 사회의 민주화를 위한 건설적 비판 개념인 동시에 밖으로 우리 체제의 존립 근거를 떳떳이 밝힐 수 있는 설명 개념이 되어야 할 것이다. …… 자유에 대한 회의나 니힐리즘은 결과적으로 권위주의와 독재 체제의 확대재생산에 기여할 것이다. 그리고 자유를 지키는 것과 민족의 주체성을 찾는 것은 이론적으로나 현실적으로나 모순되는 것이 아니다.[17]

자유는 서양 사회에서만 고귀한 가치가 아니라 우리에게도, 아니 현실적으로는 우리에게 더욱더 절실히 요구되는 가치이다. 그렇다면 그렇게 중요한 가치로서의 자유는 응당 그것이 왜 중요하며 얼마나 중요한지, 또 자유 못지않게 중요하다고 주장되고 있는 평등, 정의와는 어떤 관계에 있는지에 대한 논의가 제기되어야 할 것이다. 여기 자유에 관한 이론적 체계로서의 자유주의의 연구가 요청되는 까닭이 있다. 자유가 우리에게 절실히 요구되는 가치라면 자유주의 역시 우리에게 무관한 사상이 아닐 것이며, 그 사상에 관한 지식 역시 우리에게 절실히 필요한 것일 수밖에 없다. 자유란 무엇이며 자유주의란 무엇인가? 자유주의는 언제 어디서 왜 어떻게 출현하여 어떻게 발전했으며, 전형적인 사상 구조는 어떠한 꼴이고, 사상 구조는 오늘날 어떠한 모양으로 자기 수정이 불가피하게 되었으며, 앞날의 전망은 어떠한가? 이러한 물음들에 대해 답을 추구해보려는 것이 이 책의 목적이다.

　우리나라에서 자유민주주의를 말하는 사람들이 자유와 민주주의라는 말은 꽤 자주 하지만 자유주의를 말하는 일은 별로 없다. 이는 참으로 괴이한 일이다. 자유민주주의란 자유주의를 바탕으로 하는 민주주의인데 자유주의를 말하지 않고 어찌 자유민주주의를 말할 수 있을까?

　우리는 일제 강점기에 일본 식민 통치의 군사 파시즘을 경험했고, 해방 후에는 자유민주주의라는 허울뿐인 깃발 아래 북한 공산주의와 대결해왔다. 그런데 공교롭게도 20세기는 정치 이데올로기를 기준으로 볼 때 파시즘과 공산주의, 자유민주주의 삼자의 각축전이 전개된 시대이다. 그 결과 불행인지 다행인지, 우리는 이 삼자를 다 겪어본 경험을 가지고 있다. 그러나 우리의 경험은 우리 역사의 내적 필연의 요청에 따른 것이라기보다는 밖에서 밀려오는 세계사의 거센 파도에 의해 피동적으로 겪은 경험일 뿐이다. 그러기에 우리가 주체적으로 내 것으로 만드는 내면화의 과정을 거치지 않고서는 우리의 역사적 경험으로 남을 수가 없다. 아무리 엄청난 경험이라도 역사적 경험으로 남지 못하면 그것으로부터 아무것도 얻지 못하고 그저 고통과 치욕의 상처만 남기는 의미 없는 경험이 되고 만다. 지난 한 세기의 우리 역사는 타율과 분단의 엄청난 고통을 가져다준 역사인데, 그 고통을 역사적 경험으로 승화시킬 때 비로소 새 역사와 새 문화를 창조하는 값진 정신과 힘이 될 수 있는 것이다.

지난 한 세기의 엄청난 고통의 역사를 역사적 경험으로 승화시키기 위한 내면화의 중요한 작업 중 하나는 자유민주주의의 세계사적 위치에 대해 정확하게 인식하는 것이다. 위에서 언급한 바와 같이 20세기는 파시즘과 공산주의와 자유민주주의 삼자 대결의 시대인데, 1917년 이래, 특히 1945년 이래 세계사의 주역은 공산주의일 것이라는 생각이 널리 팽배하였다. 그런 생각을 한결 굳히게 만든 요인은 공산주의 세력의 세계적인 팽창이라는 현실적 기세였지만, 계급 없는 사회주의사회 도래의 필연을 믿게 한 마르크스주의의 유토피아 사상도 그에 못지않게 큰 몫을 차지했다. 파시즘은 1922년 이탈리아의 무솔리니Benito Amilcare Andrea Mussolini 집권 이래, 특히 1933년 독일 히틀러Adolf Hittler의 정권 장악 이래로 유럽의 대부분을 석권했고 극동의 일본 파시즘도 크게 힘을 뻗치면서 한때 세계사의 바람잡이로 등장했다. 이것이 2차 세계대전의 패망과 함께 영원히 사라진 줄 알았는데 1960년대 이후 아시아, 아프리카의 신생 독립국 가운데서 그리고 남미의 몇몇 나라에서 우익 권위주의적 형태로 다시 대두하였다. 그리하여 세계는 다시 공산주의와 파시즘, 자유민주주의의 삼파전 양상을 띠는 듯 보였다.

그러나 1980년대에 들어서면서 우익 권위주의 체제들이 하나둘씩 물러나고 그 자리에 자유민주주의적 입헌주의 체제가 들어서는 한편, 1980년대 후반 이래 소련과 공산주의 세계에서 좌익 독재 정권의 퇴조가 명백해졌다. 그 퇴조가 곧 고전적 의미의 자유민주주의 체제의 수립을 의미하는 것은 아니겠지만, 그것이 개인의 자유와 민족의 독립, 인민의 자유 등 자유의 가치와 이념의 실현을 향한 커다란 역사적 동향임을 부정할 수 없다. 그렇다면 그간 세계사의 정통을 제각기 다투던 세 이데올로기와 세 체제 중 어느 것에 판정승의 판결이 내릴 것인가는 이제 거의 명백해진 것 같다. 근세 세계사를 창출해냈고 계속 세계사의 정통을 발전시켜야 할 역사적 책무가 자유민주주의에 있는 한 자유와 자유주의의 가치와 이념에 관한 연구는 한낱 아카데미즘의 관심 영역에 머물 수는 없다. 이는 새 역사를 창조하기 위한 역사적 경험을 내면화하기 위해서도 매우 중요한 작업이다.

제1장

자유주의의 철학적 기반 : 개인주의

1. 자유주의의 정의

자유주의의 핵심 가치가 자유임은 두말할 나위 없다. 그런데 이 자유는 개인적 권리, 종교적·정치적 관용, 이성과 진보, 입헌주의 등의 가치들과 유기적으로 결합되어 있고 이 가치들은 자유주의의 인간관과 사회관에 결합되어 있다. 그러면 자유주의의 인간관과 사회관은 어떤 것일까? 그것은 개인주의적인 인간관과 사회관이다. 따라서 자유주의의 철학적 핵심은 개인주의이다. 그러므로 자유주의란 무엇인가를 물으려면 무엇보다도 먼저 개인주의란 무엇인가를 물어야 한다. 거기서 자유주의는 자유주의를 구성하고 있는 가치들의 종합만으로는 이해될 수 없고, 그 가치들을 떠받들고 있는 개인주의적 인간관과 사회관을 포괄하는 하나의 세계관으로서 이해될 때에 비로소 이해가 가능하다. 이러한 입장에서 자유주의에 접근하기 위해서는 자유주의가 하나의 이데올로기에 그치지 않고 그 자체의 인간관과 사회관을 포괄하는 일관성 있는 세계관이라는 점을 밝혀야 할 필요가 있다. 그것을 밝히기 위해 우리가 착수해야 할 첫 작업은 자유주의를 어떻게 정의하는 것이 올바른 태도인가 하는 문제를 고찰하는 일일 것이다.

어떠한 이데올로기를 연구하더라도, 한 이데올로기를 정의하려면 대개 그 이데올로기의 핵심적이고 지배적인 가치―자유주의의 경우에는 자유, 사회주의의 경우에는 평등―가 지닌 특수한 성격이 무엇인지, 그리고 그 중심 가치에 밀접히 연결되어 있는 도덕적·정치적 가치들―예컨대 정의, 형평, 관용, 안정, 재산권 따위―의 공통된 성격이 무엇인지를 추상적으로 일반화하는 것이 보통이다. 그런데 그러한 방법으로 얻은 추상적인 일반화의 개념을 출발점으로 삼아 이데올로기를 연구하게 되면, 그 이데올로기가 긴 세월에 걸쳐 형성되어 오는 과정에 기여한 사상가들의 주장이 어떠한 역사적 맥락에서 주장되었고, 또 주장될 수밖에 없었는가 하는 점이 무시되거나 경시된다. 그로 인해 예컨대 그레이Alexander Gray처럼 사회주의의 기원을 모세에까지 소급시키거나[1] 헌쇼F. J. C. Hearnshaw처럼 보수주의의 출발을 에덴동산에까지 소급시키는[2] 따위의 비역사적인 결정적인 시대착오를 범하게 된다. 이런 형태의 가치 중심적 방법은 '가치'와 이 가치들이 떠받치고 있는 세계관의 관계를 명확하게 하지 못하는 결함이 있다.

자유주의의 연구에서도 역시 여러 형태의 자유주의적 가치들을 전부 종합하여 어떤 일반화를 얻어내려고 한다면, 불록Allan Bullock과 쇼크Maurice Shock의 자유주의 연구[3]처럼, 양심에 대한 신념을 자유주의 철학의 요소로 파악하여 자유주의의 전통이 무엇인가를 찾아내려고 하는 잘못을 범하게 된다. 양심에 대한 신념이란 자유주의에만 특이한 것이 아니다. 또 샤피로Jacob Salwyn Schapiro 역시 자유주의를 인생에 대한 태도—회의적이고 실험적이고 합리적이고 자유로운 태도—로 정의하여 근세 이전에도 소크라테스Socrates와 아벨라르Pierre Abélard같이 훌륭한 자유주의자들이 있었다고 말하는데,[4] '인생에 대한 태도' 라는 애매한 개념을 자유주의의 정의로 삼은 탓에 결국 소크라테스도 아벨라르도 자유주의자라는 결론을 내리게 된 것이다. '인생에 대한 태도' 니 '양심에 대한 신념' 이니 하는 너무나 추상적이고 일반적이고 막연한 용어로 어떤 사상을 정의하려는 태도는 결국 그 정의를 애매모호하게 만들고 만다.

모든 가치는 우연히 혼자 있는 것이 아니라 밑바닥에 각기 고유한 인간관과 그 인간관에 논리적으로 연결되어 있는 사회 이론을 갖추고 있다. 가치 중심의 정의가 애매하고 추상적인 까닭은 바로 그 가치와 세계관의 관계를 밝혀내지 못하기 때문이다. 또 가치 중심적 방법은 이데올로기를 연구할 때 매우 중요한 것을 간과하게 된다. 즉 문제가 된 이데올로기의 신봉자들—가령 자유주의를 신봉하는 자유주의자들이나 사회주의를 신봉하는 사회주의자들—이 각각 그 이데올로기를 구성하고 있는 가치들의 값을 똑같이 매기지 않고 각각 다르게 매긴다는 사실을 간과하는 것이다. 그들이 자신들이 추구하는 가치의 값을 똑같이 매기지 않는 이유는 그 이데올로기의 가치들을 떠받들고 있는 세계관이 다르기 때문이고, 따라서 동일한 가치라도 그 중요성에 대한 평가를 달리하기 때문이다. 따라서 그 가치들의 값은 절대적인 것이 아니라 상대적이다. 예컨대 자유주의자와 사회주의자는 둘 다 자유와 평등에 대한 신념을 주장하지만 두 가치 중에 어느 것을 더 중요시하느냐 하는 지점에서 두 사람은 다르다.

그리고 자유나 평등의 가치를 정의, 안전, 관용, 재산권과 같은 가치들과의 관계에서 그 값을 어떻게 매기느냐 하는 데에서도 두 사람은 다르다. 어떤 이데올로기에 대해서든 그에 대한 가치 중심의 정의가 결국 애매모호한 이유는 이처럼 모든 가치의 값이 항상 일정하지 않고, 그 가치들을 떠받들고 있는 세계관의 입장 차이에 따라 달리 평가된다는 사실을 미처 보지 못하고 있기 때문이다.

가치 중심의 정의는 문제의 이데올로기를 단순히 가치들이나 원리들의 집합체로 보기 때문에 그 형성 과정의 역사적 위치를 엉뚱하게 잡는 오류를 범한다. 따라서 소크라테스와 아벨라르를 자유주의자로 치거나, 자유주의의 내력을 멀리 고대 그리스와 페리클레스Pericles 시대로까지 소급시키거나, 영국의 휘그파Whigs 역사가들처럼 영국 자유주의의 시발을 대헌장Magna Carta이나 앵글로색슨 시대의 부족적 관습으로까지 소급시키는 따위의 과오를 저지르는 것이다. 그러한 과오를 범하지 않으려면 그 추상적 가치들이 인간과 사회에 관한 특정한 이론 체계와의 관련에서 어떤 위치를 차지하는가를 정확히 이해해야 하는 동시에 그 이데올로기가 형성되어 온 역사적·사회적 맥락을 정확히 파악해야 한다.

그러므로 자유주의의 정의를 바로 내리려면 가치 중심적 방법의 두 가지 결함을 시정해야 한다. 여기서 우선 말할 수 있는 것은 자유주의는 일정한 가치들의 집합체 이상의 것이라는 점이다. 자유주의는 일관성과 포괄성을 지닌 하나의 세계관이다. 자유주의적 가치들은 자유주의의 인간관과 사회관에 결부되어 있다. 그러므로 자유주의란 무엇이냐 하는 정의를 바로 설정하려면, 첫째 해야 할 일은 자유주의의 가치들을 떠받치고 있는 인간관이 어떤 인간관이며 그 인간관에 관련된 사회관이 어떤 사회관이냐 하는 점을 밝힌 후, 자유주의적 가치들이란 어떤 가치들인가를 자유주의적 인간관과 사회관의 틀 안에서 살펴보는 일이다. 그 다음에 해야 할 일은 하나의 이데올로기 내지 사상 운동으로서의 자유주의의 역사적 성격을 확인하는 일, 즉 자유주의적 이념의 발전 과정을 추적하고 자유주의적 이념이 어떻게 변화해왔으며 또 변화하지 않고 연속되고 있는 면은 어떤 것인가를 확인하면서 역사적 맥락에서 자유주의의 정확한 위치를 설정하는 일이다.

필자는 역사학도로서 자유주의의 역사적 진화 과정에 주된 관심을 가지고 두 번째 문제에 주력할 것이다. 그리하여 본서는 제3장 이후부터는 대부분 두 번째 문제를 다루고 있다. 그러나 두 번째 문제는 첫 번째 논의를 바탕으로 그 논의의 연장선상에서 논술되어야 하기 때문에 첫 번째 문제부터 살펴보기로 하겠다.

2. 자유주의적 개인주의

자유주의의 철학적 핵심은 개인주의이다. 자유주의의 개인적 자유, 관용, 재산권 등의 관념은 바로 이 개인주의에 뿌리를 박고 있다. 개인주의라는 말은 흔히 쓰이는 말이지만 그 뜻은 자명한 것도 아니고 한 가지도 아니다. 자유주의적 개인주의에는 존재론적 의미도 있고 도덕적 의미도 있다. 그것은 개인을 사회와 사회제도 및 사회구조보다 앞서는 것으로 보고, 사회보다 더 현실적이고 더 기본적인 것으로 본다. 그것은 또 사회나 집단보다는 개인에게 더 높은 도덕적 가치를 부여한다. 따라서 개인의 권리와 요구는 사회의 그것보다 도덕적으로 앞선다. 그리하여 존재론적 개인주의는 도덕적 개인주의에 철학적 기반을 제공하고 있다.

'개인individual'이란 단 한 사람이란 뜻이다. '단 하나'를 강조할 때 그것은 한 사람이 다른 사람들과 공통된 면보다는 구별되는 면을 강조하게 된다. 그러한 개인관은 한 사람 한 사람을 각기 떼내어 생각한다. 따라서 성취와 자아실현의 문제는 어디까지나 독자적인 개인의 책임이라고 생각한다. 그러므로 자율이야말로 개인주의의 형이상학적 기본 조건이다.

이렇게 한 사람 한 사람을 떨어져 있는 독자적인 존재로 보는 개인주의는 인간과 자연의 관계에 대해서도 인간을 자연의 세계에서 떨어져 있는 존재로 이해한다. 인간과 자연을 떼어서 보는 태도는 근대과학의 정통적 과학관을 그대로 반영한 것으로서, 이 과학관이 개인주의적 도덕론에 미친 영향은 무엇이었을까? 그것은 과학적 사실은 도덕적으로 중립이라는 생각과 그 과학적 사실을 관찰하는 인간은 도덕적 가치판단에서 초연하다는 생각을 만들어냈다. 그렇다면 사실의 세계에서 도덕적 차원을 제거하고 과학의 경험적 세계에서 가치를 제거한다면, 도덕의 문제와 가치의 문제는 어디로 가게 되는 것일까? 이 문제에 대해 근대 자유주의 도덕론은 가치의 문제는 개인적 선택과 결단의 문제라고 대답한다. 가치가 과학과 사실의 세계 안에 있지 않다면 그것은 어딘가 다른 데 있어야 하는데, 그 다른 데가 바로 개인적·선택적 결단, 즉 인간 의지라는 것이다.

전에는 어떤 의미에서 하늘에 새겨져 있었던 가치가 이제는 인간 의지로 내려왔다. 그런데 인간 의지에는 초월적 실체가 없다. 그러니 선의 관념은 막연해지고 공허해졌다. 거기서 결국 그 공백을 메우게 되는 것이 인간의 선택이다.[5]

도덕 문제의 결정권은 보통 교회나 종교에 내맡기는 것이 가장 타당하다. 그러나 근대과학과 함께 발달한 종교적 개인주의는 그것을 거부하였다. 즉 각 개인은 외적·제도적·종교적 권위의 명령에 따를 것이 아니라 각 개인의 양심을 통해 직접 들려주는 신의 내적 음성을 따라야 한다는 것이었다. 교회의 권위를 부정하고 한 사람 한 사람의 '믿음으로만 오직 sola fidei' 구원이 있다고 주장하는 프로테스탄티즘은 하나님과 나를 중개하는 존재로서의 교회를 제거함으로써 개인 하나하나를 직접 하나님 앞에 서게 하였다. 신에 직접 맞선 개인이 무엇을 어떻게 숨길 수 있겠는가? 인간의 양심은 완전히 발가벗은 알몸이다. 여기서 양심의 자유 개념이 탄생하였다. 그런데 문제는 그 프로테스탄티즘이 자본주의와의 긴밀한 관계 속에서 점차 세속적 방향으로 기울어짐에 따라 신의 음성이 없어지고 개인의 양심만이 남게 되었을 때, 양심의 자유가 개인의 도덕적 의무와 권리를 존중하는 최소한의 것이 되고 말았다는 사실이다. 양심의 자유가 이른바 자유주의적 윤리관의 중요한 요소가 된 것이다.

　이처럼 자유주의의 도덕관은 본질적으로 개인주의에 가깝다. 개인이 제 양심에 따라, 제 뜻에 따라 가치를 선택하고 자기 자신의 도덕을 건설하지 않으면 안 된다. 그런데 가치의 선택과 도덕의 건설은 합리적으로 해야 한다. 즉 과학자처럼 사실을 있는 그대로, 들은 그대로, 본 그대로 한 치의 숨김없이 양심의 명령대로 객관적으로 서술하고 평가해야 한다. 그런데 객관적 사실 자체는 개인에게 무엇을 어떻게 해야 한다고 말하지 않고 또 말할 수 없다. 사실과 사실에 대한 도덕적 판단 사이에는 논리적으로 넘을 수 없는 심연이 가로놓여 있다. 아프리카의 굶주린 아이들이 밥을 달라고 울고 있다고 말한다면 이는 있는 그대로 객관적 사실을 말한 것이다. 그러나 이를 나쁜 사실이라고 말한다면 그 말은 사실을 그대로 객관적으로 서술한 것이 아니라 그 사실을 도덕적으로 평가한 것이다. 아이들이 굶주리고 있다고만 말하는 것은 그것이 나쁜 것인지 좋은 것인지에 대해 말하는 것이 아니다. 좋다 나쁘다의 문제는 개인의 도덕적 판단의 문제로서 그 문제에 관해서는 원칙적으로 사람들 사이에 이견이 있을 수 있다. 아이들이 정말 굶주리고 있는지 그렇지 않은지의 객관적 사실에 관해 이견이 있다면 객관적 연구 조사를 통해 이견을 해소할 수 있지만, 아이들의 굶주림이 좋은가 나쁜가에 관한 이견은 개인적 가치판단에 따르는 것이기 때문에 객관적 연구 조사만으로 해소되지 않는다.

객관적 사실과 사실에 대한 가치판단의 엄격한 구분은 다음 두 가지 면에서 자유주의에 중요한 영향을 미쳤다. 첫째, 자유주의의 도덕론과 과학의 공존이다. 개인이 도덕적 판단을 하려면 우선 해야 할 일은, 과학자가 하는 방식대로 사실들을 관찰하고 수집하고 검증하여 객관적 상황의 묘사를 통해 객관적 사실이 어떠하냐에 관해 이견의 여지를 가능한 한 좁히는 일이다. 그렇게 하면 그 사실에 대한 도덕적 판단의 이견도 그만큼 좁힐 수 있다. 왜냐하면 도덕적 판단에 이론이 생기는 주요한 이유가 객관적 사실을 충분히 알지 못하는 데 있기 때문이다. 그러므로 도덕적 판단을 내리기 위해 더욱 합리적이고 과학적인 방법이 널리 사용되게 되면 도덕적 판단의 이견도 좁혀지거나 없어질 것이다.[6]

두 번째로, 자유주의 도덕론에서 사실과 가치의 구분이 중요한 역할을 한 것은 그 구분이 개인의 도덕적 자율의 관념을 제공한 점이다. 이 자율은 두 방향에서 행해졌다. 하나는 개인은 어떠한 제도─그것이 종교 제도이든 세속적 제도이든─의 도덕적 명령도 받아들일 수 없다는 것이고, 또 하나는 개인의 판단은 사실 안에 숨어 있는 어떤 도덕적 명시에 의해서도 제약을 받지 않는다는 것이다. 사실은 사실일 뿐이고, 사실에는 개인의 도덕적 선택과 결단의 독자성을 제한할 수 있는 차원의 것이란 아무것도 없다. 여기서 개인들은 객관적 사실의 제약을 전혀 받지 않고 자기 시대의 역사적 사건들 앞에서 그 사건들을 자기 멋대로 판단하게 된다.[7] 개인의 가치판단이란 자기 뜻대로 선택만 하면 되기 때문이다. 이런 까닭에 자유주의의 도덕론은 마르크스주의와도 다르고 기독교와도 다르다. 마르크스주의와 기독교는 '나는 어떻게 살아야 하는가?' 라는 질문에 답할 수 있기 전에 세계와 인간의 본질에 관한 질문을 하고 거기에 답해야 한다는 신념을 갖고 있으나 자유주의의 도덕론에는 그런 신념이 없다.[8]

그런 신념은 자유주의자에게는 사실과 가치를 혼동하는 일이다. 그것은 비논리적일 뿐만 아니라 도덕적으로도 정치적으로도 크게 잘못된 일이다. 왜냐하면 그런 신념은 도덕적 책임의 짐을 개인의 어깨에서 자연과 역사에 전가시키려는 것이기 때문이다. 개인적 양심이 걸머지고 있는 짐을 다소라도 다른 데다 전가시킬 수 있게 되면, 독재자나 정당이나 전체주의 체제가 인간성에 반역하는 대죄도 자연적 필연이니 역사적 필연이니 하는 이름으로 아무런 양심의 가책 없이 태연하게 범하게 된다. 왜냐하면 그 대죄는 책임 있는 개인들의 의지의 표현이 아니라 신의 뜻이나 자연이나 역사의 필연이라고 강변할 수 있기 때문이다. 그러므로 자유주의에서는 개인의 책임을 부정하거나 완화하는 도덕론은 논리적으로는 물론 정치적으로도 있을 수 없다.

이토록 자연과 인간의 분리가 사실과 가치를 분리하는 철학을 만들어냈듯이, 사람과 사람의 분리도 개인의 경험을 진리의 궁극적 시금석으로 하는 철학을 만들어냈다. 제 자신의 경험이 가장 중요하다는 신념을 표명한 최초의 철학자는 몽테뉴Michel Eyquem de Montaigne였으나 이 명제에 철학적 체계를 처음으로 부여한 사람은 데카르트 Réne Descartes였다. 그는 모든 존재를 다 의심하더라도 의심하고 생각하는 실체로서 존재하는 자기의 존재만은 의심할 수가 없었다. 그의 지식론의 출발점은 홀로 서 있는 개인의 사유였다. 모든 이론의 확실성을 검증하는 시금석은 오직 개인 자신의 경험뿐이었다. 개인의 경험 이외에 외부로부터―사회나 교회로부터―제공되는 진리의 보장은 어떤 것도 믿을 수 없었다. 여기서 그의 철학은 절대군주와 교회의 권위에 반기를 드는 자유주의적 개인주의에 이바지하게 된다. 데카르트는 마음의 비판적 기능을 강조하고 지식의 확실성을 검증하는 자기의 태도를 합리주의라고 불렀는데, 로크John Locke의 경험론 역시 각 사람이 가진 지식의 제1원천은 자기 자신의 감각이라고 주장함으로써 개인주의 철학을 더 강화하였다. 로크도 자기 자신의 존재는 의심할 여지가 없다고 주장하였다. 그는 말하기를, 우리는 우리 바깥에 있는 신 이외의 어떠한 존재에 대해서도 감각이 우리에게 가르쳐주는 것 이상을 알 수 없다고 하였다. 감각의 증거만이 확실한 시금석이었다. 왜냐하면 우리는 무엇이든지 다 보고 싶어 하고 느끼고 싶어 하지만 사람이 보는 것밖에 알지 못하기 때문이다.[9] 베이컨Francis Bacon도 진리에 도달하는 참된 길은 감각과 특수로부터 일반적 정리를 도출하는 것이라고 하였다. 네 자신의 경험을 믿어라, 그리고 전통적인 지혜와 통속적인 진리를 과감히 의심하라, 그것들은 편견에 불과할는지 모른다. 이것이 베이컨의 신념이었다. 로크와 베이컨의 경험론도 데카르트의 합리주의와 마찬가지로 개인의 경험과 이치를 따지는 이성의 힘에 대한 신뢰는 있었으나 전통의 권위에 대한 존경은 전혀 없었다.

이렇게 하여 양심의 자유에서 출발한 프로테스탄트적 개인주의는 이제 세속적인 철학적 형태와 기반을 갖추어가고 있었다.

사실과 가치의 구분이 개인주의와 근대과학관을 연결시켰듯이 개인적 경험과 경험론적 연구 방법에 대한 확신도 자유주의와 근대과학관을 연결시켰다. 사실 자유주의자들은 여러 정치사상 가운데 자유주의만이 과학과 혈연관계를 맺고 있다고 주장한다. 자유주의는 실제 생활에서 과학적 접근을 실천하여 그 접근 방법을 정치의 영역으로까지 확대했다고 주장한다. 이 점에 관해 버트런드 러셀Bertrand Russell은 이렇게 강조한다.

> 자유주의 사상의 본질은 그 주장하는 바가 무엇인가에 있지 않고 어떻게 주장하느냐에 있다. 즉 교조적으로 주장하지 않고 언제라도 새 증거가 나타나면 자기주장을 포기해야 한다는 생각을 갖고 하나의 시안試案으로서 주장한다. 이러한 태도는 과학 연구에서 취하는 태도로서 신학에서의 태도와는 정반대이다. …… 따라서 과학적 사고는 실제적 영역에서 자유주의의 사고와 지적으로 똑같다.[10]

그가 내세운 자유주의의 고전적 대학관을 보더라도 이러한 사상은 잘 나타난다. 그는 대학의 과업은 과학만이 아니라 정치를 포함하는 사회생활의 모든 분야에 응용할 수 있는 가치들을 가르치고 보급시키는 일이라고 주장하였다. 그 가치들이란 판단의 불편성, 관용, 비판 정신, 논리적 규범에 대한 순종 등이다.[11] 과학은 이치를 따지는 이성, 의문, 비판, 시행착오의 실험을 통해 지식의 향상을 꾀하는 것인데, 자유주의는 이러한 과학적 연구 방법을 인간 사회의 질서와 정치에 응용하는 사상이라고 주장한다. 자유주의와 과학의 그러한 유사성에 대해서는 논란의 여지가 없지 않지만, 역사적으로 볼 때 근대과학의 발달과 자유주의의 출현이 때를 같이하여 서로 중복해 있음은 의심의 여지가 없는 사실이다. 베이컨, 데카르트, 홉스Thomas Hobbes, 스피노자Benedict de Spinoza, 로크와 같은 17세기의 대표적 철학자들은 자유주의의 형성에도 공헌했고 과학의 발전에도 크게 공헌하였다. 그리고 개인의 경험에 역점을 둔 경험론과 가치중립적·과학적 세계관은 둘 다 자유주의와 과학에 공통되는 요인들이다.

과학과 자유주의는 둘 다 원자론적 가설을 갖고 있는데 이 가설은 물리학적 개념인 동시에 존재론적 개념이다. 물리학적 차원에서는 우주는 각각 떨어져 있는 분자들로 구성되어 있다고 보고, 존재론적 차원에서는 세계는 각각 특이한 독립적인 사건들과 사실들의 집합체라고 본다. 베이컨은 자연에는 개체들이 있을 뿐이라고[12] 말했고 홉스도 이 우주에는 이름을 가진 개체들밖에 없다고 하였다.[13] 라이프니츠Gottfried Wilhelm Leibniz는 단자론에서 자연의 궁극적 원자들이 단자이고 단자는 완전히 독립자족적인 완결체로서 그 내적 활동의 원천은 바로 단자 자체라고 말하였다.[14] 단자론은, 단자들과 똑같이 독립자족적이고 자체 활동의 원천인 개인들의 자유주의적 이상에 딱 맞는 철학이다. 그리고 벤담Jeremy Bentham이나 스피노자의 철학적 원자론도 사회를 제멋대로 움직이는 개인들―인간 단자들―의 집합체로 보는 사회관의 반영이었다.

이처럼 자유주의는 근대 유럽의 과학 사상 및 과학적 우주관과의 관계 속에서 발전하였다. 근대과학이 자연과 인간을 분리시킴으로써 발전하였듯이 인간과 인간을 분리시키는 개인주의 철학의 발전 속에서 그 철학을 기반으로 자유주의라는 사상 운동과 이론 체계가 형성되었던 것이다.

3. 욕망과 이성

그런데 자유주의의 철학적 기반으로서의 개인주의에는 뭐든지 자기의 것이라는 소유의 관념이 깊이 스며 있다. 개인주의의 독립자족의 관념과 소유의 관념은 매우 가까운 관계에 있다. 정치적·경제적 자유주의에는 내 소유와 내 재산이라는 관념이 극히 강하다. 내 것이라는 생각은 17세기 이래 자유주의 철학에 깊이 침투하여 생명까지도 자기 소유라는 철저한 소유의 개인주의를 낳았다. 자기 목숨은 자기가 하고 싶은 대로 하는 자기 재산이고 신이나 사회나 국가의 것일 수가 없다는 것이다. 개인을 자신의 소유로 보는 이러한 생각은 로크에게서 벌써 "인간은 자기 자신의 주인이 되고 자기 자신의 인격의 소유자가 되고 그 활동과 노동의 소유자가 됨으로써 더욱더 자기 자신 안에 재산의 위대한 기반을 갖고 있다"라는 말로 명백히 표명되었다. 이러한 생각을 분명히 언명한 것은 로크가 처음이 아니었다. 그보다 30년이나 일찍 영국 수평파levellers의 선전가인 오버턴 Richard Overton도 똑같은 말을 한 바 있다.[15]

그러므로 물질적 재산이 자기 소유라는 생각은 자기 자신과 그 활동 및 노동에 대한 자기 소유권을 물질적으로 표현한 것에 불과하다. 그러므로 물질적 재산을 소유하지 않은 사람도 그 몸과 재주와 노동이라는 재산은 소유하고 있다는 것이다.

그러면 소유와 재산은 어떻게 얻을 수 있을까? 이 문제에 대해 자유주의적 개인주의가 제시하는 두 가지 주장이 있다. 하나는 인간은 욕망에 의해 움직인다는 자유주의적 인간관이고, 또 하나는 욕망의 충족을 추구하는 데는 이성의 엄격한 기능의 지시를 받는다는 이성관이다.

자유주의적 인간관에 의하면 개인을 움직이게 하는 욕망은 매우 적극적인 욕망이다. 홉스는 생명은 그 자체가 운동이고, 욕망 없는 생명은 생명일 수 없다고 말했다. 생명이 욕망이 없다면 이는 죽은 것이다.[16] 홉스의 이런 생각은 흄David Hume과 벤담의 기본 가설이자 18세기의 상식이었다. 개인은 자기 자신의 행복과 쾌락과 만족을 추구하는, 기본적으로 이기적인 정열과 욕망에 의해 활동하고 행동한다는 것이다. 욕망이 인간 행동의 동기라는 인간관은 자유주의의 가장 큰 특색이다. 욕망은 선천적으로 부여된 것이고 불가변의 인간성에 속한 것으로서, 도덕도 이 욕망에 적응하고 욕망에 따라 조절되어야 한다. 그러므로 욕망은 명백히 좋은 것이다. 최소한 그 욕망의 주인공에게는 좋은 것이다. 이러한 욕망관은 자유주의경제의 전제가 되어 이른바 시장경제의 대원리가 되었다.

그러나 이러한 자유주의의 욕망관에는 분명히 문제가 있다. 자유주의는 비판적·회의적이고 모든 문제에 일단 질문을 던지는 것이 특성인데도 불구하고 욕망관에 대해서만은 그렇지가 못하기 때문이다. 이는 자유주의의 자기모순적 태도이다. 자유주의는 응당 욕망은 어디서부터 오는 것이며 어떻게 형성되는 것인가를 물어야 한다. 자유주의는 인간의 욕망은 저절로 있는 것이고, 인간의 기본 성품의 일부이며, 외적 압력을 전혀 받지 않고 형성되는 것처럼 말하고 있다. 그러나 이 주장은 실제의 인간 생활과는 동떨어진 생각이다. 이런 주장은 인간 생활에서 교육과 훈련, 문화와 관습, 역사와 유행 등이 얼마나 사람들의 욕망을 자극하기도 하고 억제하기도 하며 때로는 욕망의 모양을 결정하기도 하는가를 전혀 모르고 하는 소리이다.

자유주의는 사람들의 숨어 있는 기본적 욕망과 행동이나 선택으로 표현된 욕망의 차이를 인정하려고 하지 않고, 실제로 표현된 욕망을 기본적 욕망이라고 생각하여, 표현된 욕망이 진짜 욕망이라고 주장한다. 그러나 소비자들이 자유 시장에서 물건을 구매함으로써 나타낸 욕망은 행동과 선택으로 표현된 욕망으로서, 그것은 소비자들의 마음속에 더 많이 사고 싶다든가 더 값비싼 것을 사고 싶다든가 하는 따위의 숨어 있는 기본적 욕망이 아니다. 그러므로 자유 시장에 나타난 욕망이 사람들의 선호에 대한 완전하고도 정확한 거울이라는 자유주의경제 이론의 주장은 잘못된 생각이다.

그럼에도 불구하고 자유주의는 여전히 사람들은 자기들이 원하는 바가 무엇이며 자기들의 이해관계가 무엇인가를 다 알고 있고 표현할 수 있다고 강조한다. 물론 이 문제는 이론적 문제에 그치지 않고 정치적 문제로 확장되기도 한다. 즉 각 개인이 자기 욕망의 가장 믿음직한 판단자가 아니라고 한다면 어떤 독재자에게 판단을 맡기게 될 위험이 있다. 그러므로 자유주의의 욕망관에 따르는 시장경제의 원리를 부정하게 되면 그것은 결국 독재를 정당화하게 되는 정치적 문제로까지 비화할 소지가 있는 것이다.

그러나 자유주의가 인간은 근본적으로 이기적인 욕망에 의해 활동한다는 주장을 한 치도 양보하지 않는다면 그렇게 원자적이고 반사회적인 존재들이 어떻게 사회 안에서 함께 살 수 있는가를 설명해야 한다. 이 물음에 답하기 위해 자유주의적 개인주의는 각 개인들 사이에는 평등의 원리가 있다고 주장한다. 즉 따로따로 떨어져 있는 개체들은 다른 개체들과 동등한 자격을 가진 개체들이라는 것이다. 이 평등의 원리는 17세기 중엽 영국혁명에서 대두하여 18세기 말엽 인권 사상의 형태로 분명한 모습을 갖추게 되었다. 칸트Immanuel Kant는 이 원리를 각 사람은 그 자체가 절대적 목적으로 존경되어야 하고 다른 외적 목적의 수단으로 여겨져서는 안 된다고 설명하였다. 이 평등권과 인격 존중의 원리를 무시하는 개인주의는 개인주의가 아니라 이기주의이고 그것은 자유주의적 개인주의가 아니라는 것이다. 그럼에도 불구하고 자유주의에는 여전히 인간은 근본적으로 이기적인 욕망에 의해 활동한다는 이기적인 욕망관이 자리 잡고 있으며, 그에 따른 논리적 귀결로서 제 욕망의 충족을 위해서는 다른 존재들을 자기 자신의 욕구를 충족하기 위한 수단이나 방해물로 여기는 경향이 강하다. 그러므로 자유주의는 이기주의를 포기한 인간 행동의 동기론을 제시해야 하는데, 아직까지는 그런 이론을 만들어내지 못하고 있다. 이것이 자유주의의 약점이다.

그러나 자유주의 사상에는 이 약점을 다소라도 완화해주는 장치가 있다. 바로 자연 자체가 이기주의의 파괴적 힘을 막아준다는 생각이다. 이러한 예로 가장 잘 알려져 있는 것이 애덤 스미스Adam Smith의 "보이지 않는 손"이다. 그리고 맨더빌Bernard Mandeville은 기독교의 전통적 도덕에 의하면 악하고 이기적으로 보이는 행위도 일반적 선이 될 수 있다고 하였다. "개인의 악이 공공의 이익"이라는 말은 그의 유명한 모토였다. 각 사람이 각각 모두 자기 욕망 충족을 위해 활동할 때, 각 개인은 다른 사람에게 어떤 이익을 주려는 생각은 추호도 없지만 결국 보이지 않는 손에 의해 다른 사람의 욕망도 자기 자신의 욕망도 충족시키면서 사회 전체의 이익과 향상을 가져온다는 것이다. 이와 같은 이론은 인간 욕망은 기본적으로 이기적이라는 주장을 버리지 않으면서 다른 사람을 자기 욕망 충족의 수단으로 여기지 않는 이론적 돌파구를 자유주의에 제공해준 셈이다.

그러나 그러한 이론은 경제생활에서만이 아니라 모든 사회관계의 모델이 될 수 있을 때에만 자유주의적 개인주의 이론으로서 안전할 수가 있다. 여기서 자유주의는 이렇게 말한다. 어떠한 생산자나 상인도 다른 사람에게 원치 않는 것을 사라고 강요할 수 없듯이, 모든 사회관계에서도 다른 사람에게 원치 않는 행위를 하라고 강요할 수 없다는 것이다. 그리고 부당한 폭력의 사용이 있을 것을 예상하여 이를 방지하기 위해 정부라는 것이 있지 않느냐고 한다. 그러면 정부의 힘이 미치지 못하는 곳에서는 어떻게 할 것인가? 이에 대해 자유주의는 개인 스스로가 자기 자신을 돌볼 수 있다고 대답한다. 무엇으로 어떻게? 다른 사람들의 수단으로 이용되지 않는 최선의 보장은 자신의 욕망과 이해관계가 무엇인가를 판단하는 개인의 건전한 분별력sound sense뿐이다.[17] 이것이 자유주의 시장 원리를 모든 사회관계에도 적용할 수 있다는 자유주의의 궁색한 답이다.

자유주의에 의하면 개인들의 욕망의 충돌이 낳을 파괴적 혼란을 방지해주는 또 하나의 방벽이 자연에 장치되어 있는데, 이것이 바로 이성 혹은 합리성이다. 욕망이 있고 욕망을 추구하는 힘이 있는 것만으로는 욕망의 충족이 보장되지 않는다. 대개 우리는 무엇을 원하는가를 분명히 알고 있으면서도 욕망 충족의 방법이 적절치 못하거나 비효율적이어서 항상 좌절을 맛보는데, 이성은 가장 경제적인 수단으로 최대의 만족을 얻는 방법을 가르쳐준다. 이때 이성의 기능은 욕망을 어떻게 충족시킬 수 있으며, 한 욕망을 다른 욕망에 어떻게 타협시킬 수 있느냐를 연구해내는 기능이다. 그것은 욕망의 시녀이며 욕망의 수단으로서 유용한 기능이다. 그러므로 이성은 본질적으로 자기 이익을 가장 효과적으로 추구할 수 있게 하는 계산 능력이다. 이 능력이 없으면, 아이들이나 어리석은 자들처럼 자기의 욕구가 무엇인지 알고 있으면서도 그것을 어떻게 획득할 수 있는지 모른다. 이러한 계산 기능으로서의 이성은 교육을 통하여 개발될 수 있는 사회적 재능이라기보다는 선천적으로 개인에게 부여된 자연적 속성으로 생각되었다.

그런데 자유주의의 흐름에는 계몽사상과 각별히 관계가 깊은 더 적극적이고 낙관적인 이성관이 있다. 이런 낙관적 이성은 사람들에게 어떤 목표를 선택하게 하는 힘이 된다. 이 흐름에 속한 자유주의자들은 이성을 계산 기능보다 더 높은 차원의 것으로 취급하며, 개인생활과 사회생활을 이성의 이상 위에 수립할 수 있다고 믿는다. 또한 개인이나 사회가 억제할 수 없는 정열이나 욕망이나 증오 혹은 미분화된 편견, 습관, 전통 따위에 의해 이끌려가는 것은 불합리하다고 생각한다. 이러한 이성에 대한 합리적 태도는, 인류의 진보와 행복에 보편적으로 적용될 수 있고 가장 많이 공헌할 수 있는 일반적 원리들은 자연과 인간성에 대한 합리적인 이해에 근거하여 체계적으로 수립할 수 있다고 믿는 것이다. 이러한 개념의 이성은 인간을 매우 고상하게 만드는 여러 가치들과 연결되어 있다. 그리고 이러한 이성은 개인의 행동을 개인과 공공의 선을 증진시키는 방향으로 인도할 수 있게 하는 인간의 본래적인 능력이라고 여겨졌다. 그리하여 스피노자와 칸트는 분명히 이성을 단순히 계산과 논리적 사고의 능력에 일치시키지 않았다. 그들에게 이성적·합리적 인간이란 자기 욕망을 가장 효과적으로 충족시키기 위하여 이성을 사용하는 사람이 아니라, 이성의 힘으로 욕망의 폭군으로부터 스스로를 해방시켜서 보편적 원리에 따라 사는 사람이었다. 그러나 스피노자와 칸트도 이성을 자율적인 개인에게 필수 불가결한 자연적 잠재 능력이라고 본 점에서는 홉스, 흄, 벤담 등의 영국 경험론자들과 다를 바가 없었다. 그런데 문제는 이 이성을 개인의 자연적 상태로 보느냐 이상적 상태로 보느냐였다.

17세기의 홉스, 흄, 로크 등의 영국 경험론의 이기적 개인주의가 수립한 개인의 자율은, 앞서 본 바와 같이 개인을 자연에서 분리하고 또 개인들을 서로 분리시킴으로써 산산이 흩어진 원자적 개인들이 이기적인 욕구 충족의 목적으로 달성하기 위한 자율이었다. 이러한 개인적 자율은 다른 사람을 자기 목적 달성의 대상과 수단으로만 생각한다. 이런 자율을 바탕으로 한 자유주의는 만인이 만인과 대립하고 투쟁하는 홉스적 자연 상태의 자유주의였다. 이때의 자유주의는 인류의 행복과 진보를 위해 사용할 수 있는 이성의 이상 위에 개인생활과 사회생활을 건설할 수 있다고 믿는, 더 적극적이고 낙관적인 흐름의 18세기의 자유주의에 비해 너무나 살벌하다.

18세기의 자유주의는, 뉴턴Isaac Newton의 우주관이 가르치는 것처럼 독자적인 원자들이 하나의 질서와 조화의 체계를 이루듯이, 독립 자족적이고 이기적인 개인들도 조화로운 전체 사회를 만들 수 있다는 새 신념의 자유주의였다. 그리하여 17세기적 인간의 이기적 욕망의 무정부적 경향은 인간을 더 고상하게 인도하는 계몽사상적 이성의 힘에 의해 억제되었다. 거기서 개인들 사이의 공존과 협력이 가능하게 되었다.

그러나 개인들은 각자의 목표와 목적으로 볼 때 여전히 제각각이고 독립자족적이었다. 그렇다면 원자론적 개인주의의 기반 위에 어떻게 조화로운 전체 사회가 건설될 수 있을까? 또 그렇게 건설되는 사회란 어떤 종류의 사회일까? 개인과 사회의 관계에 대해 자유주의는 무엇이라고 말할까?

4. 개인과 사회

자유주의의 존재론적 핵심은 개인주의이다. 따라서 개인이 사회에 우선하고 개인이 사회보다 더 진실하다. 그러므로 논리상 사회는 개인들의 산술적 총계에 불과한 하나의 허구이다. 따라서 참 이해관계도 개인들의 이해관계뿐이고 공동체나 사회, 국가나 민족, 정당 등 다른 어떠한 제도들의 이해관계도 허구에 불과하다. 사회 공동체의 이익이 개인의 이익에 앞선다는 공익 우선이나 선공후사의 구호는 개인의 자유를 억압하려는 자들의 위선의 표현일 뿐이다. 따라서 도덕적·정치적으로도 사회가 개인에 우선한다는 것은 있을 수 없다.

개인과 사회의 관계에 대한 이러한 주장은 공산주의와 파시즘의 출현으로 일시 후퇴하는 듯하였으나 1940년대와 1950년대에 하이에크Friedrich A. von Hayek나 포퍼Karl Popper 등의 이른바 '방법론적 개인주의'라는 새로운 형태로 되살아났다. 하이에크는 사회니 경제 제도니 혹은 자본주의니 제국주의니 하는 집합명사들은 잠정적 이론 이상의 것이 아니고 따라서 사회과학자들은 그러한 통속적 추상화를 사실로 오인해서는 안 된다고 주장한다.[18] 포퍼도 이렇게 말한다.

사회과학의 대상은 전부는 아닐지라도 대부분이 추상적인 대상이다. 그것은 이론적으로 꾸며낸 것이다. 매우 이상하게 들릴지 모르겠지만 심지어 전쟁이나 군대라는 것도 추상적 개념이다. 구체적인 것은 많은 사람이 전쟁에 죽는다든가, 여러 사람이 군복을 입고 있다든가 하

는 것뿐이다.[19]

벌린Isaiah Berlin도 하이에크, 포퍼와 함께 방법론적 개인주의의 원리를 자유주의의 도덕적·정치적 가치에 결부시키고 있다. 벌린은 인간 행위와 역사가 계급이니 민족이니 혹은 자본주의니 하는 비개인적인 요건과 실체에 의해 결정된다는 신념은 개인적 자유와 개인의 도덕적 책임을 뿌리로부터 침식하는 새로운 물신론으로서, 이는 과학적 개념의 가면을 쓴 사이비 사회학적 신화가 만들어낸 것이라고 공격한다.[20] 포퍼도 개인들보다 더 우월한 사회집단의 존재를 인정하지 않는다. 그는 사회집단이 개인들보다 우월하다고 주장하면서 어떤 계획된 목표를 설정해놓고 거기 맞추어서 사회 전체를 개조하려는 정신적 태도를 '홀리즘holism(전체론)'이라고 부르고, 홀리즘은 비과학적일 뿐만 아니라 정치적 유토피아주의에 이론적 기반을 제공하여 결국 전체주의가 되고 만다고 주장한다.[21] 포퍼가 개인주의에 맞서는 역사주의, 홀리즘, 유토피아주의의 정치적 의의를 얼마나 심각하게 생각했는가는, 그가 《역사주의의 빈곤The Poverty of Historicism》의 헌사獻辭에서 "역사적 운명이라는 냉혹한 법칙에 대한 파시즘과 공산주의의 신념에 희생된 모든 종파와 국민과 종족의 수없이 많은 남자와 여자의 추억"에 그 책을 바친다고 한 것만으로도 알 수 있다. 그리하여 오늘날 많은 자유주의자들은, 개인과 사회의 관계를 보는 태도의 차이와 자유주의와 전체주의의 정치적 가치의 상반 사이에는 그렇게 될 수밖에 없는 이유가 있다고 강조한다. 즉 개인을 사회에 우선하는 것으로 보는 태도는 자유주의의 정치적 가치를 지지하고, 반대로 사회를 개인에 우선하는 것으로 보는 태도는 전체주의의 정치적 가치를 지지한다는 것이다.

홉스 역시 인간은 본질적으로 사회적 동물이라는 아리스토텔레스 Aristoteles의 생각을 명백히 거부하였다. 개인들이 사회와 정부를 만드는 것은 개인의 이익을 위해서이고, 따라서 사회와 정부는 고대 그리스에서처럼 인간의 자연적 상태의 일부가 아니라 인간들이 발명해낸 작품이다. 따라서 사회와 정부는 개인들이 그 이익에 따라서 이용도 하고 조작도 하게 되어 있다. 그러기에 홉스는 "우리 스스로가 공화국을 만든다"[22]고 말하였다. 로크도 벤담도 밀도 개인과 사회의 관계에서 개인을 사회에 우선하는 것으로 보는 데에는 홉스와 아무 차이가 없다. 헤즐릿William Hazlitt은 그러한 개인관을 다음과 같이 아주 명확하게 정리하고 있다.

> 사회는 일정한 수의 개인들로 구성된다. 정부의 권리는 이 개인들이 본래부터 갖고 있는 권리들을 서로 균등하게 하고 중화시킨 결과로 집적된 권리이다. 개인의 자연권을 부정하면 어떤 종류의 권리도—그것이 신성한 권리든 인간적 권리든—있을 수 없지 않은가? 왜냐하면 어떠한 집단도 집단으로 있기 전에 먼저 개별의 상태로 있기 때문이다. 세계는 원자들로 구성되어 있고 기계는 부품들 없이는 만들 수 없다.[23]

이 말은 자유주의적 개인주의의 성격을 잘 설명해주고 있다. 즉 1) 사회를 개인들의 집합으로 보고 2) 원자론의 방법과 비유를 사회생활에 확대 적용하며 3) 복잡한 결합체도 원칙적으로 원자적 부분으로 분리해낼 수 있다고 생각하고 4) 정부는 기계와 같은 것이라는 뜻이다.

이러한 네 가지 특성 외에 자유주의적 개인주의의 또 한 가지 특성은 인간의 본성은 반사회적 내지 비사회적이라는 것이다. 자유주의에서 항구적으로 중요한 역할을 하는 것이 바로 개인의 비사회적 이기심이다. 이기심의 중요한 역할에 대한 이해 없이는 개인주의가 왜 개인적 자유와 사생활의 원리를 중시하는가를 이해하지 못한다.

그러한 자유주의적 개인주의의 자유는 그것을 이용할 능력이 있는 개인에게는 한없는 가치가 있는 것이고 개인의 자기실현을 위해 필수적인 조건이다. 만일 개인을 사회라는 집단생활에 완전히 매몰시키면 그 인격을 위축시키고 비뚤어지게 만들 것이 틀림없다. 그리고 개인에게 자기 판단대로 사는 자유를 주어 국가와 사회의 압력으로부터 해방시키면 자유가 제공하는 기회를 가장 훌륭하게 이용하는 길이 무엇인가를 스스로 발견하게 될 것이다.

적어도 밀 이래 자유주의자들은 자유를 '불간섭의 영역'이라는 뜻으로 이해해왔다. 그 영역 안에서는 개인을 완전히 제 생각대로 살도록 내버려두어야 한다. 어떠한 정부도 그 영역 안으로 들어가서는 안 되고 어떤 종류의 사회적 압력도 개인에게 제약을 가해서는 안 된다. '공공'의 간섭을 전혀 받지 않고 생각하고 행동하는 개인 고유의 생활 영역, 즉 현대적 의미의 프라이버시라는 관념이야말로 자유주의의 중심 사상을 구성하고 있다.[24]

프라이버시가 현대 자유주의자들에게 매우 중요한 이유는 개인의 최대의 행복과 성취를 기대할 수 있는 데가 사적 영역 안이기 때문이다. 왜 그런가? 그 이유는 공적 영역을 자기부정과 지루한 의무라는 불모지대로 보기 때문이기도 하지만, 인간을 근본적으로 사회적 동물로 보지 않고 독립자족적이고 자립적인 존재로 보기 때문이다. 즉 인간은 그 의미와 성취를 사회적 활동이나 집단적 활동에서 발견하는 존재가 아니라, 자기실현의 기본 조건으로서 사적 생활 영역을 필수로 하는 존재라는 것이다.

　이와 같이 자유주의는 사회는 개인들로 구성되어 있다고 주장하고, 개인 이상의 혹은 개인 이외의 그 어떤 것도 용납하지 않는다. 사회의 기능은 오직 개인들에게 봉사하고 개인의 자율을 존중해주고 다른 사람에게 해를 끼치지 않는 한, 제가 하고 싶은 대로 무엇이든 할 수 있는 개인의 권리에 간섭하지 않는 것이다. 존 스튜어트 밀은 《자유론On Liberty》에서 정부 간섭에 반대하는 세 가지 이유를 들었다. 첫째, 개인에게 직접 관계되는 일은 당사자가 가장 잘 처리한다. 둘째, 발명과 독창성에서는 개인에게 자유로이 제 힘을 발휘하게 할 때만 적극적인 효과가 있다. 셋째, 정부권력에 불필요한 힘을 다소라도 더 보태는 것은 악이다.

　밀은 정부 간섭만을 반대한 것이 아니라, 개인들이 힘을 합하여 집단으로 움직이는 일체의 행동도 공격하였다. 그러한 집단행동은 어떤 종류의 것이든 모두 자유로운 개인들 사이에 형성되어 있는 자연스런 균형을 깨는 부당한 행동이라는 것이다. 그러므로 개인주의자들은 노동조합을 의심의 눈으로 보았다. 노동조합은 고용주와 피고용자의 평등한 관계에서 자유로이 체결된 계약을 위협한다는 것이었다. 그리고 집단행동은 개인의 순수한 판단을 다수의 압력이나 집단 여론에 의해 짓밟아버릴 위험이 있다는 것이다. 그리하여 자유주의는 체제 순응과 만장일치를 항상 의심의 눈으로 본다. 체제 순응과 만장일치는 사람들의 독자적·자발적 판단에 의한 행동에서 나온 것이라기보다는 관례나 유행 또는 군중을 맹목적으로 따라가는 데서 나온 것으로 본다. 여기서 우리는 개인주의는 사람들의 공통점보다는 차이점을 더 강조하는 특성이 있다는 것을 또다시 발견하게 되는 셈이다. 의견이나 신념의 다양성은 자연적인 것이고, 체제 순응이나 만장일치는 그 다양성을 파괴하고 여러 의견과 인격을 단 하나의 판에 박아버리려는 압력과 조작의 결과일 수밖에 없다는 것이다.

만장일치에 대한 이러한 불신은 비밀투표제가 왜 자유주의적 정치 메커니즘의 중심이 되는가를 잘 설명해준다. 비밀투표함은 외부의 간섭을 배제하는 사생활을 공적 영역으로 확대 적용한 것으로서, 거기서 개인은 어떤 압력도 받지 않고 독자적 선택을 할 수 있도록 보장받는다. 이와는 반대로 대중 집회와 같은 집단적 결정은 자유주의자의 혐오와 불신의 대상이다. 그 이유는 그러한 환경에서는 개인들은 집단에 대한 순응을 거부하지 못하게 하는 압력을 받기 때문이다. 비밀투표는 사회는 개인들로 구성되어 있다는 개인주의적 사회관의 반영이고, 대중 집회는 개인은 사회의 일원으로서만 존립할 수 있다는 집단주의적 개인관의 반영이다.

밀의 개인주의는 개인의 권리에 대한 관심에서만이 아니라 개인은 사회적 진보의 근본적인 추진자라는 신념에서 나왔다. 현명한 일이나 고상한 일은 모두 개인들이 생각해내는 것인데, 그러한 능력을 가진 개인들은 극히 소수이다. 그러나 이 소수야말로 '땅의 소금'이다. 그들이 없으면 인간 생활은 고인 물처럼 침체하고 말 것이다. 이 소수 개인들의 역사적·윤리적 역할에 대한 신념이야말로 개인과 사회의 관계에 대한 자유주의의 적극적인 측면이다. 사회는 사회의 건강과 끊임없는 진보를 위해 개인적 독창성을 발휘할 수 있는 최대한의 영역을 개인들에게 마련해줄 필요가 있다. 개인적 자유가 중요한 까닭은 개인들의 권리를 위해서만이 아니라 사회적 진보를 위해서이다. 자유는 인류의 진보에 불가결한 독창성과 창조성의 조건이다. 자유주의의 눈에 사회의 역할은 소극적으로밖에 보이지 않지만, 개인들의 사회에 대한 역할은 적극적으로 보인다.

그런데 여기서 생각해봐야 할 것은, 사회와 역사의 진보에 기여하는 개인들은 소수이고 나머지 다수의 개인들은 소수의 뒤를 따르기만 한다면, 개인의 개념이 매우 애매모호해진다는 사실이다. 인간은 누구나 똑같은 존재라는 일반적인 의미에서 바라보는 개인의 개념은 분명히 평등주의와 민주주의를 표방하는데, 뛰어난 재능과 창의성을 지니고 사회와 역사의 진보에 기여하는 소수의 예외적인 개인들을 가리키는 개인의 개념은 반反평등주의와 엘리트주의를 지향하는 것이다. 여기에 자유주의 개인관의 모순과 애매성이 존재한다.

만약 사회가 개인들의 집합 이상의 것이 아니라고 한다면, 사회와 개인들의 충돌이란 결국 어떤 개인과 다른 개인과의 충돌일 것이다. 그러므로 그 충돌은 한편이 다른 한편보다 윤리적으로나 질적으로 더 우월한 실체들 사이의 충돌이 아닐 것이다. 따라서 자유주의적 개인주의의 입장에서 늘 문제가 되고 있는 국가 혹은 사회와 개인의 충돌이라는 것도 실은 개인들로 구성된 여러 가지 집단 사이의 권리와 이해의 충돌이라고 말해도 무방하다. 흔히 사회의 요구니 국가의 이익이니 하는 것 가운데 구체적인 어떤 개인들의 이해관계와 상관없는 것이란 거의 없다. 그래서 '공공 이익'이니 '국가이익'이니 '국민의 뜻'이니 하는 구호를 내걸고 정부가 어떤 정책을 국민에게 호소할 때 그 정책이 실은 어떤 특정한 사람들에게는 이익이 되고 다른 사람들에게는 불리한 것이라는 점을 간파하기란 별로 어렵지 않다. 여기서 공공이니 국민이니 하는 추상적인 개념 앞에서 어떤 구체적인 사람들은 이익을 보고 다른 사람들은 희생되는 것이 보통이다. 이처럼 개인과 사회의 충돌, 개인과 국가의 충돌을 결국 여러 개인들로 구성된 집단과 집단 사이의 충돌이라고 본다면, 자유주의가 국가와 그 권력 그리고 국가 목적에 대해 항상 불신의 눈을 거두지 않는 오랜 전통은, 개인과 사회의 관계에 대해 개인을 사회보다 앞세우는 인식에 있다. 거기서 자유주의는 국가의 국민경제에 대한 간섭과 복지 정책을 줄곧 방해해온 것이다.

그러나 영국의 경우에서 보는 바와 같이 그린Thomas Hill Green, 토인비Arnold Toynbee, 홉하우스Leonard Hobhouse 등을 대표로 하는 이른바 신자유주의자들은 국가에 야경적夜警的 역할만이 아니라 적극적 역할도 부여하는 새로운 자유주의 이론을 만들어냈다. 그런데도 국가권력을 불신하는 자유주의의 전통은, 20세기에 오면 좌우 양쪽의 전체주의에 대한 공포라는 새로운 형태로 나타난다. 전체주의의 본질은 국가에 통제권 전체를 부여하려는 것이기 때문에 전체주의를 막으려면 국가권력을 자유주의적인 틀 안에 엄격히 제약해야 하는 것은 당연하였다. 거기서 자유주의자들은 경제생활과 복지 정책에 대한 정부 활동의 증대까지도 전체주의로 기울어갈 위험으로 해석하려고 하였다. 영국 노동당의 한 정치가는 공공 지출의 지나친 증대는 '다원 사회의 가치'를 파괴할 것이라고 말한 바 있고,[25] 또 브리탄Samuel Brittan은 "공공 분야와 정치적 결정의 영역이 지나치게 확대되면 자유민주주의는 견디기 힘든 긴장에 직면한다"고 강조하였다.[26] 이와 같이 자유주의자들은 사회민주주의와 연합한 제한적인 국가 간섭에 대해서도 국가 지배의 공포심을 떨칠 수가 없는 것이다. 이처럼 자유주의 사상에는 개인과 국가의 대립이라는 전통적인 사고가 아직까지도 남아 있고 국가권력에 대한 개인주의적 불신이 여전하다.

이상에서 고찰한 바에 의하여 추상적 개념을 지닌 개인의 특징들을 요약한다면, 그것은 개인은 자연의 세계에서 자기를 떼어내고,

같은 인간의 세계에서도 자기를 떼어내고, 기본적으로 이기적인 자기 욕구만을 추구하고 자기의 의지와 이성의 독자성과 자율을 주장하는 것 등인데, 이 모든 특성이 자유주의적 사회사상, 경제사상, 정치사상에 깊숙이 침투해 있다. 자유주의 세계관에서 움직일 수 없는 중심점은 개인이다. 그렇기 때문에 자유주의는 개인보다 사회를 앞세우는 어떤 종류의 사회 이론에 대해서도 시종일관 대항해왔다.

이처럼 개인이 존재론적으로도 도덕적으로도 사회에 우월하다면 자유주주의의 여러 가치들의 핵심도 당연히 개인일 것이다. 자유주의는 소극적으로는 개인의 권리와 자유를 국가권력과 사회적 영향으로부터 보호할 뿐만 아니라, 적극적으로는 사회적 지도력과 사회적 구원救援 그리고 현명하고 고상한 모든 일의 독창성 등을 기대할 수 있는 곳도 오직 개인이라고 주장한다. 이처럼 자유주의는 그 본질상 반집단주의이다. 그러므로 만일 반집단주의적 성격에 변화가 불가피하게 되면 그때에는 자유주의는 그 이론도 실제도 뭔가 변화하지 않을 수 없게 될 것이다. 그런데 위에서 본 바와 같이 자유주의의 개인의 개념에는 일반적 개념의 개인과 소수 엘리트적 의미의 개인 사이에 개념상의 정확성이 결여되어 있다. 이러한 개인 개념의 애매성은 바로 자유주의의 반집단주의적 성격에 일어날 수 있는 변화의 한 씨앗이다. 여기 자유주의가 소수 정예주의elitism의 방향으로 움직여 갈 수 있는 계기가 숨어 있다.

제2장

자유주의의 여러 가치들

1. 개인적 자유

우리는 지금까지 자유주의의 도덕적·정치적 원리가 되는 철학 기반으로서의 개인주의를 개관하였다. 이제는 자유주의의 주요한 가치 내지 원리가 무엇인가에 대해 구체적으로 살펴볼 차례이다. 자유주의의 핵심 가치는 개인의 자유이다. 개인적 자유 이외의 다른 가치들도 모두 이 개인적 자유와 긴밀한 관계가 있다. 관용의 가치는 개인적 자유의 관념에서 필연적으로 도출되는 가치이고, 입헌주의와 법치의 원칙은 개인의 자유를 보장하기 위한 제도적 원리이다. 앞서 본 바와 같이 이성과 합리성도 자유주의와 깊은 관계가 있으며, 따라서 과학정신도 자유주의와 깊은 관계가 있다. 그리고 흔히 민주주의와 자유주의는 아주 자연스럽고 조화로운 동반 관계에 있는 것으로 생각되고 있으나 양자의 관계는 흔히 생각되고 있는 것보다는 훨씬 복잡하고 미묘하다.

　보통 자유주의의 주요한 가치 내지 원리로 손꼽히고 있는 가치들은 자유주의에만 고유한 가치가 아니다. 그것들이 다른 이데올로기의 가치도 될 수 있기 때문이다. 또 잘 알려져 있지 않지만 역사적으로나 이념적으로나 자유주의에 중요한 가치들이 더 있을 수 있는데, 그것은 기본적으로 자본주의와의 관계에서 생긴 계급과 재산 등 기타 까다로운 문제들과 관련되어 있는 가치들이다.

　그리고 그러한 자유주의의 가치들은 앞서 본 바와 같이 언제 어디서나 똑같은 값을 지니고 있는 것이 아니라 때와 곳에 따라 시대와 문화에 따라 그 값이 달라진다. 예를 들면, 자유방임의 자유주의경제와 같은 것은 19세기 서양에서는 가장 중요한 자유주의적 가치로 여겨졌지만 오늘날에는 새로운 상황에 맞지 않아 이제는 별로 중시하지 않게 되었다. 그와는 반대로 종래에는 별로 중시되지 않았던 것이 새로 중시되는 것도 있다. 그러한 사례 가운데 아마도 가장 중요한 것은 정치적 점진주의와 경험주의일 것이다. 지금까지 정치에서 경험적·실용적 접근은 보수주의만이 하는 것으로 간주되어 왔으나 20세기에서는 보수주의자도 자유주의자도 사회민주주의자도 다 이러한 접근을 시도하고 있다.

　이러저러한 것들이 자유주의의 주요한 가치들이라고 낱낱이 설명한다고 해서 자유주의가 어떠한 이론이며 다른 이론과 무엇이 다른가를 밝혀내기는 힘들다. 무엇보다 중요한 것은 그 가치들이 자유주의의 세계관을 통하여 어떻게 서로 연결되어 있는가, 즉 어떤 가치가 더 중요하고 혹은 덜 중요하며, 그 가치들의 중요성이 어떠한 서열로 배치되어 있는가를 밝히는 것이다. 오늘날 자유, 평등, 민주주의, 합리성과 같은 것들은 온갖 정치 운동과 정치체제가 모두 그 이용 가치를 인정할 만큼 보편적으로 훌륭한 가치들로 인정되고 있지만, 그 가치들의 값을 매길 때는 정치적 입장에 따라 각기 달리 매긴다. 그러므로 자유주의의 가치들을 고찰할 때에도 그 가치들이 자유주의의 철학적 세계관과의 관계에서 서로 어떻게 연결되어 있는가, 즉 그 가치들은 자유주의의 세계관 안에서 어떠한 위치를 차지하고 있고 얼마만큼의 값을 지니고 있는가를 살펴봐야 한다.

자유주의가 다른 정치이론과 각별히 다른 점이 있다면, 바로 자유의 가치를 다른 어떤 가치보다도 최고의 자리에 올려놓는다는 점일 것이다. 그래서 자유주의를 설명할 때 자유의 개념 하나만으로도 가능하다고 주장하는 사람도 있다. 그러나 자유라는 개념이 서양 사상사에서 의미 있는 자리를 차지하게 된 것은 근세에 와서이고, 또 근세에서도 행복, 평등, 사회정의, 민주주의, 사회질서, 안정 등의 가치들을 자유보다 더 중시하는 사상들이 있었다. 자유는 어디까지나 근세 서양 사상사에서 유의미한 자리를 차지했던 가치 가운데 하나에 불과하다. 그러나 자유주의에서는 그 어느 가치보다도 자유가 최고의 자리를 차지한다. 액턴 경은 "자유는 자유보다 더 높은 어떤 정치적 목표에 이르는 수단이 아니라 그 자체가 최고의 정치적 목표이다"[1]라고 말했고, 햄프셔Stuart Hampshire는 "나는 각 개인이 자기 자신의 생활양식을 스스로 선택하는 평등한 자유의 확대와 보장이야말로 정치 활동의 목적이라고 믿는다"[2]라고 말했다.

액턴 경과 햄프셔에게는 정치의 궁극적 목적 자체가 자유의 실현이다. 자유는 이처럼 고귀한 가치이고 또 자유라는 말은 누구나 쉽게 흔히 쓰는 말이지만, 자유란 무엇인가를 따지고 보면 자유라는 개념 역시 개인의 개념 못지않게 복잡하다. 더구나 자유주의에서 말하는 자유는 더 각별한 개념을 갖고 있어서 더욱 그렇다.

위에서 언급한 자유라는 개념이 제 나름의 자리를 차지하게 된 것은 근세에 와서라는 말은, 그것이 자유주의의 핵심적 가치로서의 위치를 차지하게 된 것이 근세에 들어서였다는 말일 뿐, 자유라는 말 자체는 일찍이 고대 그리스 시대부터 존재하였다. 그러므로 자유의 개념을 분석하기에 앞서 그 개념이 서양 사상사에서 어떻게 형성되었나를 간략하게 개관하는 것이 자유의 개념을 이해하는 데에 도움이 되리라 생각한다.

자유라는 관념이 인류 역사상 처음 나타난 것은 고대 그리스에서였다. 폴리스들이 외부의 침공에서 나라를 보호하고 폴리스의 이상을 가능한 한 충분히 실현시키려는 데서 자유라는 생각이 나타나게 되었다. 그러나 그때의 자유는 폴리스와 같은 유기체적 사회의 집단적 자유였다. 거기에는 아직 개인적 자유라는 관념은 없었다. 알렉산드로스Alexandros 제국에 의해 폴리스들이 무너지고 그리스 문화가 헬레니즘이라는 세계 문화로 융합되어 갈 때 사람들은 이제 더 이상 폴리스의 울타리 안에 안주할 수 없게 되었다. 거기서 개인들은 개인주의적 경향으로 흐르는 한편 세계 문화에 상응하는 코스모폴리터니즘cosmopolitanism으로 기울어갔다. 헬레니즘의 세계와 로마 제국에서 이러한 현상이 두드러지게 나타났을 때 독립적인 존재로서의 개인을 발견한 스토아학파Stoicism와 에피쿠로스학파Epicureanism는 인간 노력의 주요한 목적은 개인의 자아실현이라고 강조하였다. 여기서 개인이라는 관념이 철학적 근거를 갖고 자각되기 시작하였다. 스토아 철학은 로마 시대 이후 중세에도 계속 서양 사상에 영향을 미쳐, 개인 영혼의 구원을 강조하는 기독교의 종교적 승인을 받게 되면서 한층 더 확고한 기반을 구축할 수 있게 되었다.

기독교는 로마 제국의 노예제도는 부정하지 않으면서도 노예들의 영혼만은 구원받을 수 있음을 인정하고 노예의 인격을 자유인의 인격과 동일시하였다. 기독교의 세계관에 따르면, 인간은 누구나 똑같이 창조주 앞에서는 죄인인 동시에 믿음에 의해 구원을 받을 수 있는 존재였던 것이다. 기독교는 특히 성립 초기에 기본적으로 없는 자들—경제적으로 가난하고 사회적으로 억눌리고 정치적으로 지배당하고 문화적으로 소외된 자들—의 공동체였던 만큼, 인격의 존엄을 매우 소리 높이 강조한 동시에 인격의 평등을 주장하였다. 물론 그 평등은 정치적·사회적 평등이 아니라 인격적·정신적 평등을 말하는 것이었다.

그러나 기독교가 로마 제국의 국교로 승인을 받은 때부터 기독교 교회는 없는 자의 공동체가 아니라 있는 자의 지위를 누리게 되었다. 이제 기독교의 평등사상은 신학의 이론적 영역에서나 논의될 뿐이고 현실적으로는 완전히 그 모습을 감추었다. 그리고 교회는 로마 제국의 정치조직을 본떠 강고한 계층 질서에 따른 교회 조직을 만들어 황제권이나 왕권에 비등하는 강력한 조직적 권력을 갖게 되었고, 자유에 대한 관념도 초기의 자유와는 달리 세속적 권력의 침입을 막으려는 성직자 집단의 자유로 변질되었다. 그런 자유는 서양 중세 사회의 다른 여러 집단들, 예컨대 특권적 귀족 신분이나 도시의 상인 길드와 같은 집단들이 외부 권력의 침입에 대하여 자기 집단의 특수한 자유를 방어하려고 했던 자유와 본질적으로 성격이 같았다. 이러한 성격의 중세적 자유는 일반적으로 특정 집단의 특권을 방어하려는 구호에 불과한 것으로서 거기에는 보편적 성질을 지닌 자유의 개념은 거의 존재하지 않았다. 중세적 자유의 개념은 15세기 말엽에 이르기까지 별 변화가 없었다.

스토아학파의 개인관을 부활시켜 자유의 주체로서 개인의 권리를 강조하게 되는 가장 중요한 사건은 종교개혁이었다. 프로테스탄트의 종파들이 종교적 관용을 주장함으로써 신앙의 자유와 양심의 자유라는 관념을 낳았던 것이다. 그리고 귀족 신분의 정치사회 질서인 봉건제도가 붕괴됨에 따라 귀족의 봉건권을 누르고 그 위에 절대왕권이 군림하게 되었을 때, 이 절대왕권은 중세의 특권 집단들—귀족, 성직자, 도시 길드, 수도원, 대학 등—의 특권들과는 다른 더 추상적이고 보편적인 성격의 왕권이었다. 그것은 보편적 합리성을 지닌 국가이성raison d'État의 표현이었다. 여기에 정치적 자유라는 추상적·보편적 개념이 탄생하는 계기가 있었다. 그리고 인쇄기의 발명은 그 정치적 자유 안에서 표현의 자유라는 새로운 관념을 만들어냈다. 인쇄기의 출현은 글을 읽을 수 있는 자의 수효를 급격히 늘어나게 하고 그들에게 정보를 쉽게 제공할 수 있게 하였다. 가장 넓은 의미의 민주주의 문화가 근세 서구에서 성취될 수 있었던 가장 큰 요인은 아마도 인쇄기의 발명일 것이다. 경제적으로 저렴하고 기술적으로 용이한 정보의 공급 없이 평민에 바탕을 둔 민주주의 문화란 상상조차 할 수 없는 일이다. 어쨌든 인쇄술의 급속한 발전과 정보와 지식의 급속한 보급은 민주주의적 사상을 민중 속에 일깨워주면서 표현의 자유라는 관념을 뿌리내리게 하였다.

끝으로 이른바 지리상의 발견에 의한 대항해시대는 상업자본주의를 급속히 성장시켜 산업자본주의로 도약하는 길을 준비하는 시대인데, 자본주의 경제가 개인의 경제활동에 얼마나 큰 자극을 주는가는 널리 알려진 사실이다. 여기서 경제적 자유의 문제가 대두하였다.

이렇게 하여 홉스와 로크 시대에 이르면 어떤 권위도 침범할 수 없는 자연적·초시간적 천부의 권리의 구체적 실체로서의 개인이라는 관념이 정치사상의 기반이 되었다. 여기서 시민적 제 자유civic liberties가 당연한 권리로서 주장되기에 이른 것이다. 이토록 16세기 이래 서구 세계에서는 양심의 자유, 신앙의 자유, 정치적 자유, 표현의 자유, 경제적 자유, 시민적 제 자유의 기본 관념이 성장하여 근대적 의미의 개인적 자유라는 관념이 수립되었다.

이 근대적 자유의 발전 과정에 관해서는 앞으로 상세히 논할 것이지만, 근대적 자유가 고대나 중세의 자유와 근본적으로 다른 것은 폴리스의 자유나 특권적 집단의 자유가 아니라 개인의 자유라는 점이다. 개인의 자유가 지닌 현저한 특징은 개인 이외의 어떠한 외적 세력으로부터도 간섭이나 압력을 배제하는 데 있다. 자유의 개념을 논할 때는 최소한 세 가지―무엇으로부터의 자유냐, 무엇을 하기 위한 자유냐, 누구를 위한 자유냐―를 고찰하게 되는데, 자유주의적 자유의 기본 특징은 '무엇으로부터의 자유'라는 면에 있다. 이는 개인이 강요당하지 않고 제약받지 않고 간섭받지 않고 압력을 받지 않는 조건으로서의 소극적 자유이다. 외적 방해가 없는 상태를 자유라고 정의하는 이 태도는, 개인을 중세적·전통적 굴레에서 해방시키는 과정에서 근대적 자유를 수립한 역사 과정을 볼 때 필연적인 귀결이었다. 20세기의 자유주의자들 중에는 여전히 자유를 기본적으로 외적 방해가 없는 상태로 이해하는 사람들이 있다.

> 나는 다른 사람이나 사람들이 내 행동에 간섭하지 않는 정도만큼 자유이다. 이런 의미에서 정치적 자유란 사람이 타인들에 의해 방해를 받지 않고 행동할 수 있는 영역이다. 만일 내가 다른 사람들의 방해를 받아서 내 뜻대로 하지 못한다면 그만큼 나는 부자유하다. …… 강제란, 내가 달리 행동할 수 있었던 영역에 대한 다른 인간들의 계획적인 간섭이다.[3]

이것이 '불간섭의 영역'으로 정의된 자유이다. 이 견해에 의하면 "불간섭의 영역이 넓을수록 내 자유도 넓어진다".[4]

그런데 여기서 특별히 주목해야 할 것은 자유주의는 자유와 능력을 매우 조심스럽게 구분한다는 사실이다. 방해가 없는 상태란 어떤 기회가 있다는 것을 의미하는데, 기회가 있더라도 그 기회를 이용할 수단 곧 능력이 없으면 자유는 있으나마나. 그런데도 불구하고 자유주의는 자유의 개념 안에 기회의 실현 능력을 포함시키려고 하지 않는다.

> 대개 '할 자유가 있다'는 말과 '할 수 있다'는 말에는 차이가 있는데 이 차이를 소홀히 해서는 안 된다. …… 우리가 어떤 일을 할 능력이 있다고 말할 때 그것이 반드시 그 일을 할 자유가 있다고 말하는 것은 아니다. …… 그리고 그 일을 할 자유가 있다고 말할 때는 그 일을 하는 데 방해가 없다는 것을 말하고자 할 뿐이다.[5]

자유를 실현할 수단 곧 능력이 없으면 자유란 한낱 공허한 것이 아니냐는 반론에 대해, 크랜스턴Maurice Cranston은 능력이 없으면 자유가 있다는 것이 별 의미가 없기는 하지만, 그렇다고 해서 자유와 능력을 동일한 것으로 보아서는 안 된다고 주장한다.[6] 이처럼 자유주의의 자유는 방해가 없는 상태, 곧 어떤 기회가 열려 있는 상태를 자유로 규정하면서도 그 기회를 이용할 수단 즉 능력의 문제는 교묘하게 피하는 경향이 있다. 이러한 자유의 개념은 본질적으로 소극적인 것으로서 '무엇으로부터의 자유'만을 강조하고 적극적으로 '무엇을 하기 위한 자유'는 외면하고 있다.

그러면 자유를 위협하고 제약하는 원천은 무엇인가? 크랜스턴에 의하면 "이에 대한 영국 자유주의자의 답은 아주 솔직하다. 자유는 곧 국가의 제약으로부터의 자유이다".[7] 앞서 우리는 개인과 사회의 관계를 고찰할 때 개인주의가 국가와 그리고 국가의 이름으로 행하는 요구를 얼마나 불신하는가를 보았는데, 자유주의의 자유관은 국가에 대한 불신이 한결 더 심하다. 자유주의 사상의 두드러진 특징은 사회적 · 경제적이라기보다는 정치적이다. 그러므로 자유주의가 권력이나 권위를 말할 때는, 법률과 국가기관을 염두에 두고 정치적 권력이나 정치적 권위를 말하는 것이지, 고용주의 경제적 권력이나 독점 혹은 기업 집중 또는 지주들의 사회적 권력이나 통신 매체 등을 염두에 두고 말하는 것이 아니다. 밀도 그의 《자유론》에서 사회적 압력에 대해 매우 걱정을 했지만, 개인의 자유를 막는 제1의 적이 국가라는 생각을 사실상 버리지 못하였다. 오늘날에도 자유주의자들은 자신과 사회주의자가 근본적으로 다른 이유로 자신들은 국가 권력의 증대를 반대하는 반면 사회주의자들은 그렇지 않다는 점을 꼽는다. 이와 같이 자유주의자의 자유는 무엇보다도 국가에 의한 통제, 강제, 제약, 간섭으로부터의 자유를 의미한다.

　그러면 이때의 자유는 누구의 자유인가? 말할 나위도 없이 개인의 자유이다. 개인은 자기가 옳다고 믿을 권리가 있고 그 믿음을 누구에게나 표현하고 그 믿음에 따라 행동할 권리가 있다는 것이다. 그러나 개인이 자기와 같은 생각을 하는 다른 사람들과 힘을 합하여 집단적 · 조직적으로 행동하기를 원할 때에는 개인적 자유 이상의 것이 필요하게 된다. 즉 정치조직과 노동조합 같은 것을 만들 결사의 자유가 필요하게 되고 언론과 출판의 자유가 필요하게 된다. 이러한 집단적 성격의 자유가 없으면 개인의 자유는 매우 제약을 받게 된다. 오늘날에는 자유주의자들도 그러한 제도적 자유를 옹호하게 되었다. 그러나 지난날에는 그렇지 않았거나 심지어 적대시하기까지 하였다. 그 이유는 노동조합뿐만 아니라 일체의 집단 운동은 개인의 권리와 자유에 도움이 되지 않고 오히려 위협이 된다는 개인주의적 편견 때문이었다. 그리하여 오늘날에도 순수한 개인적 자유와 개인적 차원을 넘어선 제도적 자유가 피차 잘 어울리지 못하고 충돌할 경우에는 자유주의자는 거의 본능적으로 개인적 자유 편에 선다.

그러면 자유주의는 왜 다른 가치보다도 개인의 자유를 그토록 가장 높이 평가하는가? 그 이유를 여러 가지로 설명하고 있으나 몇 가지만 생각해본다면, 우선 밀 이래로 줄곧 주장되어 왔듯이 개인의 자유는 창조성과 독창성을 자극하여 학문과 예술을 크게 향상시킨다는 것이다. 둘째, 진리는 상반된 견해들 사이의 공개적 토론을 통해서만 얻을 수 있는데 그러한 공개 토론은 자유가 보장된 조건하에서만 가능하다는 것이다. 셋째, 인간 능력에는 한계가 있어서 현재는 아무리 옳고 진실한 것으로 생각되는 것도 잘못일 수 있기 때문에 모든 진리와 지식에 대해 일단 의심해보는 것이 중요하다는 것이다. 밀은 그의 《자유론》에서 "우리는 우리가 지금 없애버리려고 안간힘을 쓰고 있는 사상이 꼭 그릇된 사상이라고 결코 확신할 수 없다"고 말한다. 모든 진리는 상대적이고 잠정적이다. 이러한 회의론적 입장에 설 때 일체의 진리를 일단 의심하는 자유 곧 발표의 자유가 필요하다는 것이다. 넷째 이유는 다른 이유들보다 더 중요하고 가장 기본적인 것인데, 그것은 모든 개인의 생명은 자기 자신의 것으로서 다른 사람에게 방해를 주지 않는 한 무엇이든지 자기 뜻대로 살고 생각하고 믿을 기본적이며 궁극적인 권리가 모든 개인에게 있다는 것이다. 이 주장은 위에서 고찰한 개인주의 자체에 근거하고 있다. 개인주의는 생명은 자기 자신의 소유이고 따라서 생명에 부수되어 있는 물질적·사회적 일체의 것이 다 자기 소유라고 한다. 개인주의가 이처럼 소유를 강조하는 이유는 인간 본유의 권리를 강조하기 위해서이다. 그러므로 개인적 자유는 개개 인간의 가치와 존엄을 무엇보다도 존중하는 개인주의적 인간관의 당연한 귀결이다.

그러나 그러한 인간관은 사람들을 혼자 내버려두는 단순한 무간섭을 의미하는 것도 아니고, 다른 사람들이 어떻게 살든지 괘념치 않는 무관심을 뜻하는 것도 결코 아니다. 그것은 오히려 사람들이 제 능력과 제 소질을 잘 발휘할 수 있게 하는 수단과 기회를 확실하게 해주는 적극적 행동과 계획을 의미한다. 따라서 그것은 민중의 능력과 자질을 경멸하고 깔보는 태도에 대한 거부를 의미한다. 아직도 이 세계에는 민중의 능력과 자질이 발휘되지 못하고 짓밟혀 있는 사회가 많다. 그 능력과 자질을 충분히 발휘하게 하려면 적극적인 행동이 필요하다. 그러므로 자유가 주장해야 할 가장 근본적인 것은, 평범한 사람들은 독립적이고 자율적인 존재가 될 수 없다든가 그러니 언제나 조작의 대상이 되는 꼭두각시에 불과하다는 따위의 생각은 절대로 잘못이라는 것을 강조하는 일이다. 지난날에는 아니 오늘날에도 권위주의의 지지자들은 사람들을 수단으로 보고 조작의 대상으로 삼으면서 민중이란 본래 그렇게 지배받도록 되어 있다고 주장한다.

그러나 자유를 믿는 사람들은 그러한 민중론을 다음 몇 가지 이유에서 단호히 배격한다. 첫째, 범인凡人들은 자기 자신의 생활을 독립적으로 꾸려나갈 능력이 없다는 주장을 인정하지 않는다. 각 개인은 자기 이익을 실현하기 위한 최고의 재판관이고 이성은 누구나 다 보편적으로 소유하고 있다는 것이 그들의 신념이다. 둘째, 사람은 누구나 다 자립 능력을 소유하고 있을 뿐만 아니라 자립의 권리도 소유하고 있다고 믿는다. 여기서 권리라는 것은 인간 평등이라는 근본적인 의미를 말한다. 즉 사람은 누구나 평등한 가치를 지닌 인격의 소유자이고 다른 어떤 사람과도 바꿀 수 없는 특별한 존재라는 말이다. 그러므로 어떤 개인이나 그룹, 어떤 제도도 다른 사람을 깔아뭉개 다른 사람의 생활을 대신 맡아 해주거나 또 다른 사람의 장래를 대신 결정해주겠다고 할 권리가 없다. 더구나 다른 사람을 목적이 아니라 수단으로 취급하겠다고 나설 권리는 어디에도 없다는 것이다. 그리고 셋째로 세계관, 인간관, 선악관이란 역사의 변천에 따라 사회와 문화의 차이에 따라 변화하고 달라지는 법이므로, 어떤 엘리트나 종파, 정당, 제도, 나아가 일시적인 다수파도 자기들의 형이상학적·도덕적 신념을 그것을 원치 않는 사람에게 강요할 권리가 없다는 것이다.

어쨌든 이상에서 열거한 서너 가지 이유에서 개인주의적 자유는 그 정당성을 얼마든지 주장할 수 있고 또 그 주장은 어디까지나 타당하다. 그러나 밀 이후로 강조되어 온, 자유가 많을수록 행복하다든가 자유야말로 자아실현의 필수적 요건이라는 자유주의의 신념이 과연 실제 생활에서 그렇게 실현되었느냐 하면 그렇지가 않다. 자유와 행복의 문제에서 개인적 자유의 영역이 커질수록 그만큼 행복의 양도 커진다는 생각은 실제 생활에서 맞지 않는 말이다. 예컨대 도시 생활은 농촌 생활보다 개인의 사생활이 차지하는 부분이 훨씬 많아서 개인적 자유의 영역이 그만큼 더 크지만, 도시 생활이 농촌 생활보다 사람들을 더 행복하게 해준다고는 말할 수 없다. 도시 생활에서 누리는 프라이버시는, 오늘날 사람들을 고독의 불행으로 몰아넣어 인간성을 황폐하게 만들고 있는 것이 현실이다.

자유와 자아실현의 문제 역시 자유주의의 이론에서처럼 그렇게 단순하지 않다. 인격의 자아실현이란 혼자서 되는 것이 아니라 평생의 반려자를 비롯한 여러 부류의 사람들과 접촉하면서 이루어지는 것이다.

> 밀이 그토록 찬양한 바로 그 자유와 개인주의는 원만하고 건전한 인격에 치명적인 위협이 되고 있다. 사회적 규범은 자아의 자유로운 발전을 방해하는 쓸데없는 제약이기는커녕, 오히려 우리를 아노미의 위험에서 보호해주고 있다. 사람들이 서로 아주 가깝게 지내는 것을 밀은 개인의 자유를 질식시키는 것으로 생각했지만 실은 그것은 영혼을 파괴하는 고립이라는 악으로부터 우리를 구해주는 으뜸가는 보호자이다.[8]

이처럼 실제 생활에서의 개인주의적 자유는 분명히 한계가 있다. 그럼에도 불구하고 자유주의는 공동체의 관념을 여전히 중시하려고 하지 않는다. 물론 공동체의 중요성을 강조한 자유주의자가 없는 것은 아니다. 앞서 언급한 것처럼 1880년대에서 제1차 세계대전 사이에 활동한 신자유주의는 공동체의 중요성을 강조하였다. 신자유주의에 관해서는 앞으로 상론하겠지만, 신자유주의는 홉스와 로크에서 밀에 이르는 고전적 자유주의의 사회관을 거부하고 사회와 개인의 상호 의존적 · 유기적 관계를 강조하였다. 그러나 주목해야 할 것은 이 신자유주의적 경향은 지배적인 개인주의 이론을 누르지 못하고, 결국 사회민주주의의 주류에 흡수되었다는 사실이다. 이처럼 자유주의는 기본적으로 공동체를 개인의 자유로운 발전에 대한 제약의 원천으로 생각한다. 자유주의 사상의 큰 약점은 아마도 사회 안에서 이루어지는 개인 생활을 부정적으로 바라보는 시각일 것이다. 그러나 그러한 약점과 한계에도 불구하고 그리고 자유의 개념을 아무리 까다롭게 정의하더라도 자유주의자는 항상 개인적 자유야말로 인간의 존엄과 능력에 대한 존중과 인간 지식의 한계에 대한 자각 등에 모순되지 않고 양립할 수 있는 유일한 정치 원리라고 주장한다.

2. 관용과 이성

자유주의의 여러 가치들은 본질적으로 자유주의의 핵심 가치인 자유, 특히 개인적 자유와 관련된 가치들이다. 그런 가치 가운데 하나가 관용이다. 관용은 한 사회나 국가가 기피하거나 용인하지 않는 행동과 사상을 개인이나 사회나 국가가 용납해주고 간섭하지 않는 태도이다. 관용의 정신은 사람들의 생각과 행동에는 차이가 있게 마련이라는 인식 위에서, 그 차이를 없애는 것이 바람직하다고 생각하든 혹은 그렇지 않다고 생각하든, 그 차이는 없앨 수 없는 성질의 것이라는 인식에서 출발한다. 이러한 소극적인 인식에서 한 걸음 더 나아가 적극적으로 그러한 차이를 바람직한 것으로 생각할 때, 관용은 마지못한 인식에 머물지 않고 사회적 건강의 바로미터로 평가되기에 이른다.

  자유주의에서 관용은 개인의 행동과 사상의 다양을 긍정할 뿐만 아니라 현대사회의 다원적 성격을 긍정한다. 다원적 사회관은 한 사회나 국가는 여러 집단 간의 이해의 차이와 충돌로 구성된다는 생각이다. 그러므로 이러한 사회에서의 공동선은 일반의지와 공익이 아니라 온갖 종류의 집단과 갖가지 이론과 이해관계가 실제로 타협하는 과정이라는 것이다. 사회는 동질적인 것이 아니라 제각기 자기 이익을 추구하는 그룹이 모여 성립된 일종의 모자이크이다. 저마다 이해관계는 충돌하게 마련인데, 그때 어느 그룹도 완전히 승리하는 것이 아니라 여러 이해관계들 사이에 적절한 타협이 이루어진다. 왜냐하면 이 모든 그룹과 이해관계는 모두 최소한의 정통성을 갖고 있기 때문이다. 관용은 이 정통성을 인정하는 원리이다.

> 이해 집단이 서로 경쟁하는 사회에서 관용이란, 정확히 말하면 이해관계가 충돌하는 자들이 모두 다 존재할 권리와 이익 추구의 권리가 있다는 것을 아낌없이 인정하는 것을 말한다.[9]

그런데 이해관계의 타협은 비교적 용이한 일일지 모르나, 문제가 원리의 충돌일 경우에는 일이 그렇게 용이하지 않다. 가령 20세기 서양 세계의 유대인 문제에서 유대인을 박멸하기를 원한 사람들과 반셈주의Anti-Semitism에 반대한 사람들 사이에 과연 어떤 타협이 가능했으며 또 어떤 타협이 바람직했을까? 도덕과 원리의 세계에서는 일반적 법칙으로서 타협이란 전혀 설득력이 없는 법이다.

그렇다면 관용은 도덕적 무관심 내지 도덕적 중립을 의미할까? 그럴 수는 없다. 우리가 싫어하거나 용납하지 않는 사상과 행동도 너그럽게 대하는 것을 관용이라고 한다면, 관심 밖의 일에 관용한다는 말은 말이 되지 않는다. 볼테르가 말했다고 하는 "나는 당신의 말을 용납할 수 없지만 당신이 그 말을 할 권리만큼은 죽음으로써 지키리라"는 하나의 공식은, 관용의 도덕적 측면에서는 그럴 듯해 보이지만 실제로는 그리 쉬운 일이 아니다. 아주 고약한 의견일지라도 그것이 사회적으로 별 영향력이 없는 경우에는 너그럽게 봐주는 것이 어렵지 않겠지만, 그 의견이 사회적으로 미칠 영향이 클 경우에는 그렇지 않다. 인종 문제가 없는 나라에서는 인종차별을 규탄하는 소리를 너그럽게 받아들이지만, 남아프리카 공화국이나 미국 남부에서는 그렇지가 않은 이유가 바로 거기 있다. 그리고 똑같은 의견일지라도 사회적 영향이 크지 않았다가 상황이 변하여 사회적으로 심각한 영향을 미칠 것이 분명해지면, 예전에는 너그럽게 봐주든가 아니면 무관심의 대상이었던 의견도 탄압의 대상이 되어 정부나 사회가 관용의 원리를 포기하게 된다. 일반적으로 어떤 사상이나 운동이 많은 사람의 무관심 속에 있을 때에는 틀림없이 관대한 취급을 받는다. 예를 들어 근세 서구에서 종교적 관용이 성장하게 된 것은 많은 사람이 피비린내 나는 종교전쟁을 혐오하게 되고 종교 문제에 대해서 논쟁하기를 꺼리며 종교에 무관심한 태도가 널리 확산되면서부터였다.

> 관용은 종교적 무관심으로 되돌아갈 때 대두한다.[10]

그러므로 관용의 덕을 실천하기란 결코 쉬운 일이 아니다. 그것은 적극적 노력 없이는 좀처럼 되지 않는다. 자유주의자들은 관용이 잘 실천되지 않는 까닭은 기본적으로 사람들이 비자유주의적인 완미頑迷한 태도를 버리지 못하는 데 있다고 한다. 그러므로 편협하고 융통성이 없는 이러한 태도를 버리게 하는 것은 오직 지식과 합리성의 보급뿐이라고 한다. 종교적·정치적 불관용은 교조주의와 지적 과신의 산물이므로 이것을 시정할 수 있는 것은 오직 인간 신념의 다양성과 지식의 불확실성에 대한 상대주의적·회의론적 자각뿐이라고 한다. 자유주의에서 관용의 문제는 자유의 문제에서처럼 합리성과 회의론에 깊이 연결되어 있다. 그러므로 관용의 적은 광신이다.

종교적 광신만이 아니라 파시즘이나 스탈린주의와 같은 정치적 광신도 이에 포함된다.

동시에 자유주의에서 관용의 문제는 자유의 문제에서처럼 인간의 기본 권리와 근본적으로 관련되어 있다. 그러므로 관용의 문제는 법률의 문제이며 개인적·집단적 태도의 문제로서 국가나 사회가 어떤 사상이나 어떤 그룹을 관용할 것이냐 아니냐에 깊이 관련된 문제이다. 따라서 관용의 문제는 그 자체로 이미 정부나 사회에 어떤 권위를 인정해주고 있다는 것을 의미한다. 그런데도 자유주의는 근본적으로, 정부나 사회에는 그러한 도덕적 권리가 없다고 생각한다. 페인Thomas Paine은 자유주의의 이러한 태도를 1791년 프랑스 혁명의 와중에 아주 명확하게 지적하였다.

> 프랑스 헌법은 관용과 불관용을 동시에 폐지하거나 포기하여 보편적 양심의 권리를 수립하였다. 관용은 불관용의 반대가 아니라 불관용의 위조품이다. 둘 다 전제주의이다. 한 놈은 자신이 양심의 자유를 주지 않을 권리가 있는 것처럼 생각하고 또 한 놈은 그것을 줄 권리가 있는 것처럼 생각한다.[11]

셸리Percy Bysshe shelley도 역시 유사한 주장을 했다.

> 나는 제의하노라. 무제한의 관용이든가 아니면 차라리 관용도 불관용도 다 없애버리라고.[12]

이렇게 자유주의에서 자유를 실현시키려면 국가와 사회와 개인들의 관용이 절대적 조건으로 요구된다. 자유의 원리가 인간 존중 사상에 바탕을 두고 있듯이, 관용도 인간 존중 사상에 바탕을 두고 있고 그 사상의 실천이 곧 관용이다.

개인적 자유에 밀접히 연관되어 있는 자유주의의 가치들 가운데서 관용 다음으로 고찰해야 할 가치는 이성이다. 앞서 본 바와 같이 이성에는 두 가지 기능이 있다. 좁은 의미의 이성은 욕망 충족의 방법을 가르치고 논리적으로 계산하는 수단으로서의 기능이고, 넓은 의미의 이성은 개인과 사회를 합리적으로 설계할 수 있게 하고 사람들에게 어떤 목표를 선택할 수 있게 하는 적극적이고 낙관적이고 보편적인 힘으로서의 이성이다. 자유주의는 이 두 기능의 어느 것을 막론하고 이성을 지지해왔다. 넓은 의미의 이성은 각별히 계몽사상과 관계가 깊고, 기성종교 특히 교조적이고 미신적인 형태의 종교에 대해 과감히 반기를 들고, 불합리한 전통과 관습과 편견에 반대하고, 어떤 권위도 인정하지 않고 스스로 생각하고 스스로 결단한다. 이러한 이성은 자유주의의 전통과 완전히 일치한다. 자유주의의 이러한 전통을 잘 보여주는 것은 무엇보다도 보수주의와의 대결이다. 보수주의는 이성과 합리주의를 불신하고 전통과 관습과 감정을 예찬한다. 이는 근대 보수주의의 원조인 영국의 철학자 버크Edmund Burke의 주장에서 극명하게 천명되었다. 그러나 자유주의의 전통은 보수주의가 찬양하는 전통과 권위를 항상 반대하고 기성종교에 대해 항상 맞서 싸웠다. 자유주의는 항상 이성의 편이다.

자유주의는 이성의 편에 서서 이성을 바탕으로 합리주의와 경험론의 철학을 수립하고, 그 철학에 의해 근대과학 발전에 이바지하고 과학의 원리를 생산기술에 응용하여 근대산업의 혁명적 발전을 가능케 하였다. 자유주의는 과학과 기술의 발전에 보조를 맞추어왔고, 정치와 사회에 관한 연구에도 과학적 접근을 이룩하였다. 이러한 역사적 업적들은 전통과 관습과 감정을 중시하지 않고 그런 것을 반대하고 타파하는 데 앞장섰던 합리주의와 경험론에 의해서만 가능하였다. 그리고 과학과 산업의 끝없는 발전은 역사를 이성의 끝없는 진보와 향상으로 보는 진보 사관을 낳게 하였다. 진보 사관이야말로 어김없이 자유주의가 낳은 사관이다. 왜냐하면 자유주의가 절대군주권과 봉건적 특권을 타도하고 미신과 무지를 일소할 수 있었던 것은 자유주의가 역사의 진보에 대한 확신을 갖고 있었기 때문이다. 이와 같이 자유주의는 이성의 편에 서서 과학을 발전시키는 동시에 인간 사회와 역사의 진보를 믿는다.

그러나 지나치게 이성의 편에 서 있는 자유주의에 대해, 자유주의는 계산 기능으로서 좁은 의미의 이성에 사로잡혀서 이성 못지않게 중요한 상상과 예술에 관한 철학을 수립하지 못했다는 비난이 있다. 자유주의가 상상의 세계와 감정의 세계에 관한 이론을 수립하지 못했다는 비난은 타당한 지적이다. 인간과 사회에 관한 더 완전한 이해를 위해서는 합리적인 인간 못지않게 정서적이고 예술적인 인간에 대한 깊은 통찰이 필요하다는 것은 두말할 나위가 없다. 이 점에서 자유주의는 그만큼 이론적인 약점을 갖고 있다. 그러나 이것이 바로 자유주의의 특성이다.

자유주의는 이런 이론적 약점과 함께, 근자에 와서는 현대 산업주의의 끝없는 발전에 대한 낙관론이 후퇴하면서 그 입장이 매우 약화되었다. 핵전쟁에 따른 인류와 문화의 절멸에 대한 위기의식과 한정된 자원의 고갈에 대한 심각한 우려는 물론이고 대기오염과 해양오염에 대한 전 인류적 공포는, 과학과 기술에 대한 자유주의적 신뢰를 더 지탱하기 어렵게 만들고 있다. 따라서 역사는 일직선적으로 진보에 진보를 거듭해왔고 앞으로도 그럴 것이라는 낙관적 진보 사관 역시 그 근거를 상실하고 있다. 이렇게 하여 자유주의는 20세기가 경험하고 있는 인류 공동의 전반적인 사태인 '자신自信'의 상실에서 결코 면제되지 못하고 있다. 코널리Cyril Connolly는 자기 자신을 가리켜서 "진보를 믿지 않는 1만 명의 자유주의자들 중의 한 사람이며, 민주주의를 멸시하는 1만 명의 민주주의자들 중의 한 사람"[13]이라고 말한 바 있다.

　이처럼 자유주의가 현대 산업사회에서 오랜 전통적 기반을 상실해 가고 있는 것은 부인할 수 없는 사실이다. 그러나 이성과 과학, 기술과 진보를 뗄 수 없는 관계로 생각하는 자유주의의 전통적 증후는 여전히 유력하다. 가령 정통파 자유주의자들이 최근에 현대사회의 테크노크라시technocracy를 공격한 로자크Theodore Roszak 같은 사람들을 향하여, 러다이트파Luddites[14]나 반이성 내지 비합리주의의 기수들이라고 비난하고 있는 것이 바로 증거이다. 자유주의자들은 아직도 필요하다면 언제나 이성을 들고 나온다. 그들은 이성을 설득에 연관시키고 폭력에 대한 반대로 간주한다. 자유주의자들이 사람들과 문제를 해결할 때 쓰는 근본적인 방법은 감정에 호소하지 않고 이성에 호소하여 합리적인 말로 설득하려는 태도이다. 그리하여 존슨Paul Johnson은 자유주의적 윤리의 3대 특징을 1) 폭력의 거부 2) 자유로운 토론과 자발적인 타협을 통한 결정 3) 경험에 의해 검증되고 합의에 의해 승인된 도덕적 제 원리의 완만한 발전이라고 지적하고 있다.[15]

　그러면 자유주의가 표방하는 합리적 설득의 전제는 무엇인가? 첫째, 원칙적으로 인간은 누구나 다 보편적으로 이성을 소유하고 있다는 것이다. 둘째, 강제보다 설득이 더 효과적이라는 것이다. 강제에 못 이겨서 일을 하는 것보다 자발적으로 하는 것이 더 효과적이라는 것이다. 셋째, 이성에 호소하는 것이 편견, 감정, 기타 경제적·사회적 이해관계에 호소하는 것보다 사람들의 결심과 태도를 결정케 하는 데 더 큰 역할을 할 수 있다는 것이다. 자유주의자들은 이기적인 개인의 이해관계나 그룹 또는 계급의 이해관계를 더 고상한 목표를 위해 희생하게끔 사람들을 설득시킬 수 있다고 믿고 있다. 이 점에서 자유주의자는 인간성을 낙관적으로도 보지 않고 합리적으로도 보지 않는 보수주의자와 다르고, 경제적·계급적 이해관계를 무엇보다도 중시하는 마르크스주의자와도 다르다.

그런데 만일 이성에 대한 호소와 설득의 시도가 실패하면 어떻게 될까? 이러한 실패는 실제로 얼마든지 있다. 자유주의자는 이 실패 앞에서 무슨 말을 할까. 탈몬Jacob Leib Talmon은 "자유민주주의의 궁극적 목표에 비추어볼 때 폭력의 사용은 악으로 생각되고 있지만, 극단적 민주주의의 경우에는 언제든지 강제의 방법에 호소하고 있다"[16]고 말한다.

탈몬의 말은 무슨 뜻일까? 이성에 대한 자유주의의 신념과 개인의 자유와 권리에 대한 자유주의의 존중은 논리적으로 본다면 무정부주의와 평화주의의 방향으로 기울게 마련이고, 사실 페인의 경우처럼 자유주의가 무정부주의에 아주 접근하는 경우가 있다지만 자유주의는 결코 무정부주의가 될 수 없다는 의미이다. 탈몬에 따르면 자유주의자는 감옥을 미워하지만 감옥과 투옥의 제도를 폐지하려고 하지 않는다. 그리고 자유주의자 가운데는 평화주의자가 있기는 하나 소수에 불과하다. 결론적으로 말해, 자유주의의 지배적인 전통은 강제도 전쟁도 부정한 일이 없다. 즉 설득과 토론으로 도저히 안 되겠다고 판단되면 언제든지 강제의 방법과 무력을 사용하고 전쟁에 임하는 것이 자유주의자의 태도라는 것이다.

3. 입헌주의와 민주주의

자유나 관용이 꿈이 아니라면 그것은 법률, 관습, 제도로 구체화되어야 한다. 법률과 제도는 국가를 전제로 한다. 그런데 자유주의는 전통적으로 국가를 개인의 자유에 대한 최대의 위협으로 보아왔다. 그러면 어떻게 해야 하는가?

무엇보다도 먼저 해야 할 일은 국가 내지 정부의 권력과 권위가 절대적인 것이 아니라 제한적이라는 점을 기본 원칙으로 강조하는 것이다. 이 기본 원칙을 수립하는 방법에는 두 가지가 있는데, 하나는 국민의 동의를 정통 정부의 기반으로 삼는 것이고 또 하나는 국가나 정부의 자리를 헌법과 기본법의 틀 안에 제한하는 방법이다. 어떤 정부든 통치를 잘 하려면 어느 정도는 피통치자의 동의를 구하는 것이 보통이지만, 자유주의의 입장은 그런 실용적인 문제가 아니라 원리의 문제에 서 있다. 즉 정부라는 것은 사회의 이익을 위해 마지못해 필요한 존재이므로 사회의 동의 내지 지지를 얻는 것이 당연하다는 것이다. 그러면 이때의 동의는 누구의 동의일까? 자유주의가 늘 하는 말은 국민의 동의라고 한다. 그러나 국민의 실체가 무엇인지 명확하지가 않다. 어떤 경우에는 국민 전체가 아니기도 했고 또 성년 남자 전부가 아니기도 했다. 모든 남녀를 다 국민에 포함시킨 것은 최근의 일이다. 그러나 국민의 실체가 어떻든, 자유주의 정부는 국민에게 책임을 진다는 원칙은, 절대주의 국가나 전제주의 국가와는 달리, 정부의 권력은 제한적이라는 기본 원칙을 수립하는 첫째 방법이었다.

두 번째 방법은 정부나 국가의 위상을 헌법의 틀 안에 제한시켜서 국가와 그 제도들의 초헌법적 기능을 막자는 것이었다. 정부 권력을 제한할 수 있는 가장 유효한 방법은 권력의 분립이었다. 권력의 분립은 홉스가 주장한 주권 불가분의 이론에 맞지 않는 것이었다. 그러나 자유주의자들은 주권의 분립에서 일어날 수 있는 사회적 분열에 대한 두려움보다는 전제군주의 절대 권력에 대한 두려움이 더 컸기 때문에, 국가권력을 분립시켜서 그 권력들이 서로 견제하는 방법을 택하게 되었던 것이다.

국가권력을 더 제한하기 위해 취한 다음 조처는 법에 의한 정부의 통치이다. 입법의 기능을 국왕에게서 빼앗아 국민 대표 기관에 위임하고, 그 입법기관의 입법 절차도 헌법의 규정에 따르게 하고, 거기서 제정된 법률의 보완과 해석도 정부와 입법부로부터 독립된 기관에서 행하게 하였다. 이러한 여러 가지 방법으로 자유주의는 법치의 원칙을 수립하였다. 이 법치의 원칙은 절대군주의 자의적 통치의 종말을 의미하였다.

그러면 법치란 무엇을 의미한 것일까? 법치의 의미는 법의 일관성과 불편성이었다. 만일 어떤 일을 해도 좋다고 허락된다면 그것은 누구에게도 허락되어야 하고, 어떤 일이 유죄라면 그것은 누가 저질러도 유죄이다. 또 법은 빈부와 귀천을 불문하고 누구에게나 똑같이 적용된다. 이 공평의 원칙은 경제적으로 불평등한 사회에서 빵을 훔쳐서는 안 된다는 법이 부자에게나 거지에게나 똑같이 적용되는 아이러니를 필연적으로 수반하지만, 합리적인 사회라면 지켜야 할 불가결한 원칙이다. 이 원칙이 있기 때문에 누구나 어떤 행위를 하면 벌을 받는다는 것을 알 수 있다. 자유주의의 입장에서 볼 때, 법은 곧 주권자의 의지라는 절대주의의 법사상은 불완전하며 사사로운 이해관계에 좌우되는 자의적인 것을 의미했고, 그러한 법이 지배하는 한 어느 누구의 권리나 재산도 결코 안전할 수가 없었던 것이다.

그러므로 사람들이 입법에 참여하지 않는 경우에라도 법은 신뢰성과 항구성을 지녀야 하고, 개인과 계급 사이에서도 늘 신뢰성과 항구성을 지녀야 했다. 개인과 계급 사이에서도 법이 공평하게 집행되어야 한다는 사실이 절대로 필요했던 것이다. 자유주의는 이와 같이 자유와 관용 기타 주요한 가치들을 현실 생활에서 실현시키기 위해 국가의 권력을 제한하고 개인의 자유를 안전하게 하는 원리와 제도를 만들었다.

그러나 국가권력과 법에 대한 자유주의의 태도에는 애매한 점들이 있다. 국가는 개인과 자유에 대한 최대의 위협이고 국가나 정부의 간섭은 불필요할 뿐만 아니라 적극적으로 개인들을 분열시킨다는 것이 자유주의의 주장인데, 이러한 주장은 법과 자유를 대립적인 것으로 보는 많은 자유주의자들에 의해 한층 더 강조되고 있다. 가령 벌린의 주장을 들어보면, "법은, 법의 사슬보다 더 무거운 사슬에서 당신을 풀어준다 해도 언제나 '족쇄'"[17]라는 것이다. 국가와 정부와 법에 대한 이처럼 격렬한 반대 의견은 무정부주의와도 같은데, 자유주의가 주장하는 입헌주의와 권력분립의 목적은 국가권력의 해체가 아니라 국가권력의 제약이 아니었던가? 더구나 법은 언제나 족쇄일지는 모르겠으나 자유주의자들은 그러한 족쇄의 필요를 인정하고 또 법의 통치를 늘 주장하고 있지 않은가? 그들은 자유를 가장 무참하게 빼앗아가는 것을 감옥이라고 보고 바스티유 감옥의 함락 이후 이를 폭정의 상징으로 규탄하면서 줄곧 이와 싸워왔지만, 다른 한편에서는 감옥과 투옥을 필요한 사회제도로 인정하고 있다. 물론 투옥 자체를 반대하는 것이 아니라 합법을 가장한 자의적 투옥이라는 폭정의 형태를 반대한다고 할지 모르겠다. 그렇다면 오늘날 여러 권위주의 체제들의 실례에서 보듯이, 합법을 가장한 폭정을 막을 길은 어디에 있을까? 그리고 자유주의의 전통이 가장 오래되고 공고한 선진 민주주의국가에서도 어렵지 않게 발견되는 인종차별의 법이라든가, 아시아·아프리카 같은 후진국에서 헌법상으로는 자유민주주의를 내걸면서도 사회적으로는 불평등한 법을 존속시키는 법의 구조는 어떻게 시정할 수 있을까? 이러한 문제들은 결국 법 자체를 심판할 수 있는 정의의 개념이 필요하다는 것을 말해주고 있는 것이 아닐까? 여기서 우리는 자유주의가 항상 법치를 그 기준과 구호로 삼는 데에 어느 정도 문제가 있다고 생각한다.

이와 같이 자유주의의 법치론에는 애매하고 모순되는 점들이 있다. 국가와 국가권력을 믿지 못한다고 하면서도 그것을 막연히 필요악으로 받아들이고 있고, 따라서 '질서 있는' 사회 안에서 개인이 향유할 수 있는 자유에도 결국 한계가 있다는 것을 받아들이고 있다. 이처럼 자유주의의 자유는 그 주장과는 달리 그리 절대적인 것이 아니다.

여기서 우리의 관심은 자유주의는 민주주의를 어떻게 보느냐 하는 것이 아닐 수 없다. 자유민주주의란 말은 자유주의와 민주주의의 두 원리의 완전한 조화를 염두에 두고 만들어낸 말이겠지만 실제로 이 둘은 잘 어울리지 않는다. 서로 마지못해 타협과 양보를 해오기는 했지만, 둘은 피차 서먹서먹한 데다가 특히 자유주의 쪽에서 민주주의를 싫어하는 눈치이다.

자유주의는 절대주의를 몰아내기 위해 입헌주의에 입각한 정부 권력의 제약을 주장했는데, 이는 곧 국민의 동의에 의한 정부를 의미했다. 그리고 국민 동의의 개념이 교양과 재산이 있는 소수의 동의에서 국민 전체의 동의로 그 적용 범위가 확대되어 갈 때, 이는 곧 민주주의로 향해 가고 있었다. 자유주의가 당초 국민 동의의 개념을 만들어낸 까닭은 부르주아지가 절대군주의 전제권과 귀족의 봉건 특권을 타도하기 위해서였는데, 국민이란 개념은 소수의 부르주아지에게만 한정시킬 수 있는 특수한 개념이 아니라 전체 국민에게 적용시킬 수 있는 보편적 개념이니만큼, 일반 민중이 자기들의 동의도 요구하게 되었을 때 부르주아지는 그 요구를 배제할 명분이 없었다. 여기서 부르주아 자유주의는 자기가 파놓은 덫에 걸리게 된 셈이었다. 국민 동의권을 전체 국민으로 확대하여 보통선거를 실시하는 것이 민주주의인데, 자유주의는 민주주의를 민중의 독재 즉 전체주의로 흘러가는 것으로 보았기 때문에 민주주의를 두려워했던 것이다.

> 민주주의란 말은 나쁜 말이었다. 인민에 의한 통치라는 본래 의미의 민주주의든 인민 대다수의 지지에 따르는 정부라는 의미의 민주주의든, 그것은 개인적 자유와 문명 생활의 온갖 좋은 것에 치명상을 입히는 것으로 모두들 알고 있었다.[18]

자유주의의 입장에서 볼 때 민주주의는 본질적으로 '폭도'의 통치를 의미하였다. 이 폭도의 통치는 절대군주의 폭정보다 더 무서운 폭정으로 생각되었다. 그런데 이 폭정은 그 이전의 어떠한 폭정보다도 유력한 정통성의 이론적 근거를 갖고 있었다. 즉 국민 동의의 원리라는 이론이 있었다. 국민 동의의 원리는 본시 정부의 권력을 제약하고 개인의 자유를 보호할 기반으로 창출되었던 것인데, 그것이 이제는 과거의 어떠한 정치보다도 더 자유를 위협할 수 있는 민주주의적 독재로 향해 가고 있었다.

민주주의에 대한 이러한 두려움은 19세기를 통해 내내 자유주의자들에 의해 표명되었다. 액턴 경은 이렇게 말하였다.

민주주의에 관해 말한다면, 새로 선거인이 된 대중은 무식하고 편견과 정열의 호소에 쉽게 속아 넘어가고, 따라서 이리 기울고 저리 기울어서 안정성이 없고, 그리고 그들에게 경제문제를 설명하여 자신들의 이해관계와 국가의 이해관계가 어떻게 맞물려 있는가를 깨우쳐주기가 어렵다. 그러므로 민주주의가 사유재산의 안전에 위험은 되지 않더라도 공공 신용에 위험이 될 수 있다는 것은 분명하다. 민주주의자와 구별되는 진정한 자유주의자에게는 항상 그 위험이 뒤따르고 있다.[19]

이처럼 19세기의 자유주의는 무식한 대중을 정치적 실체로 인정할 경우 정치적·사회적 혼란이 올 뿐만 아니라, 민중이 정권을 장악할 경우 결국 사유재산도 위협받고 한 걸음 더 나아가서 수천 년에 걸쳐 쌓아올린 높은 교양과 문명에도 위험이 될 것이라고 두려워했던 것이다. 그런데 무엇보다 더 두려워했던 것은 개인적 자유에 대한 위협이었다. 다수파 지배의 경우에도 인민주권의 경우에도 개인적 자유에 대한 위협이 있었던 것이다. 왜 그런 것일까? 그것은 논리적인 문제였다.

자유의 문제는 개인이 하고 싶은 것을 못 하게 하는 제약을 막는 문제이고, 민주주의의 문제는 정부를 어떻게 선출하며 그 정부가 누구에게 책임을 지느냐의 문제이다. 그런데 이 두 문제는 논리적으로 꼭 들어맞는 것은 아니다. 즉 자유주의의 반대는 전체주의이고 민주주의의 반대는 권위주의이므로 원칙적으로 민주주의 정부도 전체주의가 될 수 있고 권위주의 정부도 자유주의적 원리에 의거하여 행세할 수 있다는 논리가 성립될 수 있었다.[20] 국민에 의해 선출된 정부라고 해서 개인의 자유를 제약하지 않는다는 보장은 하나도 없었다. 현실은 오히려 그 반대였다. 왜냐하면 '선거에 의해 선출될 전제'는 군주의 자의에 의한 전제보다 도전을 받을 여지가 더 적기 때문이다.

민주주의에 대한 자유주의의 두려움은, 민주주의는 다수파 지배의 정치가 아니라 인민주권의 원리에 의한 정치라고 했을 때 한결 더 커졌다. 그 이유는 인민이니 국민이니 하는 추상적 개념은 사회는 각각 떨어져 있는 개인들로 구성되어 있다는 자유주의의 사회관에 위배되기 때문이고, 동시에 일반적 이해관계니 일반의지니 하는 개념은 정부에게 그럴듯한 이유를 붙여서 특수한 개인적 이해관계를 짓밟을 구실을 제공할 수 있기 때문이었다. 19세기 민주주의 이론의 선구자였던 루소는 오늘날 자유주의 이론가들에게서 호된 공격을 받고 있다.

자유민주주의의 대표적인 이론가인 탈몬에 의하면, 루소는 인민과 모든 시민이 나라의 문제에 적극적으로 끊임없이 참여할 것을 강조함으로써 극단적인 인민주권과 전체주의의 밀접한 관계를 아주 분명하게 보여주었다. 정치가 만사를 단칼에 해결하고 인민이 연중 내내 의회에서 떠드는 나라에서보다는 직접 민주주의적이지는 않더라도 각 계층의 여러 가지 비정치적인 사적·집단적 활동이 활발한 나라에서 자유가 더 안전하다는 것이 탈몬의 결론이었다.[21] 크리크 Bernard Crick도 역시 생각이 같았다. 인민주권 이론을 "너무 지나치게 해석하면 전체주의로 한 걸음 다가서게 된다. 그 이유는 매우 간단하다. 극단적인 인민주권 이론은 결국 어느 누구에게도 공공 생활로부터의 도피나 반대도 심지어 무관심조차도 허용하지 않기 때문이다".[22] 존 스튜어트 밀도 민주주의는 민주적 형태의 정부만을 의미하는 것이 아니라 여론이 '운동'의 힘을 발휘하는 형태의 사회를 의미한다고 강조했을 때, 민주주의에 대해 유사한 생각을 하고 있었다. 여론이 막강한 힘을 갖고 여론에서 어긋나는 일과 여론에 순응하지 않는 것을 전혀 용납하지 않는다면, 그 여론은 자유와 다양성에 대해 가장 심각한 위협이 될 것이 틀림없다. 이렇게 하여 자유주의는 민주주의의 3대 괴물을 다수의 폭정, 인민의 직접 정치 참여 및 여론이라고 보고, 이 괴물들의 압력이 오직 하나의 방향으로 노도같이 밀고 가면서 그 방향 이외의 어떤 것도 용납하지 않을 것으로 내다보았던 것이다.

그러나 자유주의자들이 항상 말하듯이, 사회는 개인과 다양한 그룹과 이해관계로만 구성되어 있고 국민이니 인민이니 하는 것은 추상적 개념에 불과한 것이라면, 이처럼 제멋대로인 개인들이 한데 뭉쳐서 오직 한 방향으로만 밀고 가는 통일된 행동은 어디에서 나오는 것일까? 이 물음에 대해 자유주의는 좀처럼 설명할 길이 없을 것이다.

그러나 민주주의를 극단적으로 해석하면 자유와 재산과 문명에 대한 위협으로 볼 수밖에 없겠지만, 그렇지 않고 만일 민주주의의 제 원리를 민중 폭정의 위험을 막는 방향으로 수정할 수 있다면, 민주주의도 자유의 수단이 될 수 있지 않을까? 왜냐하면 그렇게 수정하게 되면 민주주의는 그 자체가 목적이 될 수 없고 자유를 보전해주는 자유주의의 수단이 되기 때문이다.

> 최소한 서양 세계에서 우리가 이해하고 있는 민주주의 정부의 두드러진 특징은 최대한의 자유를 국민에게 보장해주려고 하는 데 있다.[23]

이렇게 민주주의의 목적이 자유의 보장에 있다면 민주주의가 자유주의와 사이좋게 지내지 못할 이유가 없을 것이다. 이런 민주주의를 자유민주주의라고 부를 수 있으리라. 이런 자유민주주의의 성립

가능성에 대해 루지에로Guido de Ruggiero가 한 말을 인용해보자.

> 자유주의 정신을 갖추지 못한 엄격한(극단적인) 민주주의에는 (이러한) 위험이 있다는 것을 깨닫게 된 훌륭한 자유주의자들과 민주주의자들은 곧 민주주의 사회의 구조를 자유화하는 것이 바람직하다는 생각을 하게 되었다. 즉 민주주의 사회의 제 요인의 정체된 획일성을 깨부수고 활성화하여 그것을 자발적인 협동과 전체의 압력에 대한 저항의 중심으로 만들어야 한다고 생각하게 되었다. …… 이와 같은 요구는 동일성과 차이, 획일과 다양을 더 높은 차원으로 한데 합쳐 발전하게 만들었다. 이러한 일이 실제로 가능한 까닭은 자유주의와 민주주의는 본래 하나이고, 양자의 상반된 성격은 변증법적으로 하나가 될 수 있기 때문이다. …… 현대사회에서 민주주의가 획득한 가장 큰 의의를 살려서 여기에 자유민주주의라는 이름을 붙이게 된다. 이때 자유주의적liberal이라는 형용사는 민주주의의 자격을 규정하는 힘이 있어서 민주주의 사회의 무겁고 숨 막히는 획일성 안에서도 특수와 차이를 강조하는 일을 하게 된다.[24]

이처럼 민주주의의 자격이 자유주의에 의해 규정된다면 그 민주주의는 정치 형태에서 대표제 의회정치의 형태를 취할 것이므로, 그런 민주주의가 자유주의의 목적 달성에 이바지할 것은 의심의 여지가 없다.

그러나 민주주의의 자격을 반드시 자유주의적인 것으로 규정해야 한다는 근거는 없다. 그렇기에 루소의 민주주의를 기준으로 하면 자유민주주의란 제한적 민주주의이다. 루소의 무제한적 민주주의가 현실적으로는 어떻게 될지 몰라도, 적어도 논리적으로는 전체주로 기울어서 개인적 자유와 사유재산 및 시장경제 등의 자유주의적 가치와 제도에 위협이 될 것이라는 점은 틀림없다.

4. 자유주의와 자본주의

자본주의는 자유주의의 가치 중의 하나가 아니다. 그러나 자본주의는 자유주의의 역사적 성격을 규정하는 데 매우 중요한 역할을 해왔고 또 하고 있다. 자유주의는 자본주의와 더불어 성장해왔고, 오늘날에도 자유민주주의는 자본주의가 발달한 나라에서 잘 되어가고 있다.

  자유주의와 자본주의의 관계에 대해서는 상반된 두 입장이 있다. 하나는 마르크스주의의 입장이고 또 하나는 애덤 스미스 이래의 자유방임론의 입장이다.

  마르크스주의는 자본주의가 자유민주주의를 지지한다기보다는 오히려 자본주의 안에 자유민주주의가 포함되어 있다고 주장한다. 국가와 정치제도는 자본주의를 수정하거나 폐지할 수 있을 만큼 독립된 힘을 갖고 있지 않고 자본주의 경제의 본질과 목적에 종속되어 있다는 것이다. 그러므로 민주주의가 자본주의에 정치적 공세를 취할 경우에는 어디서나 민주주의가 변질되거나 말살되고 만다고 했다. 자본주의체제 아래서는 자유도 민주주의도 극히 한계가 있다는 것이다.

  이 마르크스주의의 주장과는 정반대의 입장에 서 있는 하이에크나 프리드먼Milton Friedman 같은 경제학자들은 자본주의가 없으면 개인의 자유도 있을 수 없고, 자본주의를 부정하면 국가가 경제를 지배할 뿐만 아니라, 국가권력이 사회와 개인을 압도하는 전체주의 내지 권위주의의 파시즘이나 공산주의밖에는 달리 갈 길이 없다고 주장한다. 자유의 개념에는 경제적 자유가 포함되어 있을 뿐만 아니라 다른 모든 자유가 경제적 자유에 의존하고 있다는 것이다. 경제의 힘이 개인들의 수중에 있을 때에만 개인적 자유가 보장되는데, 그 이유는 경제의 힘이 국가권력을 제약하기 때문이라는 것이다. 이렇게 주장하는 하이에크와 프리드먼의 입장은 애덤 스미스에서 스펜서Hebert Spencer에 이르는 자유주의자들의 입장과 기본적으로 동일하다. 그러나 자유주의의 주류가 그러한 자유방임론에서 크게 변화한 지는 이미 오래이다. 20세기 자유주의경제학의 거두이며 영국 자유당의 지지자였던 케인스John Maynard Keynes가 〈자유방임의 종말〉이라는 논문을 발표한 지도 근 70년이 지났다.

> 세계는 개인적 이해와 사회적 이해가 일치하도록 위로부터 통치되고 있지도 않고 밑으로부터 관리되고 있지도 않다.[25]

케인스는 이렇게 애덤 스미스의 보이지 않는 손에 의한 이해관계의 조화를 부정하고 한 걸음 더 나아가 무제한의 사리 추구에 반대하는 사회주의의 투쟁이 시시각각 승리를 거두고 있다고 지적하면서, 국가가 경제문제에 더욱더 적극적인 역할을 해야 한다고 강조하였다.[26] 케인스는 사회주의 경제학자도 아니고, 자본주의에서 사회주의로의 점진적 변화를 주장하는 사회민주주의자도 아니며, 오히려 그와는 반대로 자본주의를 더 합리적으로 인간적이고 안정된 형태로 더 오래 번창케 하기 위해 자본주의를 새로 조정하려고 한 사람이다. 그는 자신이 시도하는 이러한 조정 과정이 자본주의의 기본 특성에 모순되지 않는다고 단언하였다. 그러면 그가 본 자본주의의 기본 특성은 무엇이었을까? 그것은 "경제기구를 원만히 돌아가게 하는 원동력으로서 돈을 벌고 돈을 좋아하는 개인들의 본능에 강한 자극을 주게끔 되어 있는 그 구조"[27]였다.

그는 이처럼 부의 추구를 경시하지 않았고 돈벌레의 인간 본성을 자극하는 이윤 동기를 자본주의의 강점으로 인정하고 있었다. 그러나 그가 자본주의를 옹호한 더 중요한 이유는 경제생활에서 펼쳐보일 수 있는 개인적 자발성과 책임의 기회가 열려 있는 개인주의야말로 인간의 자유와 생활의 다양성을 가장 잘 보장해준다고 생각했기 때문이다. 즉 자본주의는 자유와 다양을 보호해주고 증진시켜주는 것이었다. 여기서 케인스 이후의 자유주의자들은 자본주의를 옹호하는 데 궁색하지 않게 되었다. 그들은 경제에 대한 국가 간섭을 어느 정도 인정해야 할 것이냐 하는 문제에는 의견이 일치하지 않았지만, 자본주의를 지지하고 사회주의를 반대하는 데는 일치하였다.

그런데 여기서 케인스 이후의 현대 자유주의는 자본주의가 필연적으로 가져오는 경제적 불평등의 문제를 어떻게 해결해야 하느냐 하는 문제에 부딪치게 되었다. 평등이란 말은 오늘날 자유, 민주주의와 함께 가장 권위 있는 말로서 어떤 이데올로기도 그것을 포기할 수가 없게 되었다. 평등의 문제는 사회정의의 문제와 널리 연결되어 있기 때문이다. 그러므로 현대 자유주의도 평등이라는 구호를 부정할 수 없게 되었다. 그런데 케인스를 선두로 하는 현대 자유주의는 경제에 대한 국가 간섭을 바람직하게 여기기는 하지만 개인의 이윤 동기를 무엇보다도 중시하는데, 이 이윤 동기가 효과적으로 작용하는 한 경제적 불평등은 불가피하게 마련이다. 불가피할 뿐만 아니라 경제 발전을 위해서는 적극적으로 바람직하기도 하다. 여기서 현대 자유주의는 자기가 요구하는 평등은 경제적 평등이 아니라 기회의 평등이라고 한다. 신분, 문벌, 특권과 같은 세습적 불평등은 배격해야 하지만 능력의 차이에 따르는 불평등은 배격해서는 안 된다는 것이다. 능력이 있고 실적이 훌륭한 자에게 그렇지 못한 자보다 더 많은 보수가 돌아가는 것은 당연한 것이고 거기서 파생하는 불평등은 불가피할 뿐만 아니라 오히려 바람직하다는 게 현대 자유주의의 논리이다.

그러나 불평등의 문제는 여기서 해결되지 않는다. 현대 자유주의가 주장하는 기회 평등의 원리란 모든 사람이 평등한 조건에서 인생을 출발한다는 것을 원칙으로 하고, 재산과 특권과 특혜를 한 세대에서 다음 세대로 물려주어서는 안 된다는 것을 의미하는데, 그렇다면 재산의 상속도 부모의 도움으로 받은 교육도 완전히 금지시켜야 한다는 말이 된다. 그렇게 과격한 조처는 개인 기업에게 이윤 동기의 강한 자극을 주지 못할 뿐만 아니라 재산권에 대한 침해가 될 것이다. 그러므로 현대 자유주의가 기회 평등의 원리를 정말 심각하게 여긴다면 아마도 자본주의의 핵심적인 2대 요인인 개인의 이윤 동기와 사유재산제도에 대해 유보적인 태도를 취할 수밖에 없게 된다. 그런데도 현대 자유주의에는 그러한 기색이 전혀 없다.

자유주의는 사유재산은 인간 생활의 활동 영역을 넓혀주고 생활양식을 다양하게 해줄 뿐만 아니라 그 소유자에게 생활의 독립을 보장하여 사람답게 살 수 있는 자유를 더 많이 준다고 주장한다. 사람답게 살 수 있을 만큼의 재산을 소유하는 것이 개인적으로 독립할 수 있는 기반이 된다는 것은 매우 타당한 주장이다. 이 주장의 논리는 루소가 주장한 유형의 사회, 즉 자기 집과 생산수단을 소유하고 스스로 노동하는 직인들로 구성된 사회를 지향하고 있다고 볼 수 있다. 그런데 그런 유형의 사회는 큰 부자도 없고 아주 가난한 자도 없는 사회일 수밖에 없는데, 그러한 유형의 사유재산제도라면 그것은 누구에게나 개인적 독립을 보장해줄 것이다. 그러나 여러 채의 집과 막대한 생산수단을 소유할 수 있는 사유재산제도는 셋방에 사는 자와 피고용 노동자에게 개인적 독립을 보장해주지 못한다. 이치가 이러함에도 불구하고 오늘의 자유주의가 개인적 자유의 방파제로서 사유재산제를 옹호할 때, 그 자유주의는 개인적 독립을 증진시키는 소규모 소유제와 종속과 착취를 발생시키는 대규모 소유제를 구별하지도 않고, 지나친 재산 소유에 수반하는 막강한 권력에 대한 우려를 나타내지도 않고, 더 평등한 기반 위에서 재산의 재분배를 적극적으로 추구하지도 않는다. 바꿔 말하면 현대 자유주의는 입으로는 기회 평등과 능력에 따르는 보수를 말하고 사유재산은 개인적 독립을 보장한다고 주장하면서도, 그 주장을 실현하기 위해 필요한 재산권에 대한 간섭은 외면하고 있다. 요컨대 사유재산에 대한 존중이 더 중요한가, 기회의 평등과 개인적 독립이 더 중요한가 묻는다면, 현대 자유주의는 어떤 방법으로 번 재산이든 얼마나 많은 재산이든 상관없이 사유재산을 더 중시한다고 답한다는 것이다.

자유주의의 철학적 핵심은 개인주의이고, 개인주의에서 개인의 개념은 본질적으로 보편적이고 평등주의적이다. 인간은 개인으로서 모두 평등하고 평등한 값이 있고 평등한 권리가 있다. 개인주의의 이와 같은 평등주의적 성격은 실제 생활에서도 경제적·사회적 평등을 당연한 것으로 요구해야 한다. 기회 평등은 그러한 요구의 최소한에 불과한 것인데도 현대 자유주의는 최소한의 요구마저 재산권과 부의 축적, 상속에 대한 간섭이라는 이유로 외면하고 있다. 그리고 사유재산이 개인적 자유에 확고한 기반을 제공하는 것이라면 모든 개인이 일정한 사유재산을 소유해야 할 것임에도 불구하고, 오늘의 자유주의자들은 소유의 균점均霑을 위한 재산의 수용이나 재분배를 좋게 생각한 일이 없다.

여기서 우리는 한결 더 까다로운 계급의 문제에 봉착하게 된다. 계급이란 무엇이며 또 어느 특정한 사회적 그룹이 어떤 근거에서 그 지위와 특권을 계속 유지하느냐 하는 문제는 여기서 말할 겨를이 없다. 다만 여기서 지적할 수 있는 것은 재산과 특전을 한 세대에서 다음 세대로 넘겨주는 능력은 계급을 공고히 하는 하나의 수단임이 틀림없는데, 자유주의자들은 재산을 한 세대에서 다음 세대로 넘겨주는 절차를 방해할 생각이 없는 한, 결과적으로 계급과 계급적 특권의 유지를 묵인하고 있다는 사실이다. 그러나 그렇다고 해서 자유주의자들은 의식적으로 내놓고 계급사회를 유지하려는 사람들이라고 말할 수는 없다. 오히려 그 반대가 진실에 더 가깝다. 역사적으로 보면 자유주의는 봉건적 특권과 정면에서 싸웠고, 관념적으로 보면 자유주의적 개인주의는 본질상 보편주의에 가깝다. 자유주의는 사람들을 계급이나 기타 사회적·민족적 그룹의 일원으로 보지 않고 기본적으로 평등한 인류의 일원인 개인으로 본다. "피부색이나 계급이나 신조와는 상관없이"라는 선전 구호는 자유주의 진영에서 독차지하는 정치 연설이 아니던가? 그리고 어떤 자유주의자도 일찍이 요지부동의 계급 구조를 옹호한 일이 없다.

그러나 자유주의자들은 흔히 사용하는 의미의 수평파는 아니다. 그들은 루소나 사회주의자가 말하는 평등의 개념은 갖고 있지 않고, 다만 법 앞에서의 평등, 시민적·정치적 권리의 평등, 기회의 평등을 믿고 있을 뿐이다. 여기 현대 자유주의자들이 계급 문제에 대해 우물쭈물하는 이유가 있다. 이들은 계급을 옹호할 생각도 없고 계급

타파를 외칠 생각도 없다. 계급이란 존재하지 않는다느니 혹은 없어져 가고 있다느니 또는 있어도 없어도 실제로는 별 차이가 없다느니 하는 따위의 말로 얼버무리려고 할 뿐이다.

이처럼 자유주의의 원리와 자유주의자들의 실제 행동 사이에는 상당한 괴리가 있다. 자유주의 원리의 핵심에는 개인과 개인의 권리가 자리 잡고 있지만, 그 원리가 실제로는 그보다 덜 핵심적인 원리들에 의해 약화되고 있다. 예를 들면 현대 자유주의자들은 투옥을 개인적 자유에 대한 정면 위배라고 주장하면서도, 다른 사람들의 자유를 침해하지 않는 행위까지도 범죄로 몰아서 투옥하는 일부 자유주의 국가들을 묵인하고 있다. 그들은 각 개인을 수단으로 취급하지 말고 목적으로 대하라는 칸트의 말을 즐겨 인용하면서도, 범죄 예방으로서의 자유의 제한을 대개는 정당한 것으로 받아들이고 있다. 또 개인의 개념에는 성의 차별이 없건만 자유주의자들이 과연 얼마나 남녀평등을 위해 싸워왔던가? 이는 자유주의가 항상 그 사상의 핵심이라고 주장하는 개인주의에 철저하지 못하다는 것을 증명하는 셈이다. 아무튼 자유주의만이 아니라 무릇 어떤 사상이나 이론도 실제 현실에 부딪칠 때는 그 원리에 철저할 수 없는 것이 보통이다. 그리하여 자유주의의 실제 역시 그 원리에 비추어볼 때 불평등과 압제에 대한 투쟁 면에서 불충분하다고 말해도 무방할 것이다.

제3장

자유주의의 발생

1. 개인주의의 출현

자유주의가 언제부터 시작했느냐 하는 문제는 앞서 본 바와 같이 자유주의를 어떻게 정의하느냐에 따라 달라지게 마련이다. 자유주의를 회의적이고 경험론적이고 합리적인 인생에 대한 태도라고 정의한 샤피로는 소크라테스와 아벨라르를 각각 서양 고대와 중세를 대표하는 자유주의자들이라고 하면서, 이 위대한 선구자들의 소리는 광야에서 외치는 외로운 소리에 불과한 것이었다고 말한다. "광야에서 외치는 외로운 소리"라는 말은 메시아의 도래를 알리는 세례 요한을 가리키는 고전적인 표현인데, 그러한 표현은 소크라테스와 아벨라르를 낳은 고대와 중세가 자유주의의 도래를 준비한 시기일는지는 몰라도 아직 자유주의가 시작된 시기는 아님을 간접적으로 말하는 것 같기도 하다. 그리고 앞서 본 바와 같이 서양의 고대 그리스와 중세에는 폴리스나 특권적 집단의 자유는 있었으나 개인적 자유의 개념은 없었다. 그런데 개인주의의 철학적 기반 위에 개인적 자유의 관념이 수립되지 않은 곳에서는 자유주의의 싹이 돋아날 수가 없다. 왜냐하면 자유주의의 핵심은 개인주의이기 때문이다. 고대 그리스의 민주주의가 내건 가치와 이상이 근대 민주주의에 하나의 모델을 제시한 것은 사실이지만, 고대 민주주의는 전성기를 자랑하던 아테네의 페리클레스 시대에서조차도 노예와 여자와 외국 출신은 시민권에서 완전히 제외했고 극소수의 시민권을 소유한 자들만의 민주주의였다. 당시의 민주주의는 개인주의적 인권 사상에 바탕을 둔 근대 민주주의와는 전혀 성격이 달랐다. 따라서 고대 그리스에도 개인들 사이의 평등의 관념과 개인적 권리의 관념이 있기는 했으나 이 역시 시민권을 소유한 자들에게 한정된 특수한 것이었다. 그러므로 고대 그리스에서 소크라테스를 대표로 하는 자유주의자들이 있었다는 주장은 받아들일 수 없다.

소크라테스가 아테네의 청년들을 미혹하여 나라의 안전을 위태롭게 했다는 죄목으로 사형선고를 받고 사형 집행의 날을 기다리고 있을 때, 플라톤Platon을 비롯한 제자들이 외국 망명의 길을 마련해놓고 탈옥을 권했지만 "아테네의 법이 아무리 악법이라도 아테네의 시민인 내가 그 법을 지키지 않는다면 누가 아테네의 법을 지키겠느냐"고 반문하면서 독배를 마시고 의연히 죽었다는 이야기는 소크라테스가 얼마나 폴리스에 충실한 인물이었는가를 잘 보여준다. 또한 아리스토텔레스가 "인간은 폴리스적 동물"이라고 말했을 때에도 고대 그리스인이 얼마나 폴리스라는 공동체에 완전히 속한 존재였던가를 극명하게 드러낸다. 이처럼 고대 그리스인에게 근대적 의미의 개인관은 전혀 없었던 것이다.

자유주의의 뿌리를 중세에서 찾는 주장 역시 역사적 · 이론적 근거가 매우 희박하다. 자유주의의 뿌리를 중세에서 찾는 사람들이 가장 즐겨 제시하는 자료는 영국 역사의 대헌장과 그보다 훨씬 전에 존재했던 앵글로색슨족의 전설적인 부족회의 같은 것인데, 주로 영국의 휘그파 역사가들이 그러한 주장을 편다. 그 대표적인 역사가들이 페인터Sidney Painter와 울만Walter Ulmann이다. 이들은 봉건제도에, 특히 영국 봉건제도에 근대 자유주의적 입헌제도의 핵이 싹터 있었다고 주장하면서 봉건제도는 동의와 법치의 정치 형태였다고 주장한다. 그때의 봉건 법은 왕과 봉건귀족들의 합의와 협동과 팀워크의 산물이었고,[1] 봉건제도야말로 개인적 자유를 함양한 자유주의의 직계 조상으로서[2] 봉건제도에서 입헌주의가 서서히 순조롭게 발달했다는 것이다.[3] 자유주의가 중단 없이 서서히 연속적으로 발전해왔다는 이 연속론은 봉건사상이 오늘날까지도 영국과 미국의 기본적인 정치 원리 가운데 하나가 되어 있다고까지 주장한다.[4] 미국의 입헌주의 사상이 메이플라워호를 타고 미국으로 이주한 최초의 청교도 '필그림 파더스Pilgrim Fathers'의 짐보따리에 실려서 대서양을 건넌 봉건제도의 산물이라는 것이다. 정말 어처구니없는 주장이 아닐 수 없다. 이런 주장은 최소한 다음 세 가지 사실에 의해 충분히 부정되고 있다. 첫째, 이 주장은 봉건제도가 가장 전형적으로 발달하여 가장 오래 존속한 프랑스에서 오히려 시민혁명이 불가피했던 이유를 설명할 수 없다. 둘째, 봉건귀족들은 왕과 협동하기보다는 오히려 자기들의 특권적 자유를 수호하려고 왕과 전쟁도 주저하지 않았고, 또 그 특권을 다른 신분에까지 확대하여 근대적인 권리로 전화轉化시킬 생각이 전혀 없었다. 셋째, 이 주장은 영국 역사의 경우, 튜터Tudor 왕조에서 명예혁명까지의 200년의 역사를 깡그리 무시하고 있다. 봉건적 무질서가 극복된 것은 튜더 왕가의 절대군주권의 수립에 의해서이고 또 18세기의 반半의회주의적 제한 군주제가 겨우 수립된 것은 스튜어트Stuart 왕조의 절대주의에 대한 신흥 부르주아계급의 오랜 투쟁의 결과였다. 휘그파의 연속론적 주장은 200년의 역사를 뛰어넘는 자기모순을 범하고 있는 것이다.

어쨌든 자유주의의 근원을 고대 그리스에서나 중세 봉건제도에서 찾으려는 태도의 부당성은 근본적으로 그리스에도 봉건제도에도 공동체에 앞서는 개인주의 철학이 없었다는 사실에서 명백해진다. 그러므로 자유주의가 언제부터 시작했느냐의 문제는 개인주의가 언제 어디에서 싹트기 시작하여 그 싹이 중도에 잘리거나 짓밟히지 않고 줄곧 성장하여 자유주의의 잎과 꽃을 피게 하고 열매를 맺게 했느냐 하는 데 초점을 맞추어서 고찰해야 한다.

사실 자유주의뿐만 아니라 어떠한 사상이나 이데올로기도 일반적으로 그 출발의 엄밀한 시기를 점지하려는 것은 어리석은 일일지 모른다. 왜냐하면 역사에서 절대적 단절이란 없기 때문이다. 역사의 본질이 연속이냐 단절이냐의 문제는 인간 지성의 역사를 지각한 이래 줄곧 있었던 문제이고, 그것은 특히 19세기 이래 중요한 역사철학적 논쟁거리 중 하나가 되어왔다. 역사의 연속론은 19세기 낭만주의 역사학의 공헌이다. 그것은 프랑스 대혁명과 나폴레옹 전쟁의 대동란을 통한 단절적·혁명적 변화의 좌절을 경험한 메테르니히 Klemens Füst Metternich 시대의 보수 반동 정신의 산물이기는 하나, 역사는 결코 혁명적·단절적으로 비약하는 것이 아니라는 생각은 역사의 본질에 대한 정확한 인식이었다. 거기서 역사가들은 역사적 의의가 큰 제도나 사상의 기원을 어느 특정한 시점에서 찾지 않고 연속적 변화의 과정 속에서 찾으려고 하였다. 그러나 그 기원을 무작

정 먼 과거로 소급해서 찾으려고 한다면, 앞서 언급한 바와 같이 사회주의의 기원을 모세까지 소급시키거나 보수주의의 시작을 에덴동산까지 소급시키는 따위의 어처구니없는 시대착오를 일으키게 된다. 그리고 위에서 본 휘그파의 역사가들 역시 그렇다. 역사의 연속성을 그렇게 지나치게 강조하게 되면 하늘 아래에는 새로운 것이란 하나도 없고 모든 변화는 오직 반복일 뿐이라는 비역사적인 오류에 빠지게 된다.

역사에는 연속적 성질이 있는 동시에 그 연속의 축적이 어느 시점에 이르러 질적 변화를 일으키는 혁명적·단절적 성질도 있다. 이 단절적 현상은 이른바 과도기니 전환기니 하는 시대의 특징으로서 각별히 급격한 변화를 경험하는 시기이다. 오늘날 우리 세대는 우리가 사는 시대를 급격한 변화의 시대로 진단하는 데 주저하지 않는데, 바로 20세기 이후의 시기야말로 역사의 연속보다 단절의 측면이 더 두드러진 시기이다. 낡은 모든 것이 급변하고 뭔가 전혀 새로운 것이 탄생하고 있는 시기이다.

자유주의도 인류 역사상 처음으로 나타난 새것이었는데, 이는 이른바 서양 중세의 봉건 질서와 가톨릭 문화의 붕괴 과정을 통해 새로 형성된 근세 문화의 가장 중요한 새 사상이다. 그렇기에 자유주의의 시작은 이 새 문화가 대두하는 시기와 일치한다. 그러면 새 문화는 언제 대두했을까? 이를 객관적으로 인식할 수 있을 만큼 분명하게 보여준 현상이 이른바 르네상스라는 문예 부흥 운동이며, 이보다 더 분명한 형태의 것이 종교개혁이고, 동시에 콜럼버스Christopher Columbus의 신대륙 발견과 그에 뒤따른 자본주의의 발전이다. 여기에 하나 더해야 할 것으로 앞의 세 가지보다 시기적으로 늦고 또 사람들의 의식에 직접 지각되기도 어렵지만, 역사적 영향력 면에서는 앞의 것들보다 막강했던 과학혁명이 있다. 과학혁명은 인간과 우주를 보는 사람들의 눈을 중세적인 것에서 180도 바꾸어놓은 소리 없는 정신 혁명이었다.

어쨌든 이와 같이 자유주의 운동은 르네상스, 종교개혁, 자본주의의 성장, 과학혁명을 통해 16세기 이전의 중세적 사회의 온갖 국면이 근대적인 것으로 전혀 새롭게 변혁하는 가운데서 실제적 정당성과 이론적 타당성을 체계화하게 되었던 것이다.

르네상스의 세속적 정신은 인간의 관심을 내세의 영생에서 현세의 삶으로 옮기게 하였고, 종교개혁은 교회의 초월적 권위를 부정하고 개인적 판단에 의한 성서 해석의 길을 열어 종교상의 개인주의를 촉진시켰다. 16~17세기의 과학혁명은 우주와 자연은 보편적 불변의 법칙에 의해 움직이는 하나의 기계라는 것을 증명했는데, 이때 사용된 법칙 탐구의 과학적 방법이 자유주의의 모델이 되었다. 그리고 화폐경제의 일반화에 따르는 자본주의적 경제생활은 봉건사회의 공동체 의식을 해체시키면서 개인주의적 관념과 사유재산의 관념을 낳아 자유주의의 물질적 요인을 준비하고 있었다.

고대나 중세와는 전혀 다른 자유주의적 세계관의 싹이 처음으로 트기 시작한 것은 이탈리아에서 알프스를 넘어 유럽 일대로 번져간 르네상스 운동을 통해서였다. 르네상스 운동은 서양 문화를 크게 전환시킨 사건으로, 이 운동의 과정 속에서 자유주의가 하나의 사상 운동으로서만이 아니라 내실 있는 사회적·정치적 세력으로서 중단 없이 싹터 오르고 계속 성장하였다. 그 시기부터 프랑스 대혁명이 일어나는 18세기 말엽에 이르는 약 300년 사이에 자유주의의 싹이 돋고 자라서 꽃을 피우게 된 것이다.

르네상스란 말은 재생이라는 뜻인데 무엇의 재생이며 무엇을 재생시킨다는 것일까? 바로 고대의 그리스-로마 문화를 다시 살려낸다는 것이다. 그리스-로마 문화는 이른바 중세를 통해 기독교 문화에 의해 매몰되어 있었는데, 이제 그것을 다시 파내어 재생시킨다는 것이었다. 그러면 그리스-로마 문화와 중세 기독교 문화가 무엇이 어떻게 다르기에 하나가 다른 하나를 매몰시키고 그것을 다시 파내는 싸움이 일어났을까?

한마디로 요약해 말한다면, 그리스-로마 문화의 본질은 인간 중심적이고 현세주의적인 데 반해 중세 가톨릭 문화의 본질은 신 중심적이고 내세주의적이다. 그리스의 신화 즉 그리스인의 종교 사상에 의하면, 그들의 신앙의 대상이 되는 신은 기독교의 신과는 전혀 다르게 유일신이 아니라 다신이고, 그 여러 신들은 기독교의 초월적 신과는 달리 사람과 똑같은 모습을 하고 있다. 남신과 여신이 있으며 결혼을 하고 자식을 낳으며 희로애락의 감정이 있었다. 그리고 그 신들은 기독교의 신처럼 무소부재의 만능의 신이 아니라 인간과 마찬가지로 능력이 한정되어 있었고 또 그 능력도 신에 따라 천차만별이었다. 그렇다면 신성divinity과 인간성humanity의 차이는 무엇이었을까? 차이라면 오직 신은 죽지 않는 존재이고 인간은 죽는 존재라는 것뿐이었다. 로마 문화는 그리스 문화를 그대로 모방한 것이므로 로마인의 신관도 신들의 이름만 라틴어로 불렀을 뿐 그리스의 신관을 그대로 옮긴 것이었다.

한 문화의 특성을 집약적으로 보여주는 것이 종교라면 그리스인의 신관은 그들의 문화가 얼마나 인간 중심적이었는가를 잘 보여준다. 신마저도 인간을 닮아야 했으니 말이다. 그러기에 그 신들은 저 높은 하늘 위에나 깊은 바닷속에 살지 않고 사람들과 마찬가지로 땅위에 살았다. 제우스를 비롯한 열두 신의 폴리스는 별로 높지 않은

올림포스 산에 있었다. 이것은 그리스의 신관이 얼마나 현세적인가를 보여주는 것이다. 그리스의 철학, 문학, 예술 등이 지닌 현저한 기본 특성은 그들의 종교가 명백히 보여주는 것처럼 인간주의와 현세주의였다.

그런데 르네상스 운동은 로마가 멸망한 후 1,000년 동안이나 파묻혀 있었던 그리스-로마의 이교 문화를 기독교 문화의 한복판에 다시 부흥시키는 운동이었다. 1,000년이 넘는 긴 역사 속에서 누구도 흔들 수 없을 만큼 굳건히 세워진 기독교 문화의 한복판에 느닷없이 기독교 이전의 이교 문화를 부흥시키다니, 그런 일이 어떻게 일어날 수 있었을까? 바꾸어 말하면, 파묻혀서 없어진 이교 문화의 가치를 새삼 발견하여 그것을 재생시키려는 용기를 발휘한 사람들은 도대체 어떤 사람들이었을까? 이들은 분명히 고대 고전 문화의 가치를 인식할 수 있는 눈을 가진 이들로, 인간주의와 현세주의에 눈뜬 새로운 유형의 인간들일 수밖에 없다. 그렇다면 가톨릭 문화가 완전히 지배하는 사회에서 어떻게 그러한 새 유형의 인간이 나타날 수가 있었을까?

이 같은 새로운 유형의 인간은 중세 사회에 어떤 큰 변화가 일어나지 않고는 결코 탄생할 수 없었다. 서양 중세 사회는 폐쇄적인 봉건사회로, 경제생활만 보더라도 상업이 거의 없는 자급자족의 자연경제였다. 그런 사회에서 화폐를 매개로 하는 상업이 일어나게 되는 중요한 사건이 일어났다. 바로 십자군 전쟁이었다. 물론 십자군 전쟁이 없었더라도 봉건사회 내부의 생산기술이 발달해 생산력이 증진되고 이것이 상업의 발생을 가능케 했을 가능성을 배제할 수 없지만, 십자군 전쟁은 그러한 가능성을 촉진시켰다.

유럽 각지에서 많은 기사들이 이슬람 세계로 출정했을 때 그들은 일단 북부 이탈리아의 여러 항구에 집결하여 거기서 배를 타고 지중해를 건너 이슬람 세계로 향했다. 이 과정에서 항구는 물론이고 경유지의 길목마다 상업 도시가 생겨났다. 사람이 하루에 걷는 거리는 대체로 100리 정도로 100리마다 도시가 많이 생긴 것이다. 우리나라도 서울을 중심으로 남쪽과 북쪽으로 100리마다 도시가 들어서 있다. 상업은 화폐를 매개로 물품을 매매하는 행위로서 상업이 발달하면 그만큼 화폐가 더 필요해진다. 화폐는 금·은과 같은 귀금속으로 주조되므로 화폐 수요의 증대는 광업을 촉진하고, 광업의 발달은 거기에 따른 산업을 일으킨다. 그리고 상업의 발달은 상품 제조에 박차를 가하여 공업을 일으키는 한편 국내에서 생산되지 않는 물품을 외국에서 수입하기 위해 그 대가물로서의 상품생산에도 자극을 준다. 더구나 이슬람교도가 장악하고 있던 지중해의 해상권이 십자군 전쟁과 함께 이제 기독교도로 이동하게 되면서 지중해를 경유하는 동방 세계와 무역의 문이 열렸다.

이 무역에 의해 동방의 진귀한 상품들이 지중해의 여러 항구에서 수로를 따라 유럽 내륙으로 들어가고 또 도버 해협을 지나 북해와 발트 해 연안 지방으로까지 들어갔다. 여기서 내륙 수로 연안의 여러 곳과 북해 연안 및 북부 이탈리아 일대에 많은 상공업 도시가 생겼다. 새로 생긴 이 같은 상공업 도시를 부르그 혹은 부르bourg라 하고 그곳에 사는 상공인들을 부르주아bourgeois라고 불렀다.

이 신흥 상공업 도시의 광범한 발달은 화폐경제를 널리 보급시키게 마련이었는데, 화폐는 드디어 농촌에까지 침투하여 봉건사회의 자연경제에 변화를 일으키기 시작하였다. 화폐는 휴대가 편리하고, 돈만 주면 어떠한 물건도 언제 어디서나 살 수 있고, 더구나 농산물과는 달리 썩지 않기 때문에 오랫동안 저축할 수가 있었다. 이렇게 신통한 힘을 가진 재화는 어디에도 없었다. 농촌에서 누구보다도 먼저 화폐의 마력을 발견한 사람들은 봉건영주들이었다. 그들은 화폐를 획득하기 위해 농민들에게 부과해온 부역과 지대를 화폐로 납부하게 하였다. 농민은 농민대로 자기 경작지에서 얼마를 생산하든 그 생산물을 팔아서 일정 금액의 지대를 물고 나면 나머지는 모두 자기 소유로 만들 수 있게 되었다. 증산을 하면 할수록 그만큼 제 것이 많아지게 된 것이다. 농민의 생산 의욕과 생산성이 크게 향상되었다. 그리고 화폐경제의 일반화는 인플레이션의 경향을 조장하고 있었는데 그것은 날이 갈수록 농민에게 유리하였다. 이렇게 하여 농민은 부지런히 일하여 차츰차츰 저축을 할 수 있게 되었고, 드디어 영주의 땅을 사는 날이 오게 되었다. 천년 묵은 봉건제도하에서 농노의 신세를 절대로 면할 길이 없었던 농노의 후예가 드디어 제 땅을 소유한 독립 자영농이 된 것이다. 영국 역사에서 요먼리yeomanry라고 불리는 계층이 바로 이 자영농민층이다. 이와 더불어 도시의 부르주아도 귀족의 땅을 사서 지주가 되고 있었다. 귀족이 지배하는 중세 봉건제도가 사실상 무너지기 시작한 것이다.

 화폐를 획득하려는 욕망의 새로운 생활 태도는 이처럼 도시의 부르주아에 한정되지 않고 농촌에까지 널리 번져가고 있었다. 자본주의 정신의 정확한 정의를 내리기는 어려운 일이지만, 화폐의 획득과 부의 추구가 인간 활동의 주요한 동기이자 목적이 되는 것을 자본주의 정신이라고 정의한다면, 그러한 정신이 모든 사람의 마음을 지배하기 시작한 시기는 대체로 15세기 후반으로 볼 수 있다. 재화를 얻으려는 욕구는 인간의 본성이고 문명의 역사만큼이나 오랜 인간의 습성이지만, 자본주의적 멘탈리티가 사회 전반을 지배한 일은 인류 역사상 일찍이 없었다.

서양 중세에서는 부의 추구는 결코 그 자체가 목적일 수 없었다. 경제적 원리는 종교적 권위가 승인하는 도덕률의 규제 아래 있었다. 생산, 소비, 임금, 이윤 등 기타 모든 경제활동은 영혼의 구원에 필수 불가결한 종교적·도덕적 계율과 원칙의 지배하에 있었다. 현세의 모든 행위는 내세의 구원이라는 인생의 최고 목적에 일치하지 않으면 안 되었다. 따라서 돈벌이 자체를 목적으로 하는 행위는 인생의 최고 목적에 위배되는 짓이었다. 재산이란 개인적 소유에 의의가 있는 것이 아니라 사회적 재원으로서만 의의가 있었다. 부자는 개인적 욕구 충족의 수단으로 재산을 즐기는 자가 아니라 공동체의 청지기로서 재산을 관리하는 자였다. 그러므로 사람들이 재산을 모으는 데는 재산의 종류와 축재 방법이 교회법과 관습법의 규제를 받았다. 이러한 재산관 위에 사회적 도덕이 수립되어 있었다.[5]

그런데 15세기 후반 이후에는 그러한 재산관과 사회적 도덕이 더 이상 적합하지 않다는 생각이 널리 번졌다. 사물을 보는 사람들의 눈이 하늘에서 땅으로, 내세에서 현세로, 영혼에서 육체로, 공동체에서 개인으로 이동하고 있었던 것이다. 이 새로운 눈을 가진 사람들이 바로 르네상스 시대에 등장한 새로운 유형의 인간이었다. 그들의 세계관은 인간 중심적이고 현세주의적이고 개인주의적이었다. 그들은 낡은 질서와 전통을 배척하였다. 낡은 질서와 낡은 전통은 끝없는 부의 획득에 방해가 되고, 재화가 가져다주는 육체적·현세적 즐거움에 방해가 되기 때문이었다. 그들은 낡은 전통의 권위에 반항하여, 자기 생각에 맞게끔 생각하고 자기 이익에 맞게끔 행동하려고 하고, 낡은 질서를 자기 생각과 자기 이익에 맞는 새 질서로 고치려고 하였다. 이전과는 다른 전혀 새로운 유형의 자유인이 탄생하기 시작한 것이다. 르네상스 시대의 이탈리아에서 자유를 의미한 리베르타liberta란 말은 '다른 어떤 것보다도 갖고 싶은 선물'이라는 뜻이었는데, 사람들의 가장 큰 소망은 자유를 갖는 것이었다. 그러한 자유는 고대 그리스인의 폴리스가 가졌던 목적이나 중세 가톨릭교가 믿었던 하느님 나라의 목적에 따라 사는 인간들에게는 꿈에도 있을 수 없는 것이었고, 개인 자신의 목적에 따라 사는 자들에게만 있을 수 있는 것이었다.

인간의 최고의 축복은 자기 뜻대로 생각하고 행동하고 사는 것이었다. 이러한 인간관은, 우주의 삼라만상은 모두 일정한 목적에 자리 잡혀 있고 따라서 개인들도 그러하다는 아리스토텔레스적 인간관이나 기독교적 인간관과는 전혀 달랐다. 르네상스적 인간관에 의하면, 인간의 본성은 일정한 목적에 매달려 있지 않고 한없는 가능성을 안고 자유분방하게 종횡무진 제 뜻대로 생각하고 마음대로 행동하는 자유인이었다. 그런 인간관은 기독교의 정통 신학이 가르치는 인간의 자유의지를 완전히 무시하는 것이었다. 왜냐하면 기독교는 그 자유의지를 제 뜻과 제 이익에 맞게 오용하거나 남용해서는 안 된다고 항상 경고하고 있기 때문이다.

이 새로운 르네상스적 인간관에 관하여 피코 델라 미란돌라Giovanni Pico della Mirandola는, 하느님이 새로 창조한 새 유형의 인간에게 말하는 형식으로 다음과 같이 묘사하고 있다.

> 다른 모든 것의 본성은 내가 명령한 법칙의 테두리 안에서 제약을 받고 있지만 자네만은 아무 제약을 받지 않고 자네 자신의 의지에 따라 …… 자기 성품의 한계를 스스로 규제하게. 나는 자네를 세상의 한복판에 자리 잡게 하여 이 세상의 무엇이든지 쉽게 관찰할 수 있게 하였네. 나는 자네를 하늘에도 속하지 않고 땅에도 속하지 않고 또 가

사적可死的 존재도 아니고 불가사적 존재도 아닌 것으로 만들었으니, 자네는 자네를 빚어 만든 자와도 같이, 선택의 자유와 자존심을 갖고 자네 모습을 어떤 모양으로든 자네가 좋아하는 대로 스스로 만들 수 있네.[6]

인간을 만물의 척도라고 했던 고대 그리스의 프로타고라스Protagoras의 명제가 르네상스 시대에 되살아난 것이다. 그 인간은 자기 이외의 어떤 외부의 제약도 받지 않고 제 뜻대로 생각하고 행동하는 새로운 유형의 인간 곧 개인주의적 인간이었다. 독창과 자신에 넘치는 천재적 기질과 죄를 무서워하지 않는 독신적瀆神的 담력, 명예와 권력을 열심히 추구하고 육체적·현세적 향락에 끝없이 탐닉하는 새로운 유형의 인간이 르네상스인이었다.

이 새로운 유형의 인간들이 제 비위에 맞는 새로운 유형의 문화를 만들려는 것은 당연한 일이다. 회화에서 조토Giotto di Bondone와 마사초Masaccio 이후의 그림을 그 전의 그림들과 비교해보면, 현실주의의 성장이 현저함을 쉽게 발견할 수 있다. 그들이 묘사하는 자연은 상징적인 풍경화에서 사실적인 풍경화로, 관심 대상이 점점 현실적인 것으로 옮겨가고 있다. 인물화에서도 전형이나 상징으로서의 인물보다는 한 개인으로서의 인물 묘사 기술이 발달한다. 이에 대해 파노프스키Erwin Panofsky는, 조토가 군중을 묘사할 때는 무리 지어 있는 전체로서가 아니라 한 사람 한 사람이 서로 부대끼는 개인들로 묘사하고 있다고 설명한다.[7]

회화 형식에서도 개인 초상화가 발달하게 되었는데, 이는 개인으로서의 인간에 대한 새로운 각성을 예술적으로 표현한 것이었다. 요컨대 르네상스 예술의 초기 표현에는 자유주의적 개인주의의 주요한 두 가지 특성이 나타났는데, 하나는 사람들을 서로 다르게 표현하는 데서 보여준 인간의 다양성이었고 또 하나는 개인의 초상화에 숨어 있는 개인 자체의 강조였다.

인간들의 다양성과 개인 자체를 강조하는 경향은 몽테뉴에 이르러 절정에 달했는데, 그의 《수상록Essais》에 실린 글들은 자기가 겪은 특수한 경험을 느낀 그대로 서술한 개별적 경험들에 관한 자기 생각의 표현이었다. 그는 자기 개인적 경험에는 충실하고 사물의 다양성은 신뢰했으나, 인간의 경험을 체계화하는 사변과 일반화는 신뢰하지 않았다. 그러므로 《수상록》은 일종의 경험론과 회의론의 혼합이었다. 여행에 관한 글에서 그는 "여행이 뭔가 나를 만족시켜주는 것이 있다면 그것은 오직 다양과 변화이다"라고 말하고 있다. 이 다양성에 대한 이해가 그를 상대주의로 치닫게 하여 "나라와 나라 사이의 여러 다른 모양"을 매우 긍정적으로 이해하게 하고, "습관마다 각각 그렇게 될 만한 원인이 있다"고 믿게 하였다.[8]

몽테뉴의 경험론과 회의론, 다양과 상대주의가 자유주의의 발전에 미친 영향은 지대하다. 그의 신념은 데카르트와 로크에 의해 체계화되어 자유주의적 개인주의에 확고한 철학적 기반을 제공하였다. 데카르트가 자기의 출발점은 몽테뉴라고 말한 것은[9] 결코 과장이 아니었다.

이처럼 자유주의적인 인간관과 세계관은 르네상스에서 싹트기 시작하였다. 그러나 그것은 어디까지나 싹에 불과하였다. 그 싹이 자라서 꽃을 피우려면 종교개혁, 자본주의, 과학혁명을 거쳐 18세기까지 기다려야 했다. 르네상스의 특성은 고전 문화의 가치와 모범에 대한 거의 맹목적인 숭배로서 아직 고전이라는 외적 권위에 의존하고 있었던 것이다. 전통적·가톨릭적인 권위는 부정하면서도 고전이라는 새 권위에 의존하고 있었던 것이다. 어떠한 외적 권위에도 의존하지 않고 자신의 내면적 자각에 의한 새 문화와 새 사회를 창조하는 개인들과 개인주의의 꽃은 18세기에 이르러서야 비로소 피어오른다. 르네상스에서 근세가 시작하기는 하나 중세 문화가 아직 다 후퇴한 것은 아니었다. 르네상스 예술의 주제는 거의 예외 없이 성서에서 따온 것이었다. 그리고 에라스무스Desiderius Erasmus, 모어 Thomas More 등의 휴머니스트들은 가톨릭교회의 신학과 교리를 비판했지만 기독교와 성서를 부정하지 않았다. 르네상스의 세계관은 신학적인 것도 합리적인 것도 아니고, 미술은 중세적이지도 자연주의적이지도 않고, 문학은 세속적이지도 종교적이지도 않고, 학문은 아직 스콜라철학적 특권 의식에서 헤어나지 못하고 문제의식과 비판력이 없었다. 요컨대 르네상스 문화는 과도기적인 것이었다.[10] 따라서 르네상스적 개인주의도 르네상스 문화의 과도기적 성격의 한계를 지니고 있었다.

2. 종교개혁과 종교적 관용

흔히 종교개혁과 프로테스탄티즘은 개인의 권리와 민주주의를 옹호하고 자유주의의 제 원리를 만들어내며 이 원리에 충실한 것으로 이해되고 있다. 종교개혁은 개인의 영혼의 구원을 강조했던 만큼 논리적으로나 역사적으로도 양심의 자유와 관용의 덕을 수립하여 자유주의의 발전에 이바지했을 것으로 생각하기 쉽다. 그러나 종교개혁 자체는 자유주의에도 민주주의에도 전혀 관심이 없었다. 물론 종교개혁에 자유주의로 이어지는 길이 있기는 했지만, 그 길은 직통로가 아니라 우회로였다. 종교개혁에서도 개신교에서도 루터Martin Luther와 칼뱅Jean Calvin의 위치는 거의 절대적이지만, 그들의 사상이나 의도에 자유주의적인 것이란 거의 없었다. 종교개혁과 자유주의와의 긍정적인 관계는 그들 개혁가들이 전혀 예기치도 않았고 바라지도 않았던 사태의 결과로 발전했을 뿐이다. 그러므로 종교개혁과 자유주의가 논리적으로 직접 연결된다는 생각은 잘못이다.

루터도 칼뱅도 교황청의 권위를 부정하는 것이 권위 자체의 부정으로 확대되기를 결코 바라지 않았다. 그리고 그들은 교리를 초월한 관용의 정신을 권장한 일도 없다. 오히려 교리 이외의 것에 열광적으로 몰입하는 자신들의 전투 정신에 충만하였다. 그들은 양심에 의한 성서 해석을 주장했으나, 사람들이 제각기 본인의 성서 해석이 옳다고 주장하여 성서 해석상의 이견이 생길 것으로는 예견하지 못하였다. 그리고 실제로 이견이 생겼을 때 과격한 개혁파에 대해서 관용하기는커녕 가차 없이 정죄하고 박해하였다.

민주주의와의 관계에서도 루터는 자신의 만인 사제 이론이 논리적으로 민주주의적 교회 조직을 의미한다고는 전혀 생각한 일이 없었고, 칼뱅은 제네바에서 일체의 이론을 절대 용납하지 않는 가혹한 독재적 신정정치를 실시하였다. 그들은 민주주의와는 아무 상관이 없을뿐더러 오히려 세속 세계의 불평등한 질서와 계층제의 필요를 강조하여, 비록 폭군일지라도 백성은 그의 권력에 순종해야 한다고 외쳤다. 루터에게 "불순종은 살인, 부정, 거짓 그리고 그 모든 것과 함께하는 어떤 것보다 더 나쁜 죄"[11]였다. 루터가 1525년에 일어난 독일농민전쟁을 맹렬히 비난하면서 무자비한 탄압을 강조했다는 것은 잘 알려진 사실이다. 그는 사회적 불평등은 필요하다고 믿었고, 농노제의 폐지를 주장하는 자들을 도둑질을 부채질하는 자들이라고 비난하였다.¹² 그는 하나님의 나라와 현세의 나라를 명확히 구분하여, 기독교도의 자유는 순수한 내적·정신적인 것으로서 어떠한 외적·현세적 압박에도 모순되지 않는다고 주장하였다.

칼뱅의 생각도 마찬가지였다. 그도 하나님의 나라와 지상의 나라를 엄격히 구분하여 정신적 자유는 사회적 속박과 완전히 양립할 수 있다고 주장하고, 선한 통치자에게도 악한 통치자에게도 똑같이 순종할 것을 명하였다. 그러나 그는 불의한 지배자에게는 저항할 수 있다는 저항 근거의 함정을 본의 아니게 하나 파놓았는데, 그것은 인간에 대한 순종이 신에 대한 순종에 앞설 수 없다는 《기독교 강요 Christianae Religionis institutio》의 마지막 한 구절이다. 칼뱅주의자들이 세속 지배자들의 박해에 직면하여 굴종이냐 저항이냐의 갈림길에 서게 되었을 때 그들은 칼뱅이 주장한 그 한 구절을 저항의 승인으로 해석하였다. 이 해석이야말로 그 후 개신교의 진전에 지대한 영향을 미치고 유럽의 종교적 자유와 정치적 자유의 성장에 중대한 결과를 가져오게 되었다.

그런데 하나님 나라와 이 세상 나라라는 이분법은 은총과 자연의 두 세계에 상응하는 것으로서 종교와 세속, 영혼과 물질의 분리는 앞서 우리가 고찰했듯이 자유주의의 특성으로서의 가치와 사실의 분리와 맞먹는 것이었다. 더구나 루터가 신앙과 이성의 분리를 지나치게 강조하여 이성을 매춘부라고 공격하고, 이성의 기준에서는 둘에 다섯을 합하면 일곱이 되지만 하나님은 여덟이 된다고 선포할 수 있다고까지¹³ 주장했을 때, 그 주장은 뒤집어서 말하면, 신이 없는 자연의 세계는 종교의 간섭을 전혀 받지 않고 이성의 지배만을 받는다는 말이 된다. 여기서 종교와 세속의 분리가 신학과 세속 학문의 분리를 가능하게 하여, 종교적 진리를 손상하지 않고 자연 세계를 연구하는 과학 발전을 고무하는 지적 풍토를 조성하게 되었다.

이러한 경향은 칼뱅주의에 의해 한결 더 진전되었다. 칼뱅은 우주의 합리적 질서를 신의 존재를 증명하는 것으로 보았다.

> 우주의 이 광막하고 아름다운 체계 …… 우주가 이루어놓은 이 교묘한 솜씨의 질서는 우리에게 일종의 거울이다. 우리는 이 거울이 없다면 볼 수 없을 하나님의 모습을 이 거울에서 볼 수 있다.[14]

그런데 그렇게 질서 있는 우주에서 어떻게 우연한 일이 있을 수 있을까? 우연으로 보이는 것은 우리가 그 원인과 이유를 모르기 때문에 우연으로 보일 뿐이다.

모든 현상의 원인이 우주의 질서 안에 있다면 어찌하여 이성이 그 질서의 원인과 패턴을 발견할 수 없을까? 그러므로 자연의 법칙은 신이 우주를 다스리는 법칙이라고 볼 수 있었다. 그리하여 17세기에 이르러 청교도의 설교가 프레스턴John Preston은 "하나님은 자연의 법칙을 변경하시지 않는다"[15]고 주장할 수 있게 되었다. 그렇다면 이는 기적과 신의 간섭이 배제된 것이다. 신은 합리적인 입헌군주로서 자기가 만든 법칙에 따라 세계를 통치하는 분이 되었다. 신은 아직 제1원인 내지 궁극적 원인이기는 하였으나 그것이 제2의 원인들의 연구를 방해해야 할 까닭이 되지 않았다. 칼뱅 자신도 "신앙인은 제2원인들을 경시하지 않는다"[16]고 말하였다. 신과 물질 세계의 관계에 대한 이 새로운 생각에 대해 일부 신학자들의 공격이 없지 않았으나, 이제 신은 우주의 명목상의 주재자일 뿐이고 실제의 지배권은 자연의 법칙에 위임되었다. 그런데 그 자연의 법칙은 인간 이성의 과학적 연구에 의해 이해될 수 있는 법칙이었다.

그리고 오직 믿음으로만 구원을 얻는다는 루터의 신앙 지고至高의 사상은 믿음으로 행한 행동은 무엇이든지 옳다는 극단론까지 주장하기에 이르렀는데, 그런 주장은 신앙을 위해서라면 무슨 일을 해도 상관이 없다는 말이 된다. 거기서 루터는 "만일 강간이 믿음으로 범해졌다면 그것은 죄가 아니다"라고 선언하는가 하면, 틴들William Tyndal은 "하나님이 명한 것이라면 도둑이나 살인도 성스럽다"고까지 말할 수 있게 되었다. 이러한 태도는 자본주의 경제 질서의 발전에 아주 꼭 들어맞는 정신으로서, 어느 청교도 목사는 그의 교인들에게 "자신을 위해서가 아니라 하나님을 위해서 부자가 되라"[17]고 설교했던 것이다. 무제한의 부의 추구는 이제 신성한 사업이 되었다.

믿음이라는 행위는 본질적으로 주관적인 것이다. 그래서 그것은 행위의 특수적 상황이나 일반적 도덕률은 중시하지 않고 행위의 동기를 중시한다. 즉 우리가 무엇을 했느냐는 문제로 삼지 않고 어떤 동기에서 했느냐만을 문제로 삼는다. 그것은 결국 주관주의적 도덕론으로 기울어져서 도덕의 개인화 내지 개별화를 초래하게 된다. 그러한 동기론적 윤리관은 자기 양심에 따라 하나님의 음성을 듣는 내적 반성을 강조하기는 하나, 다른 한편 누구에게나 똑같이 적용되는 도덕률로서의 도덕의식을 약화시킨다. 그것이 개신교도들로 하여금 자신들의 마음을 깊이 성찰하게 했던 것이기는 하나 동시에 그러한 자기 성찰이 뜻밖에도 그들을 매우 개인주의적인 경향을 띠는 인간으로 만들었다. 마음속 깊이 자기 성찰을 하는 양심적인 인간들의 이 개인주의가 실은 바로 근세 자본주의 정신과 자유주의의 추진력이 되었다.

종교개혁가들의 만인 사제주의 역시 개인주의의 성장을 자극하였다. 왜냐하면 만인 사제주의에 의하면 하나님의 음성을 듣고 영감을 얻었다고 주장하는 사람들은 누구나 하나님 말씀에 대한 자기의 이해가 다른 사람들의 이해보다 더 정확하다고 주장할 수 있었고 또 모두 다 제각기 성서를 달리 해석하거나 정반대로 해석할 수 있었기 때문이다. 여기서 만인 사제주의는 예기치 않았던 개인주의를 불러일으켰던 것이다. 그런데 그 개인주의는 동시에 평등주의 사상도 불러일으켰다. 루터는 "성직자가 살해되면 나라 전체가 파문되는데, 농부가 살해되면 왜 그렇지 않은가? 두 사람은 똑같은 기독교인인데 어찌하여 큰 차이가 있단 말인가?"라고 외치고 있다.[18] 루터는 이 평등론을 영혼의 세계에 한정하려 했을지 모르지만, 그의 말 자체는 영혼의 세계와 현실의 세계를 분리시키기가 극히 어려웠다. 사실 가톨릭교회의 계층 질서에 대한 공격에서 세속적 불평등에 대한 공격까지의 거리는 오십보백보였다. 아니나 다를까, 개신교의 급진주의자들은 1520년대 이래 세속적 불평등에 대한 공격을 개시하였다. 종교개혁운동과 개신교에 숨어 있는 이 민주주의적 성격이야말로 근세 초기의 자유주의적 급진주의 정치사상의 주요한 원천이다.

  자유주의의 중요한 가치 중 하나는 종교적 관용인데, 종교개혁과 함께 종교적 관용의 관례가 시작했을 것이라고 생각하는 경향이 있으나, 위에서 언급한 바와 같이 루터와 칼뱅을 비롯한 초기 개혁가들은 종교적 관용을 용납하지 않았다. 그들은 가톨릭교에 대해서만이 아니라 자기들의 교리에 어긋나는 이단은 물론이고 기독교 이외의 이교에 대해서도 매우 가혹하였다. 루터는 유대인은 팔레스타인으로 추방되어야 하고, 만일 그렇지 못하면 유대교 회당인 시나고그를 불태워 없애서 유대교를 금지시켜야 한다고 했다. 그는 종교개혁운동 초기에는 정신적인 문제란 힘으로 제거될 수 없다는 것을 누누이 강조했으나, 종교적 자유에 뒤따른 사회적 무정부 상태를 보고는 생각이 달라졌다. 그는 급진적인 기독교도인 재세례파再洗禮派가 뮌스터를 점령한 후부터는 권력 당국은 독신과 거짓 이론과 이단을 탄압해야 하고 그러한 죄가 판명된 자들은 처형해야 한다고 강조하였다.[19] 칼뱅도 같은 신념에서 1553년 제네바에서 세르베투스Michael Servetus를 이단으로 화형에 처했는데, 그것은 단지 신학적 신조에서만 그랬던 것이 아니라 제네바의 신정정치를 수호하기 위해서였다. 이렇게 볼 때 종교개혁은 종교적 관용의 정신을 만들어낸 것이 아니라 오히려 모든 교파들 상호 간의 종교적 박해를 만들어냈다고도 볼 수 있다.

그러나 원칙에서도 실제에서도 너그럽고 덜 교조적인 입장을 취한 소수의 개신교도가 있었는데, 그들은 대부분 넓은 의미의 재세례파에 속하는 급진주의 개혁파였다. 그런 사람의 하나가 1524년에 〈이단과 이들을 화형한 자들〉이라는 논문을 쓴 후브마이어Balthasar Hubmaier이다. 그의 이 논문은 아마도 유럽에서 완전 관용을 호소한 최초의 글일 것이다.[20] 그는 벼와 가라지를 추수할 때까지 함께 자라게 하라는 예수의 비유를 인용하여, 이단의 도전은 오히려 참 신앙에 자극을 주고 신앙심을 더 강하게 해준다고 하여 관용 정책을 주장하였다. 그러나 그도 이단의 낙인이 찍혀 1528년에 화형에 처해졌고 사흘 뒤 그의 아내도 다뉴브 강에 수장되었다.

관용의 역사에서 독보적 위치를 차지하는 사람은 개신교도가 아니라 가톨릭교도였던 에라스무스이다. 그는 근세 자유주의자들의 영웅이 되었다. 그는 도그마와 신학을 멸시하고 진정한 신앙은 그리스도의 정신에 영감을 받고 인도를 받는 데 있다고 생각하였다. 그는 충실한 가톨릭 신자로 살다 죽었으나 그의 사후 반종교개혁운동의 전투적인 교조주의의 격랑 속에서 그와 그의 추종자들은 가톨릭

교회로부터 이단의 낙인이 찍히고 말았다. 여기서 그의 사상과 영향을 받아들인 것은 가톨릭교도들이 아니라 오히려 개신교도들이었다. 제네바에서 칼뱅에게 처형된 세르베투스가 바로 그런 사람이다.

세르베투스는 어떠한 신학 이론에도 관대한 동시에 회의적인 태도를 취하였고, 이론의 여지가 전혀 없는 이교도—유대교도와 이슬람교도—에 대한 박해에 대해서도 그 정당성을 의심하였다. 그는 자기의 잘못을 인정하는 사람은 아무도 없다고 생각했다. 그의 이러한 회의론적 정신이야말로 관용과 자유주의 정신의 가장 영속적인 기반이 되었다.

이단 박해를 반대하다가 칼뱅에게 박해를 받은 조리스David Joris는 제네바에서 탈출해 스위스 바젤로 피신하는 데 성공했고, 바젤에서 마르틴 벨리우스Martin Bellius란 익명으로 《이단 박해 반대론De haereticism an sint persequendi》을 출판한 카스텔리오Sebastian Castellio도 역시 16세기에는 물론 17세기를 통해서도 합리성과 관용을 위해 싸운 저명한 투사가 되었다. 카스텔리오는 기독교의 교리보다 그리스도인의 생활의 중요성을 더 강조한 점에서 에라스무스의 추종자였다. 그는 신앙과 이성을 분리했으나 루터처럼 이성을 저주하지 않았고, 오히려 이성이야말로 성서의 글이나 교회의 의식보다 훨씬 더 오래되고 확실한 하나님의 영원한 말씀의 일종이라고 강조하였다. 종교는 지식에 관한 것이 아니라 신앙에 관한 것이기 때문에 오류의 가능성이 그만큼 더 크다는 것이었다. 신앙의 세계는 의문과 불확실성의 세계로서 확실한 과학 지식의 세계에서보다 사실상 의견의 대립이 더 많게 마련이라는 것이었다. 신앙과 이성의 엄격한 분리는 결국 논리적으로 따지면 과학적 지식의 영역에서는 정신적 요인이 전혀 필요없다는 말이 되는데, 카스텔리오의 논리가 바로 이것이었다. 이러한 논리와 주장은 루터와 칼뱅이 전혀 예기치 못했던 일이다. 그들은 신들의 목적을 위해 신앙과 이성을 분리했던 것인데, 그것이 어이없게도 이제는 그들의 불관용이 기반으로 하고 있는 이론적 토대를 무너뜨리는 역할을 하기 시작했던 것이다. 카스텔리오는 또 종교전쟁이 초래하는 유혈과 공포의 책임은 오직 종교 자체에 있다고 주장하면서 유혈을 피하고 평화를 회복할 것을 소리 높여 호소하였다.

1574년에 역시 바젤로 도망간 이탈리아인 소치누스Faustus Socinus(혹은 소치니Sozzini)는 폴란드로 가서 유니테리언Unitarian 교회의 사실상의 교조가 되었는데, 그는 그때까지의 불가지론이 지닌 애매한 점을 분명히 한 사람이었다. 그의 불가지론은 비종교적인 것이 아니라 기독교적 신앙에는 여러 가지가 있을 수 있다는 생각에 길을 연 불가지론이었다. 유니테리언 교파 사람들은 종교적 진리에 이르는 길은 여러 가지가 있다는 생각을 긍정한 사람들이었다.

종교적 관용과 자유의 제 원리가 발전해가려면 신학과 종교를 새로운 입장에서 설명할 필요가 있었는데, 에라스무스 이래의 일련의 기독교 급진파의 근본적 관심은 기독교의 그 교리가 아니라 생활양식으로서의 기독교였다. 따라서 그들은 신학적 교의는 최소한의 범위로 줄이고, 가장 기본적인 종교적 확신 이외의 모든 것은 불확실한 것이라고 강조하였다. 이러한 회의론, 의문, 불가지론의 경향은 종교적 논쟁 시대가 끝나고 세속적 논쟁 시대로 그 논쟁의 영역이 바뀐 후에도 계속 관용과 언론의 자유를 위한 자유주의적 이론의 근본적 논거가 되었다.

끝으로 16세기의 종교개혁과 종교전쟁 시대에 자유주의와 관용의 발전에 이바지한 빼놓을 수 없는 사상은 정교분리의 원리이다. 가톨릭교회와 세속 군주들의 관계는 여러 세기 동안 미묘한 경쟁 관계에 있었으나, 양자는 불가분의 관계에 있었다. 그것은 서양의 정치와 종교 문화의 특성이기도 하다. 기독교는 로마 제국의 콘스탄티누스Constantinus 대제 이래 국교의 위치를 잃은 일이 없었다. 오늘날에도 영국, 아일랜드, 포르투갈과 같은 나라에서는 하나의 종교 내지 하나의 교파가 국가와의 관계에서 특권적 지위를 누리고 있다. 그런데 정교분리란 국가와 특정한 종교의 특수한 관계의 해체를 의미한다. 국교를 가지고 있는 나라에서는 오늘날에도 정교분리론을 과격한 사상으로 여기고 있는데, 16세기에 벌써 그러한 사상이 제창되었다면 그 주장은 급진적인 사상이 아닐 수 없었다. 국가는 개인들의 신앙 문제에 간섭할 권리가 없고 교회는 자발적인 신자들의 자치 기구여야 한다는 주장을 처음 제창한 사람들은 브라운Robert Brown을 선두로 하는 소수의 청교도 급진파였다. 이 정교분리론은 17세기에 이르러 부르주아 공화국 네덜란드에서만 받아들여지고 나머지 다른 나라에서는 아직 전혀 용납되지 않았으나, 그 사상이 종교의 자유와 관용의 정책에 미친 영향은 결코 적지 않다.

3. 종교전쟁과 관용 정책

에라스무스 이래 종교적 관용을 위한 투사들의 정신적·사상적 영향에도 불구하고 그들이 끼친 실제 영향은 별로 크지 못하였다. 교회와 군주들이 관용 정책을 쓰지 않을 수 없게 하는 데에 더 많은 영향을 미친 것은 중부 및 북부 유럽에 급속히 번져간 개신교의 확고부동한 교세와 그 위치였다. 가톨릭교의 입장에서는 말할 나위 없고 칼뱅주의의 입장에서도 이단으로 보이는 자들을 모조리 처단하여 그 세력을 박멸한다는 것은 현실적으로 불가능하였다. 그러나 그들에게는 이단에 대한 철저한 박멸 정책 이외에는 길이 없었다. 여기에 종교전쟁의 가열성과 복잡성의 원인이 숨어 있다. 그러나 세속 군주들의 입장에서는 아무리 신앙심이 강한 군주라도 현실을 보는 시각이 교회와는 달랐다. 그들의 첫째 관심은 질서였다. 그들에게는 종교적 이단자들이 질서에 대한 위협으로 보일지라도, 완전히 뿌리 뽑기 위해 벌이는 성전聖戰이라는 것은 질병 자체보다 더 무서운 치료법으로 생각되었다. 여기서 일부 군주들과 정치의식이 높은 사람들이 관용을 강조하게 되었다.

더 현실주의에 가까운 군주들은 이제 신·구교의 어느 한쪽에게만 또는 개신교 안의 어느 한 교파에게만 유리하게 문제를 해결할 수는 없고, 따라서 여러 종파를 현실적으로 승인하는 길밖에 도리가 없다는 것을 인식하기 시작하였다. 그 첫 사례가 1555년의 아우구스부르크의 종교 화의和議이다. 이 평화조약은 신성 로마 제국 안에서 신교와 구교의 지위를 똑같이 인정하였다. 그러나 그것은 개인들의 신앙의 자유를 승인한 것이 아니고, 제국 내의 여러 영방領邦국가의 군주들이 가톨릭교와 루터교 중 어느 하나를 자유로이 선택하면, 백성들은 자기 개인의 신앙과는 상관없이 군주가 선택한 종교를 따라야 하는 것이었다. 한 국가 안에 둘 이상의 종교가 있을 수 있다는 생각은 아직 일반적으로 상상할 수 없었던 것이다. 이처럼 아우구스부르크의 종교 화의는 독일에서 종교적 다양성의 사실을 인정하기 시작한 것이기는 했으나 극히 제한적인 것이었다. 더구나 신교의 개념을 루터교에 한정하고 칼뱅주의를 인정하지 않았다는 점에서 더욱 그러하였다. 그러나 종교적 관용의 길은 그렇게 제한적이고 마지

못한 조처들을 통해서 조금씩 조금씩 열려갔다.

　16세기 유럽에서 벌어진 종교전쟁의 와중에서 평화적이고 합리적인 길을 찾는 데 성공한 나라가 꼭 하나 있었는데 바로 폴란드였다. 폴란드에는 이미 1550년대에 루터파, 칼뱅파, 보헤미아 형제단의 세 개혁파 교회가 확고한 지위를 수립하고 있었다. 폴란드에서는 일찍부터 귀족들이 왕을 선출하도록 되어 있었으므로 그들의 정치 세력은 매우 강했는데, 이 귀족들이 종교적 분파 간의 조절을 꾀하는 데 성공했던 것이다. 개신교도들을 박해하라는 로마로부터의 압력에 계속 저항하는 가운데에서, 신앙과 양심의 문제에 무력을 사용하는 것은 쓸데없는 일일 뿐만 아니라 잘못된 일이라는 생각이 널리 뿌리를 내리게 되었던 것이다. 당시 폴란드의 인문학자였던 모드제프스키Andrzej Frycz Modrzewski(1503~1572)는 "마음과 정신에 속한 것은 그 누구에게서도 고문이나 위협으로 억지로 빼앗을 수는 없다"[21]고 말하였다.

　폴란드의 세 개신교파는 1570년 서로 힘을 합하여 종교적 다양성에 대한 보장을 추구하는 협정을 체결했고, 3년 후에는 새 왕의 선출을 위한 의회가 종교적 차이에 관한 문제에서 서로가 관대하고 피를 흘리거나 서로 벌을 가하는 일이 없다는 것을 서약한 저 유명한 바르샤바 연맹에 합의하였다.[22] 이 의회가 선출한 왕의 후보자 앙주의 앙리Henri de Anjou(앙리 3세Henri III)는 가톨릭교도였으나 바르샤바 연맹 규약을 선서했고 그 뒤의 두 왕들도 평화와 관용의 정책을 계속 추구하였다.

　이렇게 하여 폴란드는 서부 유럽의 신교도들에게 온건과 관용의 상징이 되었다. 그러나 이 서쪽 동신자들의 눈에는 폴란드의 모범이 보이지 않았고 폴란드의 호소가 귀에 들리지 않았다. 그들에게는 아직도 한 나라에 둘 이상의 종교가 공존할 수 있다는 생각은 있을 수 없는 생각이었고, 오히려 무질서와 혼란을 극복하고 국가적·사회적 통일과 질서를 잡으려면 종교의 통일이 반대로 필요하다고 생각하고 있었다. 그리하여 절대군주들이 중세의 봉건적 혼란을 극복하기 위해 강조해왔던 "하나의 왕, 하나의 신앙, 하나의 법un roi, une foi, une loi"이라는 기치는 한결 더 그 힘을 떨치고 있었다.

그러나 프랑스에서 피비린내 나는 종교전쟁이 광범하게 전개되고 있던 1560년대에 정치파Les politiques라고 불리게 되는 사람들의 새로운 움직임이 일어나기 시작하였다. 로피탈Michel de L'Hospital을 지도자로 하는 이 그룹은 질서와 안정을 위해서는 관용이 불가피하다는 실용주의적 입장에서 종교전쟁의 종식과 신구 양교의 상호 간의 관용을 주장하였다. 정치파에는 정치의식이 높은 귀족과 가톨릭 신자도 개신교 신자도 함께 있었다. 이 그룹은 대체로 절대군주제를 지지했는데, 그 이유는 어떤 제약도 받지 않는 주권자만이 평화와 질서를 보장해줄 것이라고 기대했기 때문이다. 그들의 주장은 후일 홉스가 체계화하게 될 이론과 비슷한 것이었는데, 종교전쟁 시대의 프랑스야말로 홉스의 "만인의 만인에 대한 투쟁 상태"와 비슷한 사회였다. 그러나 정치파의 주장이 자유주의의 발전에 이바지할 수 있었던 것은 홉스적인 주장 때문이 아니라 실용주의적 정신 때문이었다. 즉 사태를 객관적으로 인식한 상태에서 현실 감각에 따라 문제를 해결하려는 태도에 있었다.

정치파의 주장에도 불구하고 프랑스는 1562년 이후 30여 년간 종교전쟁의 와중에서 헤어나지 못하고 있었다. 나바르의 앙리Henri de Navarre가 앙리 4세Henri IV로 1589년에 왕위에 오르게 되었으나 그는 신교 측의 수령이었다. 그러므로 구교 측이 그의 즉위를 무력으로 반대하여 그는 파리에 입성조차 하지 못하고 있었다. 여기서 앙리 4세는 1593년 스스로 가톨릭교로 개종한다고 선언하여 이듬해 겨우 파리에서 즉위할 수 있었다. 이로써 프랑스에서 30년간 지속되었던 종교전쟁은 끝났으나 '신앙의 자유'라는 개신교 측의 목적은 실현되지 못하고 있었다. 이에 신교도들에게 완전한 시민권과 양심의 자유 및 제한된 지역에서의 예배의 자유를 허락한 것이 낭트 칙령(1598)인데, 이 칙령은 가톨릭교도에게는 어떠한 제한도 가하지 않았다. 낭트 칙령은 종교 문제에 관한 하나의 일반적 원칙의 선언인 동시에 위그노Huguenot(프랑스의 칼뱅파 신교도)의 힘이 성장했다는 인식과 그 힘을 제거하기란 불가능하다는 현실주의적 인식의 표명이었다. 그것은 앙리 4세와 같은 예리한 정치가적 감각의 산물인 동시에 30년간의 무서운 동족상잔이 초래한 고통과 황폐와 환멸에서 나온 실용주의의 산물이었다.

종교적 관용은 이러한 현실주의적 인식과 실용주의적 행동을 통해 한 걸음씩 전진을 거듭해갔던 것이다. 그리하여 17세기 초에 이르면 유럽의 어디에서도 종교적 박해란 결국 아무 효과도 거두지 못하는 쓸데없는 것이라는 생각이 널리 뿌리를 내리게 된다. 영국의 전제군주 제임스 1세James I조차도 1614년 영국 의회에서 "폭력과 칼로 종교나 이단이 박멸된 일은 일찍이 없었고 나 역시 그런 식으로 진리가 심어진다고 생각한 적은 없다"[23]고 말하였다.

마르크스주의 역사가들은 유물사관의 입장에서 관용 정책을 상업적 번영과 관계 지어 설명하는데, 사실 그 설명을 뒷받침해주는 사례들이 있다. 상업국가 베네치아 공화국은 상업에 불리한 결과를 초래할 것을 우려하여 종교재판소를 설치하는 것을 몹시 꺼렸다. 그러나 할 수 없이 종교재판소를 설치하여 이단을 처벌하게 되자 베네치아의 상업은 급속히 쇠퇴하였다. 네덜란드의 오렌지 공 윌리엄 William I, Prince of Orange(오라녜 공 빌렘Prins van Oranje Willem)은 네덜란드는 기독교 세계 전체의 시장인 셈이므로 만일 네덜란드에서 개신교 신도들을 몰아내면 가장 훌륭한 일꾼들과 상인들을 빼앗기게 될 것이라고 강조하였다. 영국에서도 부셔Leonard Busher는 《종교의 평화 Religious Peace》라는 팸플릿에서 제임스 1세에게 "유대인과 여러 나라 국민이 무역과 해운을 통한 큰 상업으로 폐하와 폐하의 신민에게 큰 이익과 상품을 안겨다주고 있는데, 지금 그들에게 양심의 자유를 허락하지 않음으로써 그들을 다른 나라에게 빼앗기고 있다"는 것을 알아야 한다고 강조하였다.[24] 이처럼 종교적 자유와 상업적 번영 사이에는 밀접한 관계가 있다는 주장은 그 후 자유주의 사상에서 일종의 상식이 되었고, 18세기 프랑스의 절대주의와 불관용 정책을 반대하는 주요한 논거가 되었다. 스페인, 이탈리아와 같은 가톨릭 국가의 상공업 중심지들이 몰락하고 영국과 네덜란드가 세계무역의 패자로 상승한 이유도 가톨릭 국가들에게 박해를 받은 많은 신교도 상공인들이 종교적 자유가 있는 나라로 도망했기 때문이라고 한다.[25]

이 주장을 뒷받침해주는 가장 좋은 예는 프랑스의 경우이다. 낭트 칙령에 의해 신앙의 자유를 얻은 프랑스의 위그노는 그 후 17세기 프랑스의 경제 번영과 군사적 강대화 및 문화 발달의 밑받침이 되었다. 그러나 루이 14세는 그 사실을 깨닫지 못하고 1685년 낭트 칙령을 폐지하였다. 여기서 신앙의 자유를 빼앗긴 위그노가 네덜란드와 영국 등의 신앙의 자유가 있는 나라로 도망간 수는 무려 25만 명에 이르고 그들이 갖고 간 화폐만도 2,000만 리브르라고 한다. 이 돈이 얼마나 엄청난 것이었는지는 네덜란드의 암스테르담의 금리 이율이 3.5퍼센트에서 2퍼센트로 폭락한 사실이 말해준다. 위그노의 망명

자 중에는 약 1만 2,000명의 육해군 장병이 있었다. 여기서 프랑스는 해상권을 영국에게 넘겨주어야 했다. 17세기의 프랑스는 경제와 군사에서는 물론 문학과 예술에서도 영국을 능가했을 뿐 아니라 전 유럽에 군림하는 힘과 지위를 자랑하였건만, 18세기의 프랑스는 그 모든 면에서 영국에 눌리게 되었다. 그 주요한 원인이 낭트 칙령의 폐지에 의한 신교 탄압에 있었다.[26]

이상에서 고찰한 바에 따라 종교적 관용은 가톨릭교와 개신교 사이의 그리고 개신교 여러 교파 사이의 신학상·교리상의 타협만으로 성취된 것이 아니라 세속 통치자들과의 관계에, 즉 정치적 관계에 깊이 연관되어 있다는 사실을 알게 되었다. 이 사실은 종교개혁 자체가 순수한 종교적 동기에서만이 아니라 정치적 동기에서 시종일관한 사실에서 알 수 있는 일이지만, 각별히 16~17세기의 프랑스에서 한결 더 쉽게 확인할 수 있다. 종교전쟁이 일어나기 전의 프랑스에는 신교의 세력이 크게 성장해 있었다. 일설에 의하면 전 농민의 3분의 1이 신교도였다고도 하고 특히 귀족의 5분의 2 내지 반이 신교도였다고 한다.[27] 그러므로 프랑스에서는 종교개혁이 매우 자연스럽게 평화적으로 성취되어가고 있었던 것이다. 그러한 프랑스에서 오히려 다른 나라들보다 더 피비린내 나는 동족상잔의 종교전쟁이 더 치열하고 오래 지속된 이유는 그 전쟁이 종교라는 이름 밑에 수행된 권력 싸움이었기 때문이다.

당초 프랑스의 종교전쟁의 발단이 된 1562년 1월의 신교 자유의 칙령은 가톨릭의 세도가인 기즈 공Duc de Guise의 권세를 꺾기 위한 것이었고, 1572년 8월 성 바르톨로뮤 축일의 대학살은 신교 측의 콜리니Gaspard II de Coligny 제독의 권세를 꺾기 위한 것이었다. 성 바르톨로뮤 축일의 대학살은 파리에서만 약 2,000명, 전국에서 3만 내지

7만의 위그노가 국왕의 어머니가 꾸민 계략에 의해 학살된 사건이었다. 그러니 이제 위그노의 적은 가톨릭이라기보다는 왕실이었다. 거기서 위그노 쪽에서는 가톨릭의 신학과 교회에 대해서가 아니라 왕권 자체를 공격하는 비판적 여론을 마련하지 않으면 안 되었다. 다른 한편 신교파의 수령 앙리 4세의 왕위 계승이 확실해지자 이번에는 가톨릭 측에서 새 왕에 대항하기 위해 왕권 제약의 이론을 만들어내게 되었다. 이러한 역사적 배경에서 프랑스를 중심으로 왕권 제한의 이론이 활발하게 전개되었는데, 그것이 자유주의의 발전에 크게 이바지했음은 물론이다.

성 바르톨로뮤 축일의 학살 사건 직후 위그노 쪽에서 발표한 왕권 제약에 관한 최초의 논문은 프랑수아 오트망François Hotman (1524~1990)의 《프랑코갈리아Francogallia》였다. 프랑스의 왕정과 정치제도의 초기 역사를 방대한 자료로 연구한 이 논문의 의도는 프랑스 왕정은 세습적이고 절대적인 것이 아니라 본래 선거제이고 제한적이었다는 것을 밝혀서 왕권의 제약과 국민의 자유를 강조하려는 것이었다. 그의 논문이 순수한 역사 연구를 목적으로 하지 않았다는 것은 분명하며, 역사를 빌려 현실을 비판하고자 했던 것이다. 오트망이 "왕 없는 인민은 있을 수 있으나 인민 없는 왕이란 양떼 없는 목자가 있을 수 없듯이 상상조차 할 수 없는 것이다"[28]라고 말했을 때 그 말은 결정적으로 왕권에 대한 도전이었다.

왕정에 대한 저항의 핵심 문제를 오트망보다 더 직접적으로 논한 책은 저자 미상의 《폭군 방벌론A Defence of Liberty against Tyrants》(1578) 이다. 이 책은 왕은 인민과 하나님께 책임을 진다고 강조하고 있다. 또한 인민의 개념을 존경받을 만한 소수와 왕의 신료들에 한정시키고 이들에게만 폭군에 대한 저항권이 있다고 쓰고 있다.[29] 하지만 동시에 하나님은 원하신다면 강력한 폭군을 멸하기 위해 특정한 개인들을 불러일으키시고 가장 미천한 백성 가운데서 해방자를 길러낼 수 있다고 주장한다. 더불어 통치자가 폭정을 할 뿐만 아니라 인민 동의의 기반이 없이 정통성을 갖추지 못할 경우에는 누구도 폭군에 반대하고 폭군을 퇴위시킬 수 있다고 주장한다.[30] 그리고 왕 없는 인민은 있을 수 있으나 인민 없는 왕은 있을 수 없다는 것을 분명히 하고 있다. 이와 같이 이 《폭군 방벌론》은 저항과 반란의 정당성을 훌륭하게 이론화하고 인민이 왕에 우선함을 되풀이 강조했다는 점에서 근대 자유주의적 정치 이론의 주요한 초기 형태라고 말할 수 있다.

  폭정에 대한 저항론을 한결 더 정교하게 전개한 제3의 인물은 부캐넌George Buchanan이다. 그는 군주제도는 인민이 자기들의 이익을 위해 만든 제도이고 따라서 왕은 법의 제약을 받고 인민에게 책임을 져야 한다는 것을 누누이 강조하고 있다. 그의 논조에는 민주주의적인 경향이 매우 짙다. 예컨대 여러 사람이 함께 생각하면 개개인이 따로따로 생각할 때보다 모든 일을 더 바로 판단할 수 있다든가, 따라서 왕도 사람인지라 왕 혼자서는 잘못 판단할 수 있으므로 왕에게 모든 문제의 심판권을 주어서는 안 된다든가 하는 따위의 논조가 그러하다. 자유주의 사상의 성장 과정에서 부캐넌을 주목해야 할 특별한 이유가 있는데, 그것은 그의 자유관이 개인주의적이 아니라 사회주의적이라는 점이다. 그는 개인들이 사회나 국가를 형성하는 근본 목적이 이익 추구에 있다는 생각을 배척한다. 그 이유는 만일 개인들이 모두 각각 자기의 사적 이익만을 존중한다면 그들이 어떻게 함께 뭉쳐서 사회를 만들 수 있느냐는 것이다. 그래서 부캐넌은 인간은 자기 이익만을 계산하는 이기적인 존재라기보다는 본성적으로 사회적 존재라고 주장한다.[31] 이와 같은 생각은 인간을 본질적으로

이기적 존재로 보는 개인관에서 출발하고 있는 자유주의적 전통에 대한 하나의 비판적인 재료로 주목할 만하다.

　이상에서 칼뱅주의적 입장에서 왕권 제한 내지 폭군 방벌의 정당성을 주장한 세 사람의 정치 이론을 간략하게 살펴보았는데, 이들의 주장이 근대 자유주의적 입헌주의 사상의 발전에 영향을 미쳤음은 말할 나위 없다.

　그러나 그 저항 이론들이 16세기 말 내지 17세기 초에 실제로 잘 응용되고, 관용과 입헌주의의 제 원리가 부르주아적 사회 기반 위에서 잘 실현될 수 있었던 곳은 네덜란드뿐이었다. 다음 장에서는 네덜란드의 독립운동과 폭군 방벌론에 의한 공화국의 건설 및 관용 정책에 따르는 자유주의의 신장에 관해 살펴볼 것이다.

제4장

17세기의 네덜란드와 영국

1. 네덜란드 공화국의 자유

라스키Harold J. Laski에 의하면 17세기는 뉴턴, 데카르트, 홉스, 로크, 파스칼Blaise Pascal, 시드넘Thomas Sydenham, 피에르 벨Pierre Bayle 등 온갖 분야의 천재들이 기라성처럼 빛나는 세기이다.[1] 그러나 이 천재들은 16세기에 뿌린 씨를 잘 가꾸어서 꽃피게 했을 뿐이고 17세기의 우주관이나 세계관이 16세기의 그것과 기본적으로 달라진 것은 아니었다. 르네상스와 종교개혁에 의해 일어난 변화는 17세기 중반까지도 지속되고 있던 것이다. 17세기의 천재들이 16세기의 선구자들과 다른 점은 16세기의 선구자들은 아직 승리를 거두지 못하고 있었으나 17세기의 천재들은 완전 승리를 거두었다는 것이다. 17세기가 끝나고 18세기로 들어설 때면 새 가치관에 반대하는 세력은 그 모습을 완전히 감추고 만다.

그러나 16세기에 일어난 새 가치관과 새 세계관이 17세기에 승리를 거두는 데 성공하기는 하나, 그 성공은 네덜란드와 영국의 두 나라에 한정된 것이었다. 두 나라 이외의 나머지 유럽에서는 아직 대부분 자유주의도 입헌주의도 실현되지 못하고 절대군주 정치의 틀 안에서 봉건적 귀족의 사회·경제적 지배가 지속되고 있었다. 영국의 경우도 청교도혁명이 일어나기 이전의 17세기 전반기의 대부분은 아직 스튜어트 왕가의 절대주의가 지배하고 있었고, 더구나 공화주의를 기준으로 본다면 1660년에 이르러 공화주의의 시도도 실패하였다. 이와 같이 17세기 전반기에 입헌주의와 개신교의 정신이 실현되고 부르주아 공화국의 수립에 성공한 나라는 오직 네덜란드뿐이었다.

네덜란드의 독립운동은 네덜란드를 지배하고 있었던 스페인과의 전쟁이었다. 스페인은 중세에 이베리아반도를 지배하고 있던 이슬람교도를 아프리카로 몰아내고 세운 가톨릭 국가였던 만큼 가톨릭 신앙과 애국심은 불가분의 관계에 있었다. 그리고 1517년 이래 스페인 왕 카를로스 1세Carlos I가 신성 로마 제국의 황제를 겸하게 되면서 유럽에 많은 영토를 소유하게 되었을 뿐만 아니라 콜럼버스의 신대륙 발견 이래 신대륙에도 광대한 영토를 얻어 거기서 흘러 들어오는 막대한 재화의 힘으로 유럽의 경제를 좌우하여 국제적 위치가 단연 다른 나라들을 압도하기에 이르렀다. 그리하여 스페인은 일몰日沒 없는 대제국을 건설하게 되었던 것이다.

그러나 그 영토는 여러 곳에 흩어져 있었고 또 그들의 역사적·문화적 배경도 서로 달라서 하나의 국가로 통치하기가 매우 어려웠다. 더구나 종교개혁의 거대한 불길이 전 유럽에 번져갈 때 스페인 제국 안에는 종교적 이유만으로도 스페인에 반기를 들고 독립을 요구할 가능성이 있는 곳이 적지 않았다. 지리적으로 여러 곳에 흩어져 있고, 문화적으로 이질적이며, 역사적으로 전통을 달리하고, 종교적으로 분리의 위험성이 있는 스페인 제국은 무슨 방법으로든 제국을 하나로 묶는 정책을 쓰지 않으면 안 되었다. 그 정책이 바로 가톨리시즘Catholicism을 통치 원리로 하는 정책이었다. 그런데 그 통치 원리는 스페인의 현실적 이유에서는 불가피한 것이기는 했으나, 그 정책을 강행했을 때 신교도가 많은 네덜란드의 반발에 부딪칠 가능성은 매우 높았다. 당시 양모 공업과 중계무역에 의해 경제적으로 크게 번창하고 있었던 네덜란드는 스페인이 경제적으로 번영하는 데에 중요한 원천이었다. 그런 형편인데도 스페인은 네덜란드 상공업자들의 이익을 배제하여 해외무역을 독점하고 네덜란드에 대한 증세를 강행하였다. 여기서 네덜란드는 드디어 종교적 이유와 더불어 스페인으로부터 독립을 쟁취하기로 결심하게 되었던 것이다.

그러나 16세기 유럽의 최강국 스페인을 상대로 하는 네덜란드의 독립운동은 결코 순탄치 않았다. 그것은 오랜 기간에 걸친 끈질긴 영웅적 투쟁에 의해서만 비로소 성취될 수 있었다. 독립운동은 1565~1566년에 일기 시작했는데, 네덜란드 의회가 스페인 왕 펠리페 2세Felipe II의 왕권 무효를 선언한 것은 1581년이었다. 네덜란드 의회의 포고문은 스페인 왕에 대한 충성을 포기하고 폭군 방벌론의 입헌주의를 천명한 것이었다.

> 하나님이 백성을 만들 때는, 군주의 명령이 하나님의 뜻에 맞든 맞지 않든 의롭든 불의하든 무조건 거기 순종하고 노예처럼 복종하도록, 군주의 이익을 위해 만든 것이 아니다. 그와는 반대로 군주는 백성을 정의와 이성에 따라 다스리고 아버지가 자식들에게 하듯이 백성을 보

호하고 사랑하도록 백성을 위해 만들어진 것이다. 그는 백성 없이 군주일 수가 없다.[2]

네덜란드도 처음에는 공화국을 수립할 생각은 없었고, 새 국왕을 물색했으나 새 왕의 후보자들이 모두 마음에 들지 않아 결국 왕정 수립을 단념하고 공화정을 수립하기로 했던 것인데, 공화정의 수립은 유럽의 입헌주의자들의 감탄을 자아냈다. 황제니 왕이니 혹은 공작이니 백작이니 하는 세습적 군주를 우두머리로 모시지 않고 국민들 자신이 스스로의 힘에 의해 스스로를 다스린다는 것은 불가능한 것으로만 생각되었던 당시의 유럽에 그러한 통치가 가능하다는 것을 실증해 보여준 것이 네덜란드 공화국이었다. 그 공화국은 유럽의 다른 어느 나라보다도 현저하게 평등한 사회적 계층 질서의 나라였다. 일례로, 17세기 네덜란드의 해군 지휘관들은 대부분 제 실력으로 사병에서 제독의 높은 지위까지 승진한 직업군인들이었다. 그러므로 그들은 보통 사병들의 방식과 풍모를 그대로 간직하고 있어서 부하들의 충성심을 획득하기가 매우 쉬웠다고 한다.[3]

네덜란드의 칼뱅주의자를 고이센Geusen이라고 불렀는데, 고이센의 신앙의 자유를 위한 독립전쟁은 영웅적인 것이었다. 그러나 그 투쟁은 순수한 종교적 목적만을 위한 것이 아니었다. 오라녜 공과 같은 정치적 현실주의자들은 가톨릭교도와 고이센의 상호 관용이야말로 네덜란드의 독립 달성의 유일한 기반이라는 사실을 잘 통찰하고 있었다. 그리하여 그들은 가톨릭교의 종교재판의 잔인성에 치를 떨었으나, 그렇다고 그 종교재판을 제네바에 수립된 칼뱅의 신정정치와 바꿀 생각도 하지 않았다. 더구나 이단의 죄목으로 처형된 과격한 칼뱅주의자의 대부분이 무산계급 출신이라는 사실은,[4] 귀족과 부르주아 출신인 고이센에게 사회의 혁명적 변혁을 초래할지도 모를 대중적 성격의 종교적 독재의 수립을 경계하게 하였다.

그러나 네덜란드의 지도자들과 상공인들은 독립 전쟁 초기부터 종교적 관용은 경제적으로 유리하다는 것을 간파하고 있었다. 그리하여 네덜란드는 유럽 어느 나라에서보다도 관용의 이론과 실제가 다 같이 잘 실현되었고 또 그 입헌주의와 관용정책에 의해 많은 이익을 급속히 얻고 있었다. 유럽 각지에서뿐만 아니라 독립 전쟁에서 이탈한 남부 네덜란드에서도 많은 신교도가 종교적 박해를 피하여 속속 네덜란드로 몰려들어, 지금까지 번성을 자랑하던 남부의 안트베르펜 항은 급속히 쇠퇴하고 북부의 수도 암스테르담은 급속히 번창하였다.

종교적 관용과 경제적 번영이라는 등식이 이해관계에 밝은 상공인들에게 자유주의적인 사상을 제공했음은 당연하다. 그러나 그렇다고 해서 신생 네덜란드 공화국이 자유주의 국가였다고는 아직 말할 수 없었다. 그럼에도 불구하고 자유주의의 제 원리를 하나씩 둘씩 힘들게 수립해가는 과정에서 중산계급의 네덜란드 공화국이야말로 근세 유럽 역사상 최초의 자유주의 운동의 확고부동한 발판이 되었고, 스페인에 대항하여 독립을 쟁취한 그 영웅적 투쟁이야말로 그 후의 자유주의 운동의 강력한 상징이 되었다.

그리고 네덜란드는 유럽에서 출판의 자유를 가장 많이 향유하는 나라이기도 하였다. 피에르 벨은 《역사와 비판 사전 Dictionnaire Historique et Critique》을 프랑스가 아니라 로테르담에서 출판하였고, 영국의 로크는 제임스 2세James II 때 네덜란드로 망명하여 《관용에 관한 편지 A Letter concerning Critique》를 거기서 저술하여 출판하였다. 스피노자는 암스테르담 태생이지만 그의 부모는 종교적 박해를 피해

16세기 말에 네덜란드로 이주한 포르투갈의 유대인 피난민이었다. 스피노자의 저작들은 당시 네덜란드가 아니고서는 유럽 어느 나라에서도 감히 출판되지 못했을 것이다. 홉스도 자신의 저작들이 영국에서 금지되었을 때 암스테르담에서 출판을 계속할 수 있었다. 종교적 이유에서 망명할 필요가 없는 사람일지라도 네덜란드의 자유로운 분위기에 끌려서 네덜란드를 찾았고 또 거기에 거주한 지식인과 문화인들도 여럿 있었다. 그중 대표적인 사람이 데카르트이다. 그는 가톨릭 신자임에도 불구하고 자유의 분위기가 좋아서 네덜란드에서 30년이나 살았다.

네덜란드인이 자유와 공화정을 사랑한 주요한 이유는 상업이 주는 혜택 때문이었다. 경제적 번영이야말로 자유주의에 가장 중요했다. 네덜란드의 무역 발전은 외교정책을 '경험론적 · 자기중심적 · 제한적인 평화주의'에 바탕을 둔 방향으로 추진하게 하였다.[5] 그러한 외교정책과 무역정책은 19세기 영국의 그것과 매우 유사한 것으로서 중산계급의 자유주의적 국제주의의 물질적 기반이 무엇인가를 말해주는 것이기도 하다. 그리고 네덜란드의 상업은 개인주의적 기풍을 만들어냈는데, 이 기풍은 당시에는 아직 생소한 것으로서 제3자의 눈에는 매우 신기하게 보였던 것 같다. 데카르트는 암스테르담을 다음과 같이 묘사하였다.

> 나 빼놓고 장사를 하지 않는 주민은 한 사람도 없다. 사람들이 죄다 돈벌이하러 밖에 나가 있기 때문에, 나는 여기서 사람이란 단 한 명도 만나지 못한 채 한평생 살아가야 할 것 같다.[6]

이런 네덜란드는 드디어 17세기가 끝날 무렵이 되면 '네덜란드인

Dutch'이란 말이 탐욕을 가리키는 말로 사용될[7] 정도로, 황금에 눈이 어두운 개인주의자들로 들끓는 사회 기풍을 만들게 되었다.

네덜란드의 상업 발달이 만들어낸 또 하나의 문제는 빈곤에 대한 새로운 태도였다. 빈곤의 문제는 물론 새삼스런 문제도 아니었고 또 네덜란드에만 국한된 문제도 아니었다. 기독교의 전통적 윤리관에 의하면 빈곤은 죄가 아니라 오히려 덕의 표지였으나, 이제 자본주의가 울연히 일어나고 있었던 17세기에는 빈곤이 실패의 표지로 생각되는 경향이 점점 커져가고 있었다. 더구나 역사적 전환기에는 일반적으로 어디에나 있는 사회적 불안 속에서 부랑 걸인들이 증가했는데, 이것이 부유한 자들에게는 하나의 위협으로 비쳤다. 이에 자본주의가 발달하기 시작한 나라에서는 법적으로 구걸을 금지하기 시작하였다. 구걸 금지는 결국 개인적 자선도 금지하게 만들었다. 구걸과 개인적 자선의 금지는 결국 극빈자들을 신설된 구빈원에 수용하게끔 만들었다. 빈곤은 태만의 필연적인 형벌이라는 생각과 빈민에 대한 냉담하고 가혹한 태도는 19세기에 와서 비로소 있었던 것으로 여겨지고 있지만, 그러한 빈곤관과 태도는 이미 17세기에 대두하여 자유주의적인 자본주의경제와 사회질서가 성장하는 데 중요한 부분이 되고 있었다. 가난한 자들은 불운의 희생자가 아니라 자신들의 태만과 무절제의 결과라는 생각이 17세기의 자유주의적 사고의 중요한 부분이 되고 있었던 것이다.[8]

2. 자유와 재산

17세기 전반기에 두 가지 중요한 새 경향이 나타났는데, 하나는 18

세기에 가서 중산계급의 정통 이론이 될 부르주아적 사회철학이 서서히 형성되어 간 것이고 또 하나는 일시적이기는 했으나 더 민주적인 입장에서 부르주아적 사회철학에 도전하는 민중운동이 일어난 것이다. 이 민중적 이데올로기는 자유주의의 테두리를 넘어 자유주의의 한계성을 폭로하는 경우가 많았다. 이 둘의 충돌은 청교도혁명기의 영국에서 특히 첨예하게 나타났으나, 그 충돌은 적어도 영국에서는 명예혁명과 더불어 부르주아적 자유주의의 승리로 막을 내리게 된다. 부르주아적 자유주의의 승리는 영국의 경우 명예혁명으로 명확해졌다.

그 승리는 도덕에서는 공리주의의 승리였고, 종교에서는 관용의 승리였고, 정치에서는 입헌정치의 승리였는데, 경제에서는 상공업이 국가를 자신의 시녀로 만드는 데 승리하였다. 국가의 전쟁마저도 왕권의 신장을 위해서가 아니라 시장과 경제적 지배의 확보를 위해서였고, 전쟁의 전리품인 식민지는 무역의 기회를 확대하기 위한 것이었고, 17세기 말에 설립된 잉글랜드 은행은 영국 자본주의의 융성을 의미함과 동시에 자본가계급의 정치적 기반을 의미하였다. 이리하여 자본가계급의 휘그당Whigs이 귀족계급의 토리당Tories에 맞서 내각책임제를 형성하기에 이르렀다. 이제 국왕은 군림하되 통치하지 않는 지위로 변하였다. 왕권신수설에 기반을 둔 절대군주의 모습은 이제 찾을 길이 없게 되었다. 영국 부르주아지는 이제는 더 국왕의 비위를 맞추지 않고 국왕의 눈치를 살피지 않고 나라의 틀을 완전히 자기들의 목적에 적합하게끔 재형성할 수 있게 되었다. 영국의 17세기는 부르주아적 가치관이 승리하는 세기였다.[9]

그런데 영국에서 17세기 자유주의의 중심 문제는 자유와 재산과의 관계에 관한 논쟁이었다. 1628년 영국 서민원(하원)에서 행한 말을 빌린다면 "이 왕국의 모든 자유 신민은 자기의 기본 재산을 갖고 있고 신분상의 기본 자유를 갖고"[10] 있었다. 모든 자유 신민이 재산과 자유를 갖고 있었다면 문제는 누가 자유 신민이었느냐이다. 누가 자유 신민의 카테고리에 포함되었느냐의 문제는 학술적으로 매우 까다로운 논쟁거리였는데, 우선 여자는 자유 신민이 아니었다. 그렇다면 모든 남자가 다 자유 신민이었느냐 하면 그것도 아니었다. 하인과 도제가 자유 신민이 아니라는 데에는 대체로 이의가 없었던 것 같다. 하인과 도제는 완전히 자기 상전에 의존하고 있었으니 독립할 능력이 없었다. 그리고 임금노동자도 상당한 수가 가난하여 정치 참여의 자유가 없었다. 그렇다면 자유 신민이란 결국 경제적으로 남에게 의지하지 않고 자유와 재산을 향유한 자들이었다. 개인적 독립의 필수적 요건은 재산이었던 것이다.

재산 소유자야말로 마음대로 살 수 있는 권리를 가졌을 뿐만 아니라 국가를 관리할 정치적 권리와 자유를 갖고 있었다. 이러한 배경에서 자기 마음대로 돈을 벌 수 있고 자기 재산은 제 마음대로 처분할 수 있다는 이기적·개인주의적 사고가 죄가 아니라는 생각이 널리 뿌리를 내렸다. 1604년 영국 하원의 한 위원회는 상업의 독점과 배타적 특전을 배척하여 말하기를 "모든 자유 신민은 그들의 토지를 자유로이 상속할 수 있듯이 그들이 경영하여 생활하는 상업도 자유로이 경영해야 한다"면서, 상업을 소수에게 한정하는 것은 영국 신민의 권리와 자유에 반하는 것이라고 결론짓고 있다.[11] 개인적 자유와 개인의 재산권을 긍정하는 한 상공업의 자유는 당연한 것이라는 논리이다.

그러면 개인적 이해관계가 사회 전체의 공공선에 모순되지 않고 양립될 수 있었을까? 이 문제는 당시 많은 사람을 괴롭힌 문제였다.

영국의 디거스Diggers의 지도적 인물인 윈스턴리Gerrard Winstanley 같은 사람은, 재산을 얻기 위한 자유경쟁은 결국 모든 인민과 온 세계를 분열시키고 모든 전쟁과 유혈과 싸움의 원인이 된다고 말하였다.[12] 그러나 윈스턴리의 견해는 당시 그 시대를 대표하는 견해가 아니었다. 그것은 낡아빠진 중세적 사고이거나 아니면 시대를 너무 앞지른 진보적인 견해였다.

그 시대에 알맞은 현실적인 견해는 상공업자가 자기 개인적 이익을 위해 열심히 일하면 그만큼 사회 전체의 번영에 이바지한다는 생각이었다. 1620년대에 먼Thomas Mun은 사적 이득은 항상 공공선을 가져온다면서 자기 아들에게 상인이 될 것을 권하였다.[13] 그 후 30년이 지나 1650년대에 가면 그러한 견해는 한 걸음 더 전진하여 한 사회의 도덕적 기반이 이타심이나 공익 정신에 있다는 생각을 깡그리 부정하게 된다. 홀John Hall은 그의 《정부와 복종론》(1654)에서 벌써 애덤 스미스의 자유방임론의 냄새를 풍기면서 이타심은 유해한 것이고 이기의 추구는 사회적 필요라고 주장하였다.

> 공익 정신의 인간이니 사욕 없는 공공 정신이니 하는 것은 한낱 꿈에 불과한 것일 뿐만 아니라, 설사 그런 것이 있을 수 있다 해도 나라에 유익하기는커녕 오히려 국가 전체를 파멸케 할 것이다.[14]

심지어 교회 목사도 같은 어조로 목청을 돋우고 있다. 리Joseph Lee 목사는 "자기 이익을 목적으로 장사하는 상인들의 어느 누가 하나님을 영광스럽게 하지 않습니까?"[15]라고 강단에서 웅변을 토하고 있다. 이제 하나님과 맘몬Mammon(물질적인 부와 탐욕)은 함께 섬길 수 없다는 예수의 가르침은 온데간데없고, 하나님과 맘몬을 함께 섬기는

데 일말의 양심의 갈등도 없었다. 이렇게 하여 사리와 공익의 충돌은 사라지고 사리의 추구야말로 공익에 봉사하는 거룩한 길이 되었다.

이토록 개인의 재산권이 크게 강조되고 있던 시기에 빈민의 공동 경작지 사용권이 유산자들의 이익에 알맞게끔 흔들리기 시작하였다. 영국에서 제1차 인클로저Enclosure 법이 의회에서 통과된 것은 1608년이었는데, 그후 공동경작지를 목장으로 변경시키는 인클로저 법들이 계속 제정되어 공동경작지는 사실상 부유한 농민의 수중으로 들어가고, 가난한 농민들이 공동경작지를 사용하던 중세 이래의 관습은 완전히 사라지고 말았다. 부익부 빈익빈의 현상이 이때부터 현저히 나타났다.

가난한 자들에게 정치 참여의 기회를 주지 않는 것은 당연한 것이었다. 토머스 스미스Thomas Smith는 일찍이 1565년에 벌써 "가난하고 비천한 자들은 공공 이익에 대해 관심이 없고 오직 숨쉬며 살아가는 데만 관심이 있다"[16]고 말하였다. 위에서 언급한 바와 같이 경제적으로 독립할 수 있는 자들만이 자유 신민의 자격이 있고 따라서 정치 참여의 권리는 재산이 있는 자들에게만 한정되어야 했다. 재산 자격에 바탕을 둔 정치적 특권이야말로 재산과 자유를 아울러 지켜주는 안전판이었다. 1659년에 영국 하원의 베인스Adam Baynes는 이렇게 말한 바 있다.

> 우리는 기초를 재산 위에 세워야 한다. 그렇지 않으면 무너질 것이다. 재산은 이제 널리 인민의 것이 되었다. 그러므로 정부도 인민의 재산 위에 세워져야 한다. …… 모든 정부는 재산 위에 수립된다. 그렇지 않으면 빈민이 정부를 지배하게 된다.[17]

여기서 빈민이 인민의 개념에서 제외되어 있음은 두말할 나위 없다. 재산이 없는 자는 인민이 아니고 자유 신민이 아니니 어찌 정치 참여의 권리가 있겠는가? 자유의 보장은 재산이었다.

3. 영국혁명과 자유주의

17세기의 자유주의 운동은 사유재산권과 그 권리의 정치적 안정을 강조했고, 재산과 번영은 둘 다 자유에 힘입고 있다고 강조하였다. 그러나 이러한 전반적인 추세 속에서도 1640년대 일어난 영국혁명과 함께 자유주의 논쟁은 그렇게 단순하지만은 않고 여러 가지 이론과 논의가 분분하게 일어났다. 어떤 것은 자유주의의 노선 안에서 한결 과격한 경향을 띠었고 또 어떤 것은 자유주의의 노선을 벗어나서 자유주의적 사고 자체를 공격하였다.

오늘날 역사가들 사이에 17세기의 영국혁명이 과연 진정한 혁명이었느냐의 논쟁이 아직도 있다는 사실은 그 혁명이 매우 제한적이었음을 말해주는 것이기는 하나, 크롬웰Oliver Cromwell의 청도교혁명 시대가 혁명기의 특징을 영국 역사에 깊이 각인했다는 점을 부인할 수는 없다. 그 특징 가운데 몇 가지만 지적한다면, 우선 그 시기에 수많은 팸플릿과 책과 신문이 홍수같이 쏟아져 나왔다. 1642년 한 해에 약 2,000종의 팸플릿이 나왔고 1640년에서 1660년까지 적어도 1만 5,000종이 나왔다. 그리고 그 시기는 홉스, 해링턴James Harrington, 윈스턴리의 주요한 저서들과 밀턴John Milton의 논문들, 수평파의 주장과 같은 밀도 있는 우수한 자유주의 정치사상이 산출된 시기이다. 검열의 폐지와 언론의 자유가 이루어낸 커다란 성과였다.

그리고 또 특별히 주목해야 할 것은 그 시기에 유토피아 사상이 자유주의와 연결되어 나왔다는 사실이다. 모든 종류의 사람들이 유토피아와 무한한 자유 특히 종교의 자유를 꿈꾸고 있었다. 그 유토피아 사상은 매우 세속적인 것이었다. 지상천국의 도래라든가 인간 원죄의 면죄라든가 하는 식으로 천년왕국millennium이 가져올 이상 사회의 모습을 그리고 있었다. 1640년대의 영국에서는 더 훌륭한 교육과 기술적 진보 그리고 더 많은 관용 같은 실제 프로그램들이 그리스도의 재림이 임박했다는 기대와 뒤범벅이 되어 있었다. 오늘날 우리는 자유주의자라면 경험론적이고 반유토피아적인 것으로 이해하고 있기 때문에, 17세기에 역동적으로 성장한 유토피아 사상이 실은 자유주의 사상의 장래에 대한 확신의 표현이었다는 것을 이해하기가 어렵다. 그러나 영국혁명에서는 유토피아 사상과 자유주의는 중첩되어 있었고 서로 연결되어 있었다.

유토피아 사상과 자유주의의 중첩은 밀턴의 생애와 작품에 잘 나타나 있다. 그는 이미 24세의 젊은 시절에 쓴 〈장엄한 음악에 접하여〉(1632)라는 시에서 지상천국의 실현에 대한 신념을 노래하였고 《실낙원Paradise Lost》에서는 모든 인간의 자연적·본래적 평등과 자유를 주장하였다.

> 사리를 판단할 줄 아는 자라면 누구도, 모든 사람은 하나님의 형상 그대로를 닮아 나면서부터 자유하고 모든 피조물을 특권적으로 지배하고 또 그렇게 살아왔다는 것을 부정하는 우를 결코 범할 수 없다.

밀턴은 사람들이 정부를 만들 수밖에 없었던 까닭은 에덴의 낙원에서 추방되었기 때문이지만 왕과 관리를 세운 이유는 사람들의 공동 안전을 위해서이지 왕과 관리를 상전으로 모시기 위해서가 아니라고 했다. 궁극적 주권은 왕에 있는 것이 아니라 인민의 수중에 있다. 그러므로 왕권은 신이 부여한 것이 아니라 인민에게서 유래한 것이고, 따라서 정부도 인민의 창조물로서 인민이 정부를 변경하기를 원하면 언제든지 변경할 권리가 있다는 것이다. 그리하여 그는 한 사회가 폭군에 항거하여 그를 폐위시킬 수 있는 것은, 전통에 의한 권리에 의해서가 아니라 그 사회가 싫어하는 왕이나 통치자는 언제라도 제거할 수 있는 생래적 자유를 갖고 나온 인민의 기본적 권리에 의해서라고 했다.[18] 이러한 밀턴의 정치 이론이 찰스 1세Charles I의 처형을 정당화하기 위함이었음은 물론이지만, 밀턴은 상당히 일찍부터 군주정치 제도는 자유 시민 고유의 권위에 일치할 수 없는 정부 형태라고 확신하고 있었다. 그는 군주정치는 국민을 물질적으로 넉넉하게 만들 수 있을는지 모르지만, 이는 오직 국민을 쥐어짜기 위해서이지 정말 국민을 잘살게 하기 위해서가 아니며, 오히려 국민을 굴종적이고 체제 순응적인 비굴한 인간들로 만들어서 다스리기 쉽게 할 뿐이라고 주장했다. 밀턴은 모든 정치 형태 가운데서 공화정만이 인민을 넉넉하고 품위 있고 고상하고 용감하게 만들려고 노력한다고 보았다.[19]

그는 자유를 단순히 무엇인가를 할 수 있는 조건으로 보지 않고 적극적으로 정신적 자주독립을 고무하는 조건으로 보았다. 그러므로 그가 공화주의를 강조한 심리적 바탕도, 자주하려는 욕구와 잘난 체하는 자를 멸시하는 자부심에 있었다고 말할 수 있다. 그는 인간의 존엄성과 합리성에 대한 의식이 매우 강했다. 밀턴이 볼 때 자유 공화국의 미덕은 통치자들이 민중을 위해 분골쇄신하고, 자신의 형제들 위에 서지 않고 함께 어울려 다니며, 각별한 대우를 받지 않는

데 있었다.[20]

그가 언론과 출판의 자유를 위해 정부의 검열제를 강력히 반대했음은 잘 알려진 사실이거니와 그의 검열제 반대 이유도 인간 이성에 대한 신념에 있었다. 그는 유명한 팸플릿 《아레오파지티카 Areopagitica》(1644)에서 출판물의 검열이란 인민을 이성의 판단에 의해 선택할 능력이 없는 어린아이로 취급하는 짓이라고 주장하였다. 인간은 누구나 이성이 있고 따라서 스스로 선택할 능력과 자유가 있다. 왜냐하면 이성이란 곧 선택을 의미하기 때문이다. 밀턴에게 검열은 보통 사람은 신뢰할 수 없다는 생각의 표현으로서, 그런 생각은 교황의 권위주의와 같은 냄새를 풍기는 역겨운 짓이었다. 그에게는 자유로이 선택한 행동과 결단만이 오직 참으로 가치 있고 유덕한 것이었다. 덕은 선택을 의미하였다. 그러므로 현실 문제에서 자신이 옳다고 생각하는 것을 선택하지 않고 살살 도피하여 꼬리를 빼고 숨어버리는 행동은 사람들에게서 선택의 기회를 빼앗는 검열과 통제 못지않게 나쁜 것이었다. 흔히 밀턴과 밀의 유사성을 말하는 경우가 많은데, 사실 진리는 토론의 과정을 통해 나타난다는 신념을 고수한 점이나 검열과 통제는 진리 자체를 저해할지 모른다는 두려움을 설파한 점에서 둘은 매우 닮았다. 밀턴은 밀보다 더 먼저, 전통적으로 주어진 진리는 죽은 도그마로 변한다는 것을 깨닫고 있었다. 그는 진리에 관해 "진리의 물줄기는 계속 흘러가지 않으면 체제 순응과 전통의 흙탕물 속에 가라앉고 만다"[21]고 하였고, 또 "진리와 함께하지 않는 관습은 과오의 노화老化에 불과하다"[22]고 하여 관습 자체가 결코 존경할 만한 것이 아님을 분명히 밝혔다. 이와 같이 밀턴은 밀과 마찬가지로 인습적 신념은 진리와 거리가 멀다는 것을 강조했는데, 그러한 생각은 그 후 자유주의 사상의 상식이 되었다.

4. 크롬웰과 수평파

영국혁명이 일어났을 때 보수 진영에서는 왕군과 의회군의 충돌은 결국 하층민의 불만을 자극하여 부자와 귀족의 재산을 나눠 먹자는 폭동을 일으켜서 사회질서의 변화를 초래하는 무서운 사태를 야기할 것이라고 선전했다. 1642년 찰스 1세는 내란 직전에 의회에 대해 "결국에 가서는 일반 민중이 들고 일어나서 독립을 자유라고 부르고 모든 권리와 재산, 모든 문벌과 훈작勳爵의 차이를 파괴하게 될 것이다"라고 경고한 바 있었다.[23]

그러나 실제로 영국혁명은 재산에 대해 별 위협이 되지 않았다. 예를 들어 수평파는 일체의 신분과 재산의 차이를 폐지할 것을 주장한 것으로 알려져 있으나, 그것은 수평파의 적들이 그렇게 꾸며낸 선전이었다. 수평파라는 명칭조차도 그런 혐의를 받게끔 적들이 붙인 것이었다. 수평파는 사유재산제도를 부정한 일이 한 번도 없다. 런던 타워에 갇혀 있던 월윈William Walwyn과 다른 수평파의 지도자들은 1649년 4월 이런 기록을 남기고 있다.

> 우리는 사람들의 재산을 똑같이 고루 나누어야 한다는 생각을 해본 일이 한 번도 없다는 것을 분명히 말해둡니다. 우리의 최고 목표는 공동의 재산common-wealth을 줄이고 모든 사람이 안전하게 살아갈 수 있을 만큼 각기 제 재산을 소유하게 하는 것입니다.[24]

그 전해 가을에 제출한 수평파의 〈탄원과 청원〉에서도 의회는 사유재산제도를 폐지하거나 모든 사람의 재산을 균등하게 하거나 모든 것을 공유하게 하거나 하는 일을 꾀해서는 안 된다고 주장하고 있었다.²⁵ 그러므로 수평파를 사유재산제도를 부정하고 파괴하는 사람들로 보는 것은 잘못이다.

그러나 그들은 사유재산의 원칙은 지지했지만 재산의 독점과 10분의 1세에 반대하였고, 부르주아들이 인클로저에 의해 목장으로 만든 본래의 공동경작지를 농민들에게 되돌려주어야 한다고 주장하였다. 월윈은 한 사람이 1만 파운드를 소유하는데, 그 사람보다 더 유용하고 공화국에 공헌한 사람은 1펜스의 값어치밖에 안 된다고 한다면 이는 가난한 사람들에게는 양심상 견딜 수 없는 일이라고²⁶ 했다. 이처럼 수평파는 재산의 불공평한 분배와 거기서 유래하는 빈곤에 반대하고, 특히 재산의 차이에 따르는 정치적 권리와 특권의 불공평한 차이에 반대하였다. 수평파는 제도로서의 사유재산을 부정하지 않았으나 재산이 광범하게 골고루 분배되기를 원했다. 그들의 이상세계는 모든 사람이 제 땅을 소유하고 모든 직인이 제 생산수단을 가지고 모든 상인이 자립하는 세상이었다.²⁷ 동시에 그들은 정치에서 자연권과 개인의 권리를 바탕으로 하는 인민주권을 강조하여 여러 가지 정치적 개혁을 제안하였다. 그들의 헌법 초안에 의하면 유권자는 국회의원보다 우위이고 서민원은 귀족원과 왕권보다 우위였다. 심지어 귀족의 의원직 박탈을 고려하기도 하고 시장, 군수, 치안판사, 기타 중요한 관리의 선거제를 원하기도 하였다. 그들은 또 양심의 자유의 주창자들로서 행형 제도의 개혁, 노약자, 병자, 장애인을 위한 시설과 무료 교육을 요구하기도 하였다.²⁸

이러한 수평파의 주장과 이상은 오늘날의 기준에서 볼 때 자유주의의 급진파 정도로 평가될 수 있을 것이다. 그러나 영국혁명 당시 혁명의 주도권을 쥐고 있던 크롬웰 일파의 눈에는 극히 위험스런 과격파로 간주되었다. 수평파와 크롬웰파는 1647년 10~11월에 있었던 유명한 퍼트니Putney 논쟁을 통해 쌍방의 견해와 이론을 유감없이 표명하였다. 수평파가 자연권과 개인의 권리를 바탕으로 보통선거제를 주장한 데 대해 크롬웰과 그의 사위 아이어턴Henry Ireton은 투표권을 포함하는 모든 정치 참여권은 오직 유산자에게 한정해야 한다고 주장하였다. 아이어턴에게는 자연권과 국민 동의에 의한 정부는 재산의 안전을 위협하는 것이었다. 재산의 안전을 보장해주는 것은 자연권이 아니라 인간이 만든 법이라는 것이다. 크롬웰파에게는 재산이 개인의 권리에 우선하였다. 재산 제일의 원칙이었다.

수평파가 빈민과 무산자의 어려운 사정과 권리에 대해 지대한 관심을 쏟고 또 정치적 개혁에 최선을 다했음에도 불구하고, 그들은 빈민 대중에게 더 절실한 개혁은 정치적인 것이 아니라 오히려 사회적·경제적인 것이었다는 것을 충분히 파악하지 못했던 것 같다. 빈민의 절실한 현실에 대해서는 수평파보다는 디거스가, 특히 대표적인 이론가인 윈스턴리가 훨씬 더 깊이 이해하고 있었다. 당시 일반적으로 자유와 속박이라는 말이 흔히 쓰이고 있었지만 그 말에 경제적·사회적 의미를 각별히 부여한 것은 윈스턴리였다.

> 빈민이 불평하는 속박은, 모든 사람이 넉넉하게 사는 나라에서 그 형제들로 말미암아 가난하게 사는, 그러한 속박이다.

그러므로 빈민에게 자유라는 것은 빈곤으로부터 도피할 기회이며 재산과 유산자에 대한 도전이었다.

땅이 없는 빈민이 자유로이 공동경작지를 경작하여, 인클로저 안에 살고 있는 지주들처럼 편안히 살 수 있을 때까지는 영국은 자유 국민의

나라가 아니라는 것을 알아야 하오.[29]

그의 생각으로는 1640년대 말의 영국혁명은 아직 미완의 혁명이고 한결 더 개혁해야 할 혁명이었다. 그러나 1649년 5월 수평파는 크롬웰 일파에 의해 철저히 분쇄되어 혁명의 급진적 전개가 완전히 막혔다. 재산의 원리가 인권의 원리에 완전히 승리하였다. 그러나 그 완전한 승리는, 1660년 크롬웰의 공화국이 무너지고 스튜어트 왕가가 복위함으로써 일단 한 걸음 후퇴하지 않을 수 없었다. 그 승리가 전진을 다시 계속하려면 명예혁명까지 한 세대를 더 기다려야 했다.

그러면 크롬웰의 완전 승리는 왜 일단 멈추어야 했을까? 혁명에 승리한 자들은 신체와 재산의 안전을 보장해줄 권위에 대해 어떤 제약의 길을 찾고 있었는데, 이 길은 혁명의 진행 과정이 굴절됨에 따라 1641, 1644, 1646 및 1653년에 각각 여러 가지 모양으로 달리 나타났다. 혁명파의 사회 구성이 동일하지 않았기 때문이었다. 따라서 청교도혁명의 성격을 찾으려고 할 때 혁명파의 동질성보다는 그 차이점을 찾는 편이 더 쉽다. 크롬웰과 아이어턴은 유산자의 안전을 찾았고, 대상인들을 국왕이나 사제들 못지않게 적대시한 수평파의 릴번John Lilburne은 도시 서민층의 이익을 추구했으며, 디거스의 윈스턴리는 토지 없는 농민의 이익을 위해 공산주의적 토지개혁을 주장하였다.

혁명파 내부의 이러한 이론異論과 대립이 생활비의 앙등, 새로운 과세, 전쟁 상인의 폭리, 군인의 봉급 체불 등의 전시적 제 조건들로 말미암아 더욱 격화되어 가는 가운데, 굶주린 민중이 내지르는 환멸에 찬 함성이 영국 전체에 번져가면서 사회혁명의 기운이 농후해졌다. 이 사회혁명의 위기의식이 사회혁명을 반대하는 모든 유산 계층을 하나로 결합케 하였는데, 이 결합이 1660년 공화국을 무너뜨리고 스튜어트 왕가의 복위를 실현케 한 것이다. 이러한 경위에서 성립된 복고왕정이었으므로 그 왕정은 어디까지나 크롬웰 혁명이 만들어놓은 신흥 상공업자와 젠트리gentry 같은 유산계급의 이익을 철저히 옹호해주는 것이 아니면 안 되었다. 따라서 1660년 사건은 인권의 원리에 대한 재산의 원리의 승리를 부정하는 것이 결코 아니었다. 재산의 원리의 승리는 결코 시들지 않고 있었다. 1660년의 한 문서는 그와 같은 사정을 다음과 같이 전해주고 있다.

> 이 섬나라는 소작인과 하인들의 피땀에서 짜낸 수입으로 넉넉하게 편안히 사는 인간들의 세력에 의해 통치되고 있다. …… 그들은 각자 자기 땅 안에서는 임금님같이 행세하고 완전히 절대적이다. …… 이런 자들이 이 나라의 지휘권을 휘두르고 있다.[30]

그런데 1660년의 왕정복고의 성격을 헌정적 측면에서 보면 그것은 크롬웰이 건설한 국민주권론의 기반 위에 제한적 왕권을 수립하려는 것이었다. 그러므로 그 정치권력의 본질은 의회가 어떻게 정의하느냐에 달려 있었다. 그럼에 불구하고 제임스 2세는 그 사실을 외면하고 의회를 무시하려다가 결국 명예혁명을 유발하였다. 명예혁명은 크롬웰의 혁명 이념과 왕정의 타협을 상세한 법률 조문으로 정의한 것으로서, 과연 혁명이란 명칭을 붙이기에 합당한 사건이었느냐는 이의가 없지 않을 만큼 온건한 혁명이었다.

그러나 영국은 이 명예혁명과 그에 앞선 크롬웰의 청교도혁명이라는 두 차례의 혁명을 통해 근대 자유주의의 모든 조건을 마련하였다. 즉 개인주의적 사상이 영국인의 사고방식 전반에 미치기 시작했고, 입헌주의의 확립으로써 군대의 통수권과 재정의 관리권이 입법부의 통제하에 들어갔고, 인신 보호율Habeas Corpus, 삼년기三年期 의회제, 비교적 광범한 종교적 자유, 출판의 자유 및 사법부의 독립 등이 어떤 위협도 받지 않고 안전하게 지켜지게 되었고, 특히 사유재산이 국가와 교회로부터 침식되는 일이 없이 아주 안전해졌다. 이렇게 하여 생활양식으로서의 자유주의와 국가 이론으로서의 자유주의의 윤곽이 영국인의 역사적 경험을 통해 자리를 굳혀가면서, 18세기에 명백한 체계를 갖추게 될 자유주의의 골격이 든든히 만들어졌던 것이다.

크롬웰의 혁명 이념과 왕정의 타협을 구현함으로써 명예혁명의 이념을 대변하고, 다가오는 18세기에 명백한 체계를 갖추게 될 자유주의의 이론적 골격을 제공한 정치사상이 바로 로크의 철학이다. 로크의 《통치론Two Treatises of Goverment》과 《관용에 관한 편지》는 17세기 영국 부르주아지의 휘그파의 원리 곧 새 시대의 신념을 가장 적확하게 표현한 저술들로서 합리주의와 관용 및 입헌주의의 요체를 논한 것이었다.

그런데 자유주의의 발전 과정에서뿐만 아니라 영국 역사의 일반적인 전개에서 볼 때도 1688~1689년의 명예혁명은 연대기상으로는 17세기의 사건이지만 이것은 다가오는 18세기 영국 사회의 출발이었고 기반이었다. 따라서 로크의 정치사상도 17세기의 산물이기는 하나 그 정치철학이 미친 영향 면에서는 오히려 18세기의 영국과 유럽의 정치철학에 더 가깝다. 그리하여 명예혁명과 로크에서 시작된 유럽의 자유주의에 관한 이야기는 17세기의 이야기로 논하기보다는 18세기의 이야기로 논하는 것이 더 타당할 것 같다.

제5장

18세기 영국의 자유주의

18세기의 자유주의는 두 가지 형태를 취한다. 하나는 기득권을 획득한 것에 자기만족하는 영국의 휘그파적 자유주의이이고 또 하나는 개혁적이고 때로는 전투적인 프랑스 계몽사상의 자유주의이다. 볼테르와 몽테스키외Mintesquieu 같은 계몽사상가들은 당시 영국의 입헌주의와 자유 및 경제적 번영을 자유주의의 모델로 생각하여 그것을 온 유럽에서 실현하고자 하였다. 그러나 유럽 대륙에서는 아직 자유주의적 제 원리가 곧 승리하리라고는 아무도 장담할 수 없는 상황이었다. 프랑스에서 루이 14세의 친정親政이 시작된 것은 영국에서 왕정복고가 있고 난 다음 해이다. 영국에서는 이미 청교도혁명을 경험한 시기에 프랑스에서는 거꾸로 절대주의가 그 절정을 향해 치닫고 있었다. 대륙에서 지금까지 그런 대로 절대왕권을 어느 정도 견제해왔던 것은 신분 의회Éats Généraux였는데, 프랑스에서 그 신분 의회가 소집되지 않은 것은 1614년 이래의 일이고 네덜란드에서는

1632년 이래, 나폴리에서는 1642년 이래, 카스티야에서는 1665년 이래, 러시아에서는 1653년 이래, 프로이센에서는 1663년 이래 각각 신분 의회가 소집되지 않고 있었다.

유럽 대륙의 서부에서는 지주와 절대주의가 승리했고 동부에서는 농노제가 다시 강화되었다. 종교개혁 이래 100여 년간 유산계급을 괴롭혀온 사회혁명의 위협을 종결시키고, 재산의 안전을 지키기 위해 유산계급이 지불한 대가가 곧 절대주의였던 것이다. 민중적 혁명 운동은 도처에서 이 절대주의에 의해 박멸되었다. 그리하여 유럽 대륙의 자유주의 사상과 자유주의 운동은 17세기에 이르러 매우 불운한 정치적·사회적 상황에 직면하게 되었던 것인데, 그런 상황은 18세기에도 그대로 유지되고 있었다.

그러므로 유럽 대륙에서 절대주의와 싸우고 있었던 계몽사상가들이 두 차례의 혁명을 통해 이룩한 영국의 자유주의를 이상적인 것으로 흠모했다면 그것은 당연한 일이 아닐 수 없었다. 그러나 당시의 영국은 그들의 찬사에 걸맞을 만큼 그렇게 이상적인 자유의 나라가 아니었다. 1763년에 아네트Peter Annet라는 70세의 늙은 교장 선생이 볼테르의 책을 영어로 번역한 죄로 투옥된 일도 있었다.[1] 18세기 영국의 입헌주의는 대륙에 비하면 훌륭한 것이었으나 그것은 휘그파 역사가들에 의해 미화된 면이 적지 않으며, 이는 아직까지도 사라지지 않고 있다. 이제 그 진짜 모습을 찾아보려고 한다면 휘그파 최초의 가장 유명한 이론가이며 이데올로그인 존 로크의 분석에서 시작하는 것이 타당할 것이다.

1. 존 로크의 자유주의

명예혁명 이후 18세기에 걸쳐 영국은 물론이고 유럽 대륙과 아메리카까지 큰 영향을 미친 위대한 사상가 로크는, 철학에서 회의론과 경험론 및 인식론의 새 경지를 개척했고, 사회과학에서는 정치 이론, 종교 사상, 경제 사상, 심리학, 교육 이론 등 실로 다방면에 걸쳐서 기지에 넘치는 새로운 주장을 유감없이 개진하였다. 그리하여 그는 18세기의 영국의 경험론과 프랑스의 계몽사상에 영향을 미쳤을 뿐만 아니라, 그의 경제 이론은 노동가치설의 선구가 되었고 그의 심리학은 19세기 내지 20세기 심리학의 씨앗이 되었다. 그러나 그가 지적 관심을 쏟은 대상이 그토록 광범하고 다기한 만큼 그가 모든 것을 수미일관하게 체계화하는 데 성공했다고는 결코 말할 수 없다. 그리하여 로크는 유달리 앞뒤가 맞지 않고 비체계적인 철학자로 여겨져왔다.[2]

여기서는 로크의 사상 전체를 언급할 필요는 없고, 다만 자유주의의 형성에 미친 그의 공헌을 밝히는 데 필요한 한도 안에서 그의 정치사상을 주로 고찰할 것이다. 그의 정치사상이 집약적으로 논술된 논문은 《통치론》인데, 이는 요크York 공(제임스 2세)이 가톨릭 신자라는 이유로 그의 왕위 상속권을 박탈하려는 권력투쟁의 소란 속에서 왕위 상속권 박탈의 정당성을 주장하기 위하여 쓴 것이었다. 《통치론》은 체계적 논리를 결여한 글로 유명하다. 논문이 학문을 목적으로 쓴 것이 아니라 정치를 목적으로 쓴 것이고, 더구나 10년 뒤인 1689년에 그 논문을 출판할 때 정성 들여서 개고를 하지 않았기 때문이다.[3] 어쨌든 로크의 정치사상을 논할 때 우리가 각별히 유념해야 할 것은, 그렇게 위대한 사상가가 명예혁명 이전 여러 해 휘그당

귀족파의 실질적인 지도자였던 샤프츠버리Anthony A. C. Shaftesbury 백작의 비서로서, 중요한 정치 문제에 대해 이 백작과 똑같은 생각을 하고 거기에 관여했다는 사실이다. 로크의 정치 이론은 홉스나 스피노자처럼 학문적인 목적을 위한 치밀하고도 일관성 있는 사색의 산물이 아니라 스튜어트 복고왕정에 맞섰던 반대파 두목의 요청에 따라 이론적 근거를 제공하기 위한 임시방편의 산물이었던 것이다.[4] 따라서 로크의 이론에는 17세기 영국 휘그파의 이익과 생각이 어떠한 것이었던가를 보여주는 실증적 가치가 포함되어 있으면서 동시에 그 이론 체계에 혼란과 모순이 가득 차 있을 수밖에 없었다.

로크가 내세우는 정치사상의 핵심은 어떠한 권력도 당사자의 동의 없이는 타인의 재산을 단 한 푼도 취할 수 없다는 철저한 재산 소유권의 옹호였다. 재산은 인간의 노력에 의해 축적된 결과이고, 인간의 노력은 반드시 거기에 상응하는 소득을 얻게 한다. 그리고 이 세상은 부지런하고 합리적인 사람들의 세상이고, 그런 사람들의 동의에 의해 그들의 재산을 안전하게 보호해주는 것이 국가이다. 사람들이 공공복리의 정치체로서 국가common-wealth를 만드는 가장 큰 목적은 바로 그들의 재산을 안전하게 보호받기 위해서이다. 그런데 재산의 안전한 보호의 보장을 가능하게 하는 것은 자유의 상태이고, 자유란 사람들이 자기의 동의에 의하지 않고는 구속을 받지 않는 것을 의미하였다. 그가 말하는 자유는 유산계급이 그 재산으로 실현할 수 있는 자유이고, 그가 말하는 정부는 유산계급이 제 뜻대로 운영하기를 기대하는 정부였다.

이처럼 로크의 이론에서 가장 중요한 것은 사유재산권이다. 그렇다면 재산권이란 무엇인가? 이 문제에 대해 로크의 답은 명확하지 않다. 뿐만 아니라 근대 민주주의 내지 자유주의에서 가장 중요한 동의나 자유에 대한 개념에서도 로크의 이론은 퍽 애매하다. 이제 그의 이론을 좀 더 분석해보자. 그는 개인의 사유권의 근거를 설명할 때, 자연법에 근거하여 하나님이 이 세상을 인류 모두에게 주셨다는 전통적인 성서적 견해를 피력하면서도 그 땅의 소출을 이용할 필요가 필연적으로 사유재산을 낳았다고 한다.

> 하나님이 이 세상을 공동의 것으로in common 사람들에게 주셨다. 그러나 그것은 …… 그 땅이 항상 공동의 것으로 남아 있는 그대로 경작해야 한다는 것을 의미하지는 않았다. 하나님은 이 세상을 부지런하고 합리적인 인간들의 사용에 내맡기셨다.[5]

이 부지런하고 합리적인 인간들이 경작하는 땅이 그들의 사유재산이 될 수 있다면 하나님이 공동의 것으로 사람들에게 준 그 공동성이 소멸되어야 하는 이론적 이유가 있어야 할 터인데, 로크는 그 이유를 전혀 언급하지 않고, 다만 지구의 한 부분을 경작하는 사람은 그 노동의 대가로 그 생산물을 소유할 자격이 있다고만 한다. 그러면 노동은 무엇인가? 노동은 누구에게나 그 몸 자체에 있다고 한다. 그리하여 "그 개인의 몸에 속한 노동과 그 두 손에 의한 일은 당연히 그의 것이라고 말할 수 있다"[6]고 한다. 그 노동과 일이 그 개인의 것이니 그 산물과 그것을 낳게 한 땅도 그의 것이라는 것이다.

그리고 개인의 재산권은 그 개인의 노동에서 유래하기 때문에 그의 개인적 소유는 그의 노동이 땅을 경작할 수 있는 한도 안에서만 허용된다.[7] 그러므로 만일 어떤 사람이 제 노동으로는 다 경작할 수 없을 만큼 많은 땅을 소유한다면 그것은 하나님이 주신 땅을 썩히게 되는 것이므로 누구도 경작할 수 있는 것 이상의 땅을 소유해서는 안 된다고 한다.[8] 그리고 누구나 노동에 의해 땅을 경작하고 소유할 권리가 있기 때문에 누구나 필요할 때 언제라도 경작할 수 있도록 공동의 땅을 충분히 남겨두어야 한다고 말한다.[9] 이렇게 볼 때 로크의 사유재산권 이론은 원리적으로 매우 평등주의적이다. 그리고 개인들의 노동이 사유재산권의 근거라는 주장은 대단히 급진적인 사상이 아닐 수 없다.

그러나 그는 이러한 원리적 주장들을 같은 책 같은 장 안에서 태연히 부정하는 논리를 펴는 데 주저하지 않는다. 노동의 한계성에서 유래하는 사유의 제약성 이론을 화폐의 발명이라는 사실을 들어 부정한다. 즉 화폐의 출현으로 땅의 생산물 중에서 소비하고 남는 것을 다른 사람에게 팔 수 있게 되었고 또 화폐는 썩지 않는 것이므로 축적할 수 있게 되었기 때문에 많은 재산을 소유할 길이 열렸다는 것이다. 여기서 로크는 자기 스스로 제시한 사유의 제약성을 부정하고 있다.[10] 그리고 노동의 한계성도 어이없는 주장으로 부정한다. 즉 "내 말이 뜯어먹은 꿀, 내 머슴이 벤 잔디, 내가 파낸 광석은 타인의 동의 없이 내 재산이 된다"[11]고 주장하는 것인데, 이때 머슴이라는 것이 갑자기 어디서 생기게 되었는지 아무런 설명이 없고 또 머슴은 자기 노동의 산물을 소유하지 못하고 주인이 그것을 소유하는 이유에 대해서도 마땅한 설명이 없다. 오직 유일한 설명은 "나는 내 노동을 소유하고 있으니 내 노동과 그 산물을 타인에게 팔 수 있기 때문이다"라는 것이다. 그럼에도 불구하고 그 소유권은 노동을 한 사람에게 반드시 생기는 것이 아니다. 왜냐하면 머슴은 노동을 하지만 소유권이 없기 때문이다.

그리고 누구라도 노동에 의해 땅을 경작할 권리가 있으므로 누구나 필요할 때 경작할 만큼의 공동의 땅은 충분히 남겨두어야 한다고 하면서도 로크는 재산의 축적에 제한을 가하려고 하지 않았다. 그는 말하기를 토지의 생산력이 크게 증대했기 때문에 증대한 생산력만큼 더 많이 경작할 수 있게 되었으므로 더 많은 땅을 축적하는 것이 그냥 내버려두는 것보다 인류에 훨씬 더 유익하다고 한다.[12] 그는 개인적 이익이 사회 전반의 복리와 자연스럽게 일치하는 것으로 착각하고 있었던 것이다. 더욱이 어이없는 것은, 돈의 가치는 사람들의 동의에 의해 정해진 것이라면서 돈의 축적에 대한 재산의 불평등도 사람들의 동의에 의해 생겨난 것이라는 엉뚱한 주장을 서슴지 않는 것이다.[13] 이와 같이 그는 평등주의적 전제에서 출발하여 반평등주의적 결론으로 달려가다가, 막바지에 가서는 한 걸음 더 나아가서 "모든 사람은 다른 어느 누구에 앞서 그의 부형으로부터 재산을 상속받을 권리를 갖고 태어났다"고 설파한다.[14]

로크가 사유재산제와 재산권을 옹호할 목적에서 이러한 주장을 했다면 그의 결론은 당연한 것이겠는데, 그렇다면 어찌하여 결론과는 정반대의 전제들을 세웠을까? 여기에 이론가로서의 로크와 당시 휘그파의 이익을 대변하는 이데올로그로서의 로크가 가지는 모순이 있다. 이론가로서 그는 개인적 권리와 같은 보편적이고 근본적인 원리를 추구하려고 했으나 휘그파를 옹호하기 위한 현실적 필요에서는 당시 영국에 만연했던 부의 불공평한 분배를 외면한 채 재산권을 옹호했던 것이다.

그러한 모순은 동의나 자유의 개념에도 나타나 있다. 그는 홉스의 주장을 따라 정부라는 것은 자연적 자유를 자발적으로 포기한 개인들의 동의에 의해 수립되는 것이라면서도 정부는 다수파의 동의에 의해서 수립될 수 있다고 시사함으로써[15] 개인적 동의의 원칙에 모순되는 말을 하고 있다. 더구나 그는 동의의 명백한 선언을 요구하는 사회란 별로 없다는 사실에 근거하여 암묵의 동의라는 어정쩡한 개념을 도입하여, 실제로는 개인들의 동의가 꼭 요구되는 것이 아니라고 하였다.[16] 동의의 개념은 민주주의의 핵심 개념이다. 그렇게 중요한 개념이 자유주의의 초기에 벌써 그처럼 희석되고 왜곡되었다는 것은 자유주의의 앞날을 위해 심상치 않은 일이 아닐 수 없다.

다음 재산의 개념에서도 로크는 토지와 재화를 가리키는 좁은 의미의 재산을 의미하는 동시에 생명 및 자유와 함께 토지를 합쳐서 넓은 의미의 재산을 말하기도 한다.[17] 그리고 정부의 목적이 재산의 보호에 있다고 말할 때, 그 재산은 넓은 의미의 재산이 아니었다. 그렇다면 국가의 존재 이유가 생명과 자유와 함께 물질적 재산도 보호하는 데 있다기보다는 물질적 재산만의 보호에 있다는 말이 된다. 그렇다면 그것은 생명과 자유도 근본적으로는 물질적 소유로 간주하여 재산이라는 개념 안에 포함시키는 철저한 부르주아적 정신 구조의 표현이라고 볼 수 있지 않을까? 흔히 자유주의의 비조로 여겨지고 있는 로크와 같은 사상가가 정부와 인간 권리에 관한 이론의 핵심적 개념을 재산에서 잡았다는 것 자체가 자유주의의 발전을 위해 별로 잘된 일 같지 않다.

자유와 법의 관계에 대해서도 로크는 매우 모호한 태도를 보인다. 홉스의 경우는 그 관계가 아주 명백하다. 즉 외적 제약이나 방해가 없는 상태 곧 법이 없는 상태가 자유이다. 그러나 로크는 한편으로는 홉스적 유형의 자유를 말하면서 다른 한편으로는 법의 지배가 곧 자유의 형태라고 말한다. 법 자체는 현실적으로 제약이 아니라는 것이다. 그러면 법과 자유는 본래적으로 충돌하지 않는 것이냐 하면 그렇지도 않다. 왜냐하면 로크는 자유를 지키기 위해서는 최소한의 법이 필요하다고 주장하고 있기 때문이다.

요컨대 재산, 동의, 자유에 관한 로크식 개념의 혼란과 모호성은 자유주의의 핵심 문제가 부딪친 혼란과 모호성이기도 하다. 어찌하여 그럴까? 그 모호한 개념들이야말로 실은 자유주의적 인권 사상에는 민주주의적이고 평등주의적이며 심지어 무정부주의적인 가능성마저 있다는 것을 보여주는 한편, 그러한 놀라운 가능성 앞에서 뒷걸음질치는 부르주아 자유주의의 보수성도 있다는 것을 보여주고 있기 때문이다.

그러므로 로크의 자유주의는 한편으로는 혁명적인 것 같으나 당시의 기준에서 볼 때 결코 급진적인 것이 아니었다.《관용에 관한 편지》에서 그는 가톨릭교도에 대해서도 무신론자에 대해서도 관용을 용납하지 않았다. 전자에 대해서는 자기 나라의 왕 말고 또 하나의 왕 즉 교황을 모시는 자들이기 때문이고, 후자에 대해서는 인간 사회의 유대가 되는 약속, 계약, 서약 등을 지키지 않는 자들이기 때문이었다. 관용에 관한 권위 있는 연구자로 평가되고 있는 역사가 케이멘Henry Kamen에 의하면 로크의 《관용에 관한 편지》는 종래의 정설과는 달리 독창적이지도 관대하지도 않다.[18] 로크의 자유주의의 기조는 한마디로 신중과 타협이었다. 휘그적 전통의 역사가이면서 1688년 혁명을 영국 역사상 가장 위대한 사건으로 보는 액턴 경조차도 로크와 그의 휘그파를 별로 탐탁하게 여기지 않았다.

> 새 정당(휘그당)의 본질은 타협이었다. …… 그들은 다소 무성의했고 중간에서 지나치게 우물쭈물하는 편이었다. 그들의 철학은, 말하자면 그들의 철학자 존 로크의 철학은 항상 그럴 듯하고 재치가 있지만 물에 물탄 듯이 명확하지 않고 평범하고 빈약하다.[19]

2. 휘그적 자유주의 : 재산의 승리

1688년의 명예혁명은 절대주의와 가톨릭교로 되돌아가려는 스튜어트 복고왕정의 동향에 결정적 타격을 가한 동시에 공화정 회복의 가능성도 함께 물리친 휘그파의 가장 위대한 업적으로 간주되어 왔다. 명예혁명이 만들어낸 부르주아적 기풍과 정신은 그 후 약 200년간 영국의 지도적인 에토스가 되었다. 그러나 동시에 자유주의의 발전에서 명예혁명은 앞으로 한 세기 이상 토지 귀족과 젠트리가 지배하는 길도 활짝 열어준 사건이 되었다.

그러므로 명예혁명의 진정한 성격은 한 세기 뒤에 버크가 정확히 말했듯이 "그 위대한 사건에 직접 영향을 미친 위대한 인물들은 그 혁명을 앞으로 다가올 여러 혁명의 산실로 만들려고 한 것이 아니라 총 정돈整頓의 어버이로 만들려고 했던"[20] 그런 성격의 것이다. 명예혁명의 주역이었던 휘그파는 이 혁명이 또 다른 혁명의 선례가 되지 않도록 만반의 배려를 다 하고 노력하여 이 혁명의 과격성을 최소화하는 데 전력을 기울였던 것이다. 그리하여 그들은 노골적인 인민주권에 대해서는 물론이고 의회주권에 대해서조차 뒷걸음질을 쳤다. 심지어 제임스 2세는 폐위된 것이 아니라 스스로 퇴위한 것이라는 낭설을 퍼뜨리기도 하였다. 인민주권이나 폭정에 대한 저항권에 근거하여 제임스의 폐위를 주장한 사람들은 일부 과격파뿐이었다. 혁명에 의해 정권을 장악한 휘그파에게는, 인민은 정부나 정부 형태를 변경할 권리가 있다는 밀턴의 주장도 로크의 제한적인 인민주권론도 지나치게 과격한 사상이었다. 휘그파가 그때까지 주장해온 제 원리는 1689년 승리의 순간부터 주저하기 시작한 것이다.

그리하여 휘그파는 1715년 이후의 압도적 우세에도 불구하고 명예혁명에서 성취한 것 이상의 어떤 정치적 진보도 새로 더 진전시키지 못하였다. 명예혁명의 성공은 오히려 휘그파를 정치적으로 후퇴시켰다. 예를 들면 선거권자의 수를 늘리려는 17세기 전반기의 운동이 복고왕정에서 주춤하다가 명예혁명 이후에는 오히려 후퇴하였다. 선거권자의 수가 적어 지방의 유력자가 투표자를 매수하는 양상이 나타나는 부패선거구도, 자유인 투표자 수가 줄어든 선거구도 계속 늘어나고 있었다. 1696년과 1729년에는 선거구의 수를 아예 동결해버리려고 하였고, 1725년의 도시 선거법은 런던 시의 자유인 3,000명의 투표권을 일시에 박탈하여 런던 시의 부유한 집행부의 권력을 크게 강화시켜주었다. 또 1716년의 7년 기법은 현직 의원을 포함하여 의원의 임기를 3년에서 7년으로 연장하여 휘그파가 지배할 수 있는 국회의 기반을 더욱 확고하게 하였다. 이렇게 하여 월폴 Robert Walpole 시대(1721~1742)의 영국은, 야당이 정부의 조작 정치와 매수 정치의 거대한 힘에 감히 대항할 엄두조차 낼 수 없는 일종의 휘그당 일당 국가였던 것이다.

이 시기의 영국 의회정치를 칭송하는 사람들은 외국에도 영국 안에도 적지 않았지만 당시 영국인의 자유와 관용은 그들의 칭송과는 달리 그렇게 이상적인 상태가 아니었다. 휘그파가 비국교도에 대해 관용의 원리를 적용한 것으로 알려져 있지만 월폴은 비국교도에 대한 시민권 제약의 철폐를 이리저리 회피하였고, 자기를 비판하는 풍자극을 금지시키는 검열법을 1737년에 제정하였다. 이 법은 그 후 230년간이나 존속했다.

명예혁명 이후 휘그당 정치가 보여준 이 같은 실상을 자유주의의 제 원리에 비추어볼 때 어떻게 평가해야 좋을까? 자기들을 휘그당이라고 칭한 그들 자신이 휘그당의 제 원리를 포기했다고 볼 수도 있을 것이다. 오늘날 우리는 소련을 비롯한 동유럽 공산주의 국가들이 스탈린주의를 과감히 청산한 모습을 직접 목격하기도 했는데, 스탈린주의의 범죄가 사회주의나 마르크스주의의 이름으로 저질러진 경우처럼, 명예혁명 이후의 영국 휘그당은 휘그당의 이름으로 휘그당의 자유주의적 제 원리를 배반했다고 말할 수 있을 것 같다.[21] 자유주의의 발전을 기준으로 18세기 휘그당을 이렇게 비판할 때, 우리는 어떠한 이데올로기의 연구에서도 일반적으로 다음 두 가지를 항상 염두에 두어야 할 것 같다. 즉 하나는 이데올로기의 연구와 평가에서 그 이데올로기의 제 가치 및 제 원리와 함께 그 이데올로기의 신봉자들의 실제 생활과 활동도 늘 함께 고려해야 한다는 것이고, 또 하나는 사상의 운동은 일반적으로 그 오랜 역사와 복잡한 과정에서 실천이 원리에 영향을 미친다는 사실이다.[22] 19세기와 20세기의 많은 자유주의자들의 민주주의에 대한 공포와 의구도 실은 18세기 휘그파의 실제 활동과 보수적 정책에 뿌리를 두고 있는 것이다.

휘그당의 실천이 그 이론 못지않게 중요하다는 것을 보여주는 현저한 예는 무엇보다도 재산 문제이다. 18세기 휘그당은 토지 소유자가 국가를 통치해야 한다는 낡은 원칙을 포기한 것 같았지만 지주층의 재산권 확대를 결코 소홀히 한 일이 없고, 다만 이제는 토지만이 유일한 부와 권력의 원천이 아니라 상공업과 금융도 토지와 함께 중요한 새로운 재산이라는 것을 인식하게 되었을 따름이었다. 그리하여 18세기 휘그당은 모든 형태의 재산권을 적극적으로 옹호하고 나섰던 것이다.

휘그당 정권의 절정기야말로 곧 재산권의 황금기로서 재산권 침해에 대한 사형 건수가 가장 많았던 시기이다. 사형 집행이 1688년의 약 50건에서 해마다 늘어 1820년에는 200건 이상으로 늘었는데 대부분이 재산권 침해범이었다. 어떤 사람은 1실링을 훔친 죄로, 16세의 한 소년은 3실링 6펜스와 회중 나이프 하나를 훔친 죄로, 한 소녀는 손수건 한 장을 훔친 죄로, 11세의 한 소년은 자기 주인집에 방화한 죄로 각각 처형되었다. 재산권 침해범으로 유형된 사람의 수는 사형 수보다 훨씬 더 많았다.[23] 18세기 영국 법의 포악성은 악명이 높다. 영국 법이 자행한 잔인한 체형은 계급 간의 균열이 점점 더 깊어가는 계급제도를 공포 분위기로 유지하려는 하나의 통치 방식이라기보다는 일종의 생활 방식에 가까웠다.[24]

유산자의 재산권은 종래 없었던 신기한 법들을 새로 제정함으로써 더욱 강화되었다. 가령 1670년에 새로 제정된 수렵법은 자기 보유지에서 한 해 수입이 100파운드 이상이 되는 부자가 아니면 비록 자기 땅 안에서라도 조수鳥獸를 사냥하지 못하게 하였다. 100파운드는 선거권 자격에 요구되는 재산의 50배가 되는 큰 돈이었다. 야생 조수는 종래에는 누구라도 잡아먹을 수 있어서 가난한 농민의 주요한 단백질 공급원이었는데, 이제는 대지주들의 독점 재산이 되었다. 그리고 사냥터 지기에게 농민의 가옥을 수색할 권한을 주어 조수를 잡아먹은 증거가 있으면 농민의 사냥 도구를 압수해갔다. 이렇듯 빈민이 누리던 관례상의 권리들도 밀렵이니 삼림 도벌이니 불법 침입이니 하는 범죄로 처벌했던 것이다.[25]

합리주의 경제학자들과 경제사가들은 대규모의 소택지 개간이 국민의 생활 향상에 이바지했다고 해석하고 있지만 개간 과정에서 식량원을 상실한 땅 없는 빈민에게는 하등의 득이 없었다. 인클로저도 마찬가지였다. 일찍이 디포Daniel Defoe나 17세기 말의 페티William Petty 경 같은 경제학자들은 앞으로 1801년에 가서나 제정될 인클로저 일반법 같은 것이 제정된다면 경제 발전이 훨씬 더 신속했을 것

이라고 아쉬워했다.[26]

　인클로저 청원의 개별법만도 1750년에서 1800년 사이에 약 2,000건이 의회에서 통과되었고, 일반법이 제정된 후 10년 동안에도 약 900건이 통과되었다. 개별법 청원의 비용 절약과 절차의 간소화를 목적으로 한 일반법의 제정으로 개별법은 1845년에 와서 완전히 자취를 감추게 되었는데, 18세기 초 이래 1845년까지 제정된 개별법은 총 4,000건이고, 인클로저가 행해진 면적은 650만 내지 700만 에이커에 이르렀다. 이 면적은 영국 전 국토의 약 5분의 1이고, 전 경작지의 약 4분의 1이다. 그 3분의 2는 미개간지가 아니라 구래舊來의 개방경지제open-field system에 의해 벌써부터 경작되어 오던 토지였다.[27] 인클로저 실시에 입법이 필요했던 까닭도 실은 농민이 전래의 공동경작지의 상실에 자발적으로 동의하지 않는 경우가 많기 때문이었다. 그러므로 법에 의한 인클로저란 결국 합법을 가장한 도둑질에 맞먹는 것이었던 것이다.

　인클로저에 대한 빈농의 반항은 일찍이 16~17세기부터 있었지만, 1760년경 이후 인클로저가 매우 신속히 진행되었다는 것은 빈농의 저항을 가볍게 누를 수 있는 부자들의 권력이 그만큼 커졌음을 말해주는 동시에 경제적 합리주의라는 새로운 사고방식이 우세해졌음을 보여주는 것이다. 이 경제적 합리주의는 순전히 경제적 측면에서만 사물을 고찰하여 경제적 손익만을 고려하고 사회적 이익과 손실은 전혀 고려하지 않는 사고방식이다. 한국의 제3공화국 이래의 지난 4반세기의 지배 엘리트의 사고방식이 바로 이런 카테고리에 속한다고 말할 수 있겠다.

　경제적 합리주의에 감염된 경제학자들은 영국 인클로저야말로 생산 증대에 이바지했으며 팽창한 인구를 개량된 기술을 이용해 노동력으로 흡수해야 하는 18세기 영국의 필요에 적절히 부응한 매우 유익한 방법이었다고 찬양한다. 그러나 누구에게 유익했단 말인가? 부유한 계층의 경제적 유익은 인클로저로 말미암아 농토를 잃은 농민에게는 사회적 불운이었다. 그들이 거둔 경제적 이익은 자립할 권리를 항구히 상실하고 농촌 프롤레타리아로 전락한 농부들이 치른 사회적 대가였던 것이다. 그들이 감당한 사회적 불우와 대가는 경제적 이익처럼 쉽게 숫자로 계량할 수는 없지만 역사적으로 볼 때 그것은 결코 경제적 이익을 메울 수 없는 손실이었다. 데이비스David Davies 목사는 1795년에 벌써 이 점을 발견하여 "매우 의아스러운 경제적 이익 때문에 수없이 많은 사람이 넉넉한 자립 생활에서 불안한 고용살이로 전락하여 일거리가 없으면 교회에 구걸하러 온다"[28]고 기록하였고, 또 오랫동안 인클로저의 열렬한 지지자였고 1801년의 인클로저 일반법 제정에 열을 올렸던 영Arthur Young도 말년에 가서는 희생된 농민의 고통이 어떻게 정당화될 수 있겠느냐는 의문을 갖게 되었다. 그는 인클로저 법은 평균 스무 개 중 열아홉 개가 가난한 자들에게 피해를 주었고 어떤 것은 매우 혹독한 피해를 주었다고 증언하였다.[29]

이상에서 본 바와 같이 18세기 영국 휘그당의 자유의 이론과 실제는 재산을 소유한 자가 나라를 다스리고 자유를 지킨다는 것이었다. 재산을 소유한 자가 나라를 다스려야 한다는 원리가 널리 당연한 것으로 승인될 경우 정부의 기능은 재산의 보호에 있다는 주장 역시 당연한 것으로 여겨지게 마련이다. 그리하여 디포는 1706년에 "이 세상의 모든 정부는 소유권이 통치권을 갖는 데서 출발하였고 통치권은 소유를 지켜주는 가죽끈이며 감시원이다"[30]라고 주장하였다. 이러한 그의 주장을 정당화해주는 이론적 근거는, 인간이 자유인으로 행동하는 데 필요한 독립의 기반은 오직 재산뿐이기 때문이라는 것이었다. 재산이 없는 자들은 독립이 없고 따라서 남에게 의존해야 하기 때문에 투표를 자기 판단에 따라 자유로이 할 수 없고, 무모한 정치 모험가들이나 과격한 선동가들이 제공하는 돈이나 향연이나 취직 알선 따위의 불법적 유혹에 빠지기 쉽다. 그러니 가난한 자들에게 투표권을 주면 재산에도 자유에도 위협이 된다는 것이었다. 빈민에 대한 공포와 불신이 이처럼 철저했으니 재산만이 통치권을 누려야 한다는 것은 당연한 결론이었다.

3. 빈곤관

오늘날의 자유주의는 빈민과 빈곤에 대해 인도주의적·온정적 태도를 보이고 있다. 그러나 역사적으로 보면 자유주의는 오히려 빈민에 대해 가혹한 태도를 보였는데, 이 가혹한 태도는 자유주의 고전경제학에 의해 과학적 정당성을 획득하게 되었다. 고전경제학은 부를 만들어내는 것은 노동이라는 것을 발견하여, 빈민을 고용주의 노동이나 손으로 간주하였다. 그리하여 페티 경은 "땅이 부의 어머니인 것처럼 노동은 부의 아버지이며 적극적인 원리이다"[31]라고 말했다. 그러므로 가난한 사람들의 태만은 부자의 부에 대한 위협이었다. 여기서 어떻게 하면 빈자들의 태만을 없앨 수 있느냐가 부자들의 중요한 문제가 되었다.

  빈자들의 태만을 없애는 길은 궁핍과 굶주림이라는 일반적이고 기본적인 압력이었다. 먹을 것과 입을 것이 없을 때에는 어찌할 도리 없이 일을 하지 않을 수 없다는 것이다. 그러므로 빈자에게는 항상 먹고살 만큼의 임금밖에 주어서는 안 된다. 왜냐하면 더 넉넉하게 임금을 받으면 일을 하지 않을 것이기 때문이다. 페티는 임금 규정법은 임금을 노동자로 하여금 겨우 먹고살아 갈 정도로 규정해야 한다고 주장하였고,[32] 아서 영은 하층계급은 늘 가난해야지 그렇지 않으면 결코 부지런히 일하지 않는다는 것을 바보가 아닌 이상 누구나 아는 바라고 극언하였다. 1785년에 타운센드Joseph Townsend 목사도 가난한 자들을 일터로 가게 하는 것은 오직 굶주림뿐이고 굶주림은 법의 제약보다 훨씬 더 유용한 자극제라고 하였다. 그 이유는 법에 의해서 일을 시키려면 번거롭고 시끄럽고 또 강제의 수단을 써야 하지만, 굶주림의 방법은 평화적이고 조용할뿐더러 굶주림은 끊임없이 압력을 가하는 것이기 때문에 부지런히 일하지 않을 수 없게 하는 가장 자연스러운 동기라는 것이다.[33] 이와 같이 하여 18세기 말엽에 이르면, 고용주나 국가의 강제 수단에 의하지 않고도 노동자계급으로 하여금 자본주의 시장경제를 제대로 움직이게 하는 방법을 많은 사람이 알게 되었다. 시장경제의 압력 앞에서 노동자는 실업의 위험을 피하기 위해 필사적으로 일할 수밖에 없다는 것을 많은 사람이 다 알게 된 것이다.

이와 같이 부르주아계급은 빈민의 경제적 역할을 철저히 파악하였다. 맨더빌은 《꿀벌의 우화The Fable of the Bees》에서 "노예가 용납되지 않는 자유의 나라에서 가장 확실한 부는 수없이 많은 부지런한 빈민이라는 것은 명백하다"[34]고 말하였다. 빈민의 노동의 가치가 얼마나 중요한가를 철저히 파악한 이상 그 빈민을 가급적 어려서부터 일하게 할 필요가 있었다. 따라서 경제적 합리주의는 필연적으로 어린이노동을 권장하기 시작했다. 1697년 로크는 상무부에 보내는 한 보고서에서 3세 이상의 어린이들에게 방적과 편물의 기술 교육을 시켜서 돈벌이를 하게 해야 한다고 권고했고, 디포는 잉글랜드를 두루 여행한 후 어린이를 고용한 지방은 잘살고 그렇지 않은 지방은 못산다는 결론을 내렸다.

맨더빌을 위시한 철저한 경제적 합리주의자들은 빈민의 교육에도 반대하였다. 그들에 따르면 가장 빈궁한 환경 속에서도 사회를 행복하게 하고 사람들을 편안하게 하려면 절대다수의 사람들이 무지하고 가난해야 했다. 왜냐하면 그들을 무지하게 길러야만 노동값을 싸게 유지하여 이웃나라들보다 유리한 값으로 상품을 팔 수 있기 때문이다.[35] 이것이 맨더빌의 거침없는 빈민관이었다. 그런데 맨더빌은 거기에 머물지 않고 한 걸음 더 나아가 자본주의경제의 활성을 위해 프로테스탄티즘의 전통적 가치관마저도 부정하였다. 한 사회가 잘 살려면 절약, 검소, 자기희생 같은 낡은 유형의 가치를 포기해야 하고, 소비자에게는 사치와 낭비를 조장하고, 생산자에게는 끊임없는 탐욕을 조장해야 생산이 자극된다는 것을 알아야 한다고 주장한 것이다. 그는 이런 주장을 "개인의 악덕은 곧 공공의 이익"이란 말로 요약했는데, 이 말이야말로 개인의 사리 추구와 사회 일반선의 일치를 전제로 하는 시장 자유주의의 전통에 꼭 들어맞는 말이다. 그러나 맨더빌에게는 개인의 악덕도 공공의 이익도 실은 누구에게나 해당되는 것이 아니라 부자들에게만 한정된 것이었다. 왜냐하면 사치와 낭비가 생산을 자극할 때 그 사치와 낭비는 수입이 많은 부자들만이 할 수 있는 것이고, 노동하는 빈민에게는 사치와 낭비를 조장해서는 안 된다는 것이 그의 주장이었기 때문이다. 맨더빌의 사회는 많은 생산자 대중과 그들이 먹여 살리는 소비자 엘리트로 구성되어 있는 사회이다. 맨더빌은 그야말로 18세기 영국 휘그당의 자유방임적 자유주의의 대변자라고 말할 수 있었다.

그러나 맨더빌과 같은 주장은 휘그당에 한정되어 있지 않았다. 1710년 이래 휘그당에서 토리당으로 옮긴 풍자 작가이며 아일랜드의 애국자인 스위프트Jonathan Swift의 짧은 글을 여기 인용해보자. 그와 맨더빌이 얼마나 비슷한가에 누구나 놀라지 않을 수 없을 것이다.

어떤 사람은 늙고 병들고 병신이 된 수많은 가난한 사람들에게 큰 관심을 기울이는데 …… 나는 그런 일에 조금도 신경을 쓰지 않는다. 왜냐하면 그들은 추위와 굶주림, 불결과 해충에 의해 어찌할 도리 없이 매일매일 빨리 죽어가고 썩어가게 마련이라는 것을 잘 알고 있기 때문이다. 그러나 젊은 노동자들은 매우 건강한 상태에 있지 않은가?[36]

땅은 본래 하나님이 사람들에게 공동으로 주었다는 생각은 앞서 본 바와 같이 로크의 사상에 아직 그 흔적이 남아 있었지만, 토지의 공동성의 개념이 깡그리 없어지고 오직 사유재산권만이 유일무이의 원리가 되어 있었다는 사실을 당대의 저명한 저술가 디포는 다음과 같이 말하고 있다.

정직하게 일하고 정직하게 소유한 신민들은 당연히 자기들의 소유물을 자유로이 향유해야 한다. 그것이 우리가 법, 자유, 재산이라고 부르는 것의 기반이며 …… 그것이 의회, 헌법, 정부와 순종의 목적이며, 이 세상의 질서가 자리 잡고 있는 진정한 기반이다.[37]

이렇게 고찰해볼 때 18세기 영국의 휘그적 자유주의의 본질은 일반적으로 평가되고 있는 것처럼 온정과 개명과 진보만이 아닌 듯하다. 휘그파의 전통을 점진적이고 질서 있는 진보로 평가하는 휘그파 역사가들은 그 점진적이고 완만한 진보의 대가로 많은 사람이 얼마나 큰 고통을 당했는가를 미처 보지 못하는 것 같다. 동시에 그들은 18세기 휘그당의 통치 방식이 결코 본래 의미의 자유주의적이고 진보적인 것이 아니라 오히려 빈민과 불우한 계층에 대한 혹독한 정책이었다는 점을 간과하고 있다.

제6장

18세기 프랑스의 자유주의

1. 영국의 영향과 계몽사상

앞서 언급한 바와 같이 18세기의 유럽 대륙에서는 네덜란드를 제외하고는 자유주의적 원리가 국가제도로서 그리고 국민의 생활양식으로서 받아들여진 나라는 하나도 없었다. 그러나 대륙에 미친 네덜란드의 영향력은 바다 건너의 영국에 비하면 훨씬 적었다. 그러므로 대륙에서 볼테르와 몽테스키외같이 절대주의와 싸우는 자유주의자들은 영국의 자유주의를 가장 이상적인 것으로 흠모하고 있었다. 볼테르는 관용, 자유, 개인적 권리 등의 자유주의적 가치의 실현을 위해 몸으로 부대끼면서 적극적으로 투쟁한 사람이었다. 어떤 고상한 원리를 신봉하기는 쉬우나 그 원리를 사회적으로 실현하기 위해 목숨을 걸고 투쟁한다는 것은 결코 쉬운 일이 아니다. 볼테르는 루소는 글을 쓰기 위해 쓰지만 "나는 행동하기 위해 쓴다Moi, j'écris pour agir"고 했는데 그 말은 결코 과장이 아니었다. 그는 1778년 83세로 죽기 수개월 전에 파리로 돌아왔는데 이는 28년 만의 귀국이었다. 그동안 그는 프랑스에 접경한 스위스의 페르네에서 망명 생활을 해야 했고, 프랑스 안에 살고 있을 때에도 세 번이나 감옥에 가야 했다. 볼테르의 고초는 앙시앵레짐ancien régime하의 프랑스 지식인들의 공통된 운명이기도 하였다. 루이 14세와 15세 때 파리의 바스티유 감옥에 투옥된 저술인과 서적상만 해도 1,000명이 넘었다고 하니 프랑스 전역에서는 얼마나 더 많은 지식인이 투옥되었을까? 이러한 상황에서 프랑스의 계몽사상가들이 영국의 자유와 관용, 경제적 번영을 모델로 삼아 그들의 자유주의 질서를 프랑스에 실현하려고 했다는 것은 너무나 당연하였다.

볼테르는 1726년에서 1729년까지 영국을 방문하여 휘그적 자유주의를 직접 관찰할 기회가 있었다. 월폴 시대의 영국 사회는 모순과 보수적 국면이 적지 않았음에도 불구하고, 볼테르는《철학 서간 *Lettres Philosophiques*》(1733~1734)에서 영국을 극구 칭송하고 있다. 그는 영국에서 돌아온 지 3년 뒤에 영국을 방문하게 된 자기 친구에게 보낸 편지에 이렇게 쓰고 있다.

> 자네는 내 친구이고, 자유를 사랑하고 사색하는 정신의 소유자이니, 영국은 틀림없이 자네를 만족시켜줄 것일세.[1]

볼테르가 영국을 극구 칭송한 까닭은 영국이 베이컨과 로크와 뉴턴의 나라라는 사실 때문만이 아니라, 그들과 같은 과학과 합리주의 철학의 영웅적인 개척자들을 우러러 존경하는 나라였기 때문이었다. 그는 1727년 3월 웨스트민스터 성당에서 거행된 뉴턴의 장례식에 참석하여 "백성에게 선정을 베푼 임금님의 장례식 같았다"[2]고 감격하고 있다. 또 볼테르의 눈에 비친 영국은 이성을 존경하는 나라일 뿐만 아니라 모든 종류의 재능도 존경하는 나라로서, 재능만 있으면 누구라도 성공할 수 있는 사회적 이동이 가능한 나라였다.[3]

그리고 영국에서는 프랑스와는 달리 귀족도 상공업에 종사하고 귀족의 면세 특권이 없었다. 볼테르는 영국의 경제적 번영의 비결은 모든 사람이 자유로이 경제활동을 할 수 있고 그 재능과 노력에 따르는 대가를 받는 데 있다고 생각했다. 다시 말해 자유에 있다고 생각했던 것이다. 특히 그는 종교의 자유가 지닌 중요성을 강조하였다. "양심의 자유가 없는 곳에서는 신앙의 자유가 있을 수 없다. 폭군은 종교와 함께 상업도 침범한다"[4]고 말했을 때 볼테르는 자기 조국 프랑스의 절대주의가 낭트 칙령을 폐지한 후 위그노에 대한 탄압을 계속하고 중상주의 정책의 강화로 국민의 경제활동에 국가가 간섭하는 한심스런 현실을 고발하고 있었던 것이다. 영국의 정치제도에 관해서도 그는 영국의 긴 역사를 통해 형성된 군주정치와 귀족정치 및 민주주의의 삼자가 상호 견제하는 이상적인 제도로 보고 있었다. 그리고 그러한 이상적인 제도들을 만들어낼 수 있었던 것은 두 차례의 영국혁명에 성공했기 때문이라고 강조하여, 프랑스와 유럽 대륙의 계몽사상이 자유를 위해 싸울 대상과 방법이 무엇인가를 분명히 암시하고 있었다.

정치제도의 문제에서 볼테르보다 더 큰 영향을 미친 것은 몽테스키외의 삼권분립론이었다. 몽테스키외도 1730~1731년에 영국을 여행하면서 영국의 정치제도와 생활양식 그리고 상업과 관용과 자유를 칭송하고 특히 영국의 정치적 자유를 보장해주는 삼권분립의 정치 구조에 감탄하였다. 그가 보기에 영국은 왕정의 탈을 쓴 공화국이었다. 영국의 왕정은 17세기에 네덜란드가 상징적으로 보여준 공화적 전통의 현대판이었다. 그러나 네덜란드의 자유주의는 유럽의 절대주의에 심각한 도전이 될 만한 현실적 힘이 없었다. 그런 힘은 오직 영국에만 있었다. 영국이 경제적으로 크게 번창하고, 루이 14세의 팽창 정책을 거뜬히 막아낼 수 있을 만큼 군사적으로 강대한 사실은 영국의 정치사회 제도가 그만큼 훌륭하다는 증거였다. 따라서 영국의 왕정을 가장한 공화주의의 전통, 종교적 관용, 개인적 자유 등은 절대주의의 대륙에서도 결코 시대착오적인 것이 아님을 말해주는 것이었다. 여기서 계몽사상의 자유주의자들은 자기들의 투쟁은 반드시 승리한다는 확신을 가지게 되었다.

볼테르나 몽테스키외 같은 사람들을 통해 영국이 프랑스의 계몽사상에 끼친 영향은 여러 방면에 미치고 있었지만, 무엇보다도 중요한 것은 계몽사상의 기본적 특징인 합리적 사고에 미친 영향일 것이다. 그것은 데카르트의 연역적 체계 전통이 강한 프랑스 지성계에 영국적 경험론의 새 바람을 일으켰다. 볼테르는 데카르트를 가리켜서 위대한 업적을 세웠음에도 불구하고 "많은 사람들의 눈을 멀게 하는 그 체계의 정신 때문에 길을 잃고 방황한 사람 중 하나"[5]라고 비판하였다. 계몽사상가들은 체계적 정신ésprit systematique과 체계의 정신ésprit de systeme을 엄격히 구별하였다. 그들은 과학 연구에는 체계적 접근이 필수적인 것이기는 하지만 데카르트의 방법론처럼 체계부터 세우려는 유혹을 피하려고 노력하였다. 이러한 태도는 영국의 뉴턴에게서 배운 것으로 뉴턴은 가설을 세우지 않았다. 그는 사실만을 중시하고 오직 사실을 관찰하고 무게를 달고 길이를 재고 계산을 할 따름이었다. 이런 점에서 계몽사상가들은 합리주의자라기보다는 경험론자였다. 그들은 거창한 체계나 추상적 관념이나 기타 무엇이든 형이상학적인 냄새가 나는 것은 일체 불신하였다.

그러나 모든 계몽사상가가 다 한결같이 경험론적 방법을 찬성하지는 않았다. 달랑베르Jean le Roland d'Alembert는 특수와 개별을 강조하면서도 사물의 전체로서의 이해의 중요성도 강조하였다. 그리하여 그는 백과사전 편찬의 목적은 한없이 다양한 온갖 종류의 인간 지식을 진정으로 통일된 하나의 체계 속에 담는 것이라고 하였다.[6] 그러나 백과사전의 편찬 원칙은 통일이 아니라 수집이었다. 프랑스 계몽사상에는 통일적 지식을 이상으로 하는 경향이 계속 살아 있었으나 그러한 경향은 개별과 특수를 강조하는 경험론의 눈총을 받고 있었다. 그것이 과학적 연구 태도에서 보여준 계몽사상의 특징이었다.

이 특징에 병행하는 또 하나의 특징으로 계몽사상에는 이성에 대한 철저한 신뢰와 함께 이성의 한계를 의식하는 겸손이 있었다. 이 문제에 관해 볼테르는 이렇게 말하였다.

> 나는 인간의 마음은 대단히 한정적이라는 것을 잘 알고 있고 또 분명하게 느끼고 있다. 그러나 바로 그렇기 때문에 우리는 이 한정된 마음의 세계의 영역을 더욱더 넓히도록 우리의 타고난 태만과 무지와 싸우지 않으면 안 된다.[7]

여기서 마음이란 오성의 힘 내지 이성의 힘 혹은 인간 정신을 말하는 것으로서, 계몽사상이 낙관적이라는 것은 이성 자체에 대한 낙관이라기보다는 인간 의지에 대한 낙관이었다. 그러므로 계몽사상가들에게는 통일적·보편적 지식을 목표로 하면서도 실제 경험에서 얻을 수 있는 것 이상의 것을 좇으려고 하지 않는 경향이 있었다. 이 경험의 중시, 즉 사물의 특수성에 대한 강조야말로 훗날 자유주의가 사변적 이론이나 일반화를 거부하고 직접적이고 가시적인 것 이상의 것을 보려고 하지 않는 소극적인 태도를 갖게 된 원인이었다고 생각한다.

그러나 계몽사상 자체는 인간 정신의 한계를 강조하지 않고, 인간 생활의 모든 분야에서 경험론적이고 과학적인 접근을 과감히 시도하여, 이성의 이름으로 미신과 맹신과 경신과 종교적 완미頑迷와 싸웠다. 칸트는 계몽사상을 "Sapere aude!(사피레 아우데)"라는 한마디로 요약하였다. "네 자신의 오성을 사용하는 용기를 가져라!"라는 뜻의 이 슬로건에서 오성을 사용한다는 것은, 사상과 신념에서의 권위에 대한 불신을 의미하고, 사람들이 진리라고 말하니 진리라고 믿는다거나 인습적으로 으레 옳은 것으로 여겨왔으니 옳다고 믿는 것을 거부하는 것을 의미한다. 칸트는 그것을 비판 정신이라고 부르고 모든 것은 비판 정신에 순종해야 한다고 하였다.[8]

모든 것이 비판 정신에 순종해야 한다고 할 때 그 모든 것은 신앙과 이성의 구별의 문제도 거부하는 것으로서, 계몽사상은 신앙과 이성의 벽을 무너뜨렸다. 거기서 볼테르의 이신론理神論도 흄의 회의론도 무너뜨리고 돌바크Paul Henri Dietrich d'Holbach의 노골적인 무신론으로 치닫게 되어, 종교에 대한 정면 공격은 계몽사상의 투쟁 중에서 가장 중요한 투쟁이 되었다. 당시 사상의 자유와 언론의 자유의 최대의 적은 가톨릭교회였다. 그 까닭은 17~18세기에 좀 중요한 책이란 거의 예외없이 금서 목록에 실렸기 때문이다. 계몽사상가들의 글치고 교회의 금서 목록에 오르지 않은 것이란 하나도 없었다. 그러니 양자의 충돌은 필연적이었다.

계몽사상이 가톨릭교회를 정면으로 공격한 또 하나의 이유는 종교적 광신 때문이었다. 프랑스에서는 1760년대에 이르러서도 아직 개신교도라는 이유만으로 고문을 당하고 처형을 당하고 있었다. 관용의 원리와 관용의 정책은 아직 어림도 없는 형편이었으니 가톨릭 교회의 광신과의 혈투가 어찌 불가피하지 않았겠는가? 볼테르는 70대에 이르러서도 노구를 이끌고 광신과의 혈투를 주저하지 않았다. 계몽사상가들의 이러한 투쟁의 결과 유럽의 몇몇 나라에서는 합법적인 고문 제도가 폐지되었다. 오늘날 신앙과 정치의 문제에서 다원주의가 널리 용인되고 있는 것은 18세기 계몽사상이 벌인 혈투 덕분이라고 생각해야 한다.

이성과 지식과 과학정신의 적은 종교만이 아니었다. 계몽사상은 세속적 전제주의야말로 무지의 온상이라고 믿었다. 영국과 네덜란드같이 전제주의를 몰아내고 정부의 권한이 제한되어 있고 종교적 관용이 실천되고 있는 나라에서는 과학이 발달하고 지식이 향상하고 있지 않느냐는 것이었다. 교회의 완미에서 해방되고 전제정치에서 해방되고 중상주의에서 해방된 개인적 자유가 없는 곳에서는 이성도 과학도 발달할 수가 없다는 주장이었다.

2. 공리론과 행복론

이처럼 계몽사상의 이성과 지식의 최대의 적이 종교와 전제주의였다면 이성과 지식의 동맹자는 관용과 상업과 기술이었다. 상업은 편견을 치유해주고 물자의 교류는 지식의 교류를 촉진하여 사람들로 하여금 독립 정신과 자유 의식을 일깨워주는 동시에 국제 간의 평화를 촉진시킨다. 몽테스키외는 무역은 국가 간의 상호 의존을 촉진시키기 때문에 무역의 자연스런 결과는 평화라고 믿었으며, 칸트는 상업의 정신은 전쟁과 양립할 수 없다고 믿었고, 볼테르도 무역은 국가들을 서로 싸우게 만들기보다는 서로 친하게 만든다고 믿었다.

그러나 그들은 교역이 국가들은 서로 가깝게 할지 모르나 개인들은 서로 대립하게 한다고 보았다. 개인들이 각각 제 이익만을 추구하다보면, 오히려 서로 경쟁하게 되고 서로 질시하게 된다는 것이다. 그런데 흥미로운 것은 개인들의 치열한 경쟁을 통해 인류 역사는 발전한다는 생각이 최대의 관념 철학자 칸트에 의해 주장된 사실이다.

> 비정한 경쟁의 부질없는 자만심과 소유하고 지배하려는 끝없는 욕망을 인간에게 준 자연에게 감사하노라. 자만과 욕망이 없다면 인간의 뛰어난 역량은 모두 영원히 잠든 채 개발되지 못했으리라.[9]

칸트와 같은 이상주의자가 이기심과 경쟁심을 사회적 덕으로 받드는 맨더빌 같은 부류의 인간들에 합세했다는 것은 놀라운 일인 동시에 실로 의의 깊은 일이 아닐 수 없다. 왜냐하면 계몽사상과 경제적 자유주의의 밀접한 관계를 잘 말해주고 있기 때문이다.

그러나 계몽사상가들은 결코 경제적 합리주의자들이 아니었다. 아무리 경제성이 높더라도 인간의 기본권에 배치되는 상업은 배척하였다. 18세기에 가장 경제성이 높은 장사는 노예무역이었는데 계몽사상가들은 노예제도를 결코 용인하지 않았다. 토인비에 의하면 전쟁이라는 제도와 노예제도는 인간이 만든 제도 가운데서 가장 나쁜 제도이다. 디드로Denis Diderot와 콩도르세Marie Jean Antoine Nicolas de caritat Condorcet는 노예제도를 맹렬히 비난했고, 볼테르는 노예제도에 반대한 스파르타쿠스Spartacus 반란을 인류 역사상 가장 정의로운 전쟁이라고 하였다.

몽테스키외, 돌바크, 콩도르세 같은 인물이 귀족이었다는 사실을 가지고 계몽사상이 본질적으로 부르주아 운동임을 왜곡하려는 경우가 더러 있으나, 문제는 그들의 사상이 부르짖은 내용에 있지 그들의 사회적 성분에 있지 않다. 계몽사상에 귀를 기울이고 그 사상을 지지한 사람들은 상공업자, 기술자 및 전문직의 중산계급이었는데, 이 중산계급이야말로 모든 중요한 덕과 도덕성, 진지성과 사회적 다이너미즘dynamism의 보고였다. 이러한 중산계급이야말로 근대 문화와 그 문화의 핵심적 이데올로기인 자유주의의 창조를 담당한 계급이다.

이 중산계급은 이성을 존중하고 이성이 제공하는 과학과 지식의 가치를 충분히 이해했는데, 그 이성과 과학의 동맹자는 상업과 기술이었다. 계몽사상가들에게 과학은 그저 진리에 그치는 것이 아니라 인간의 실제 생활에 유용한 진리였다. 상업과 기술의 발달에 이바지하는 유용한 진리가 아니면 그런 진리는 진보와 복리에 아무 도움이 안 된다는 것이었다. 베이컨은 아는 것이 힘이라고 했다. 지식은 그 자체가 가치 있는 것이 아니라 힘을 주기 때문에 가치 있는 것이었다. 베이컨이 계몽사상에 미친 영향은 결코 적지 않았다. 그리하여 계몽사상가들의 눈에는 신학은 그것이 비록 진리라 하더라도 유용한 진리가 아니라고 생각했기 때문에 인간 생활에 아무 보탬이 안 되는 쓸모없는 것이었다. 여기서 유용성과 공리성은 계몽사상의 중심 테마가 되었다.

거기서 계몽사상의 자연관도 베이컨의 자연관 그대로였다. 자연이 가진 유용한 것을 철저히 이용하여 그것을 인간 목적에 이바지하게 해야 한다는 것이었다. 자연은 인간 목적의 수단이고 그 자연의 법칙을 아는 지식은 곧 힘이었다. 이러한 자연관, 즉 인간과 자연과의 관계에 대한 계몽사상의 생각을 가장 정확하고 명료하게 설명한 사람은 칸트였다. 그는 인류 역사의 첫 출발이 어떠했을까를 다음과 같이 추론하였다.

> 인간은 자연의 진정한 목적이다. 이 점에서 인간은, 지상의 어떤 생물도 자기에 맞먹을 수 없다는 것을 비록 막연하게나마 이해하게 되는 순간부터, 동물과의 공서共棲 관계를 완전히 끊고 동물들 위에 서서, 같은 피조물로서가 아니라 자기가 바라는 온갖 목적에 이바지하게 하는 단순한 수단과 도구로서 동물들을 내려다보게 되었다.[10]

인간과 자연의 관계에 대한 칸트의 이 솔직한 선언은, 개인은 그 자체가 목적이고 어느 누구도 다른 목적의 수단으로 취급될 수 없다는 그의 명제와도 완전히 일치한다. 인간을 자연의 지배자로 생각하는 인간관에 내재하는 자연과 인간의 완전 격리를 칸트만큼 명료하게 표명한 사람은 일찍이 없었다.

그런데 자연을 수단으로 취급하고 인간을 목적으로 생각하는 사람들이 만일 다른 인간들을 수단으로 취급하게 된다면 어떻게 될까? 계몽사상의 또 하나의 중요한 인물인 이탈리아의 베카리아 Cesare Beccaria는 "사람이 어떤 상황하에서 인간person이 아니라 물건이 될 수 있다는 법칙이 있게 된다면 자유는 없어진다"[11]라고 하였다. 그는 인간을 수단으로 취급할 가능성을 내다보고 있었던 것이다. 이처럼 계몽사상에는 칸트적인 인간관과 자연관에 대한 회의가 없지 않았다. 그러한 회의는 인간을 연구와 분석의 대상으로 삼는 인간 과학과 사회과학의 발전 속에 이미 숨어 있었다.

인간과학이니 사회과학이니 하는 말 자체가 인간을 자연과학적 개념에서 이해하려는 태도의 표현이다. 인류가 자연의 주인인 동시에 자연법칙의 지배를 받는 자연의 일부라면 자연을 과학적으로 연구하고 이해하는 것과 같은 방법으로 인간을 연구하고 이해할 수 있을 것이다. 계몽사상에서 이성이 과학과 지식이 되고 그 지식이 인간 생활에 유용한 기술이 된다면 인간도 이성을 사용하는 주체가 되기보다는 이성의 목적이 될 것이다. 사회과학에서 인간이 연구 대상으로 취급된다면 그 인간이 과학적임을 주장하는 사회정책과 경제정책의 대상으로 취급될 것인데, 그것은 조금도 이상하지 않다. 이러한 일이 실제 일어났다. 자유주의경제학과 그 경제학에 입각한 사회정책과 경제정책이 바로 그러한 것이다.

이제 여기서 우리는 계몽사상이 과학과 자연의 지배를 통해 그토록 증진시키려고 한 유용성 내지 공리성의 개념은 과연 어떤 것이었나를 살펴보아야 할 단계에 이르렀다. 계몽사상에서 무엇이 유용하다는 것은 그것이 행복이나 쾌락을 증진시키거나 불행과 고통을 감소시키는 것을 의미한다. 돌바크는 "착한 사람이란 다른 사람의 복리와 행복을 증진시키려는 방향으로 끊임없이 노력하는 사람이고, 나쁜 사람이란 자기와 더불어 사는 사람의 불행과 고통을 증진시키려는 방향으로 행동하는 사람이다"[12]라고 말하였다. 디드로는 이렇게 말하였다.

> 유일한 의무가 있는데 그것은 행복해지는 것이다. 내가 가지고 태어난, 억제할 수 없고 양도할 수 없는 성향은 행복해지려는 것이다. 그렇기 때문에 그것은 내 진정한 의무들이 뿌리내리고 있는 유일무이한 원천이며 모든 좋은 입법이 싹트는 유일한 기반이다.[13]

프랑스 대혁명이 자코뱅파에 의해 절정에 달했을 때 로베스피에르Maximilien François Marie Isidore de Robespierre와 함께 공포정치를 이끌어갔던 생쥐스트Louis Antoine Léon de Saint-Just는 행복이란 말은 유럽에서 새로 생긴 관념이라고 말한 바 있다. 오늘날에는 행복이란 말이 아주 평범하게 널리 사용되고 있지만 계몽주의 시대에는 행복이란 매우 생소한 말이었다. 그러면 계몽사상가들이 유용성과 공리성의 내용으로 규정한 행복이란 도대체 무엇이었을까? 베카리아가 《범죄와 형벌Dei delitti e delle pene》에서 논한 바를 보면 그는 인간의 경험과 인격을 오직 경험론·감각론적 입장에서 이해하고 고통과 쾌락을 감각의 스펙트럼의 양극에 놓고 있다. 그리하여 "행복이란 결국 감각론적 심리학의 논리적 대상이었다".[14]

그런데 계몽사상이 행복의 윤리를 그렇게 감각론적 심리에 결부시킨 것은 우연한 일이 아니다. 왜냐하면 계몽사상가들은 행복을 인격의 자아실현이나 개인적 성취의 용어로 이해하려고 하지 않고, 하나하나 떨어져 있는 경험들이나 쾌락적 감각들의 총화의 용어로 이해하려고 했기 때문이다. 경험을 하나하나 떨어져 있는 것으로 즉 경험론적으로 설명하게 되면 인격을 완전히 해체시켜버릴 것은 너무나 명백하다. 그러므로 행복을 쾌락적 감각의 용어로 규정할 때 거기서 생기는 정치적 결과는 개인 인격의 권리나 자율에 대한 존중을 등한시하게 된다. 여기 계몽사상의 감각론적 행복관에 중대한 문제가 숨어 있었다.

감각론적 행복관에 숨어 있는 또 하나의 문제는 행복과 감각적 쾌락의 일치에서 오는 자기중심적인 파괴적 결과이다. 흔히 개인의 행복 추구는 그것이 최악의 경우라도 무해한 것이고 최선의 경우에는 일반적 행복의 증진에 기여한다고 생각되고 있다. 그러나 개인이 추구하는 쾌락이 애정이나 인격을 전혀 무시한 성적 쾌락이거나 또는 타인을 착취하고 능멸하고 심지어 괴롭히는 데서 얻는 쾌락이라면 과연 어떻게 될까? 개인적 쾌락을 추구하는 사람의 개인주의적 공리주의에는 타인을 목적으로 취급하지 않고 자기만족의 수단으로 취급하는 경향이 있음을 결코 부인할 수 없다. 그러한 종류의 행복은 순간적인 성적 쾌락이나 감각적 쾌락에 불과하고 거기에는 인격적 존재로서의 인간이란 관념은 추호도 끼어들 틈이 없다. 그리고 그런 행복은 이른바 미풍양속이 명하는 사회적·도덕적 금제를 온통 무시한다. 그러므로 감각론적 행복관에는 선과 악의 구별이 없다. 선한 일을 행한 사람이 얻는 만족감보다 악한 일을 행한 사람이 얻는 만족감이 더 크다면 악한 일을 행한 사람이 더 행복하다는 말이 된다. 이 세상에는 범죄 자체에 쾌감을 느끼는 인간들도 있다. 그들이 행복하다는 말인가? 결코 그럴 수는 없다.

3. 교육관과 정치관

인간 경험을 감각론의 입장에서 이해하고 감각을 통한 경험에서 관념과 지식이 생긴다는 주장에 따른다면, 무엇이 진리이고 무엇이 진리가 아닌가에 관해 모든 사람이 일치된 견해를 보이고 있음을 볼 수 있다. 왜냐하면 감각은 모든 인간에게 공통된 것이기 때문이다. 그러므로 달랑베르는 "모든 지식은 궁극적으로는 모든 사람에게 거의 똑같은 감각으로 환원된다"[15]고 말했던 것이다. 따라서 모든 사람들이 각기 갖고 있는 특수한 경험이나 인습적으로 습득한 편견이나 무지 따위를 떨어버릴 수 있다면, 그들 모두에게 공통된 감각에 의해 객관적이고 합리적인 의견 일치에 도달할 수 있을 것이다. 문제는 오직 오랫동안 쌓인 경험의 짐을 각 사람에게서 어떻게 벗어버리게 하느냐 하는 것뿐이다. 이 문제에 대해 감각론자들은 나름의 해답을 가지고 있다. 즉 사람의 마음이란 본래 '백지tabula rasa(타블라 라사)' 처럼 아무 관념이 없는 공백 상태인데 그 공백을 메워가는 것이 경험이라고 한다. 사람의 마음은 본래 백지 상태이고 본유적인 관념이 없으므로 사람들이 갖고 있는 신념, 지식, 태도 같은 것은 모두 다 교육의 산물이라는 것이다. 그러므로 편견과 무지를 절멸시키려면 합리적이고 계몽된 형태의 교육을 전반적으로 실시하기만 하면 된다.

로크는 어린이들의 마음은 물과 같아서 어른들의 생각대로 이렇게도 저렇게도 만들 수 있다고 말하였다. 그는 이렇게 말하였다.

> 과오와 무지가 오랜 세월에 걸쳐 사람들을 비끄러맸다면, 그리고 편견이 그 과오와 무지를 영속화시켰다면, 과학과 이성과 진리가 언젠가는 그것들을 다 끊어버리게 될 것이다. 여러 세기에 걸쳐 미신과 잔인으로 마비된 인간의 마음은 이제 드디어 다시 잠에서 깼다.[16]

로크의 백지 이론에 의한 교육론은 환경이 사람의 마음을 좌우한다는 생각으로서, 로크 시대의 영국에서는 자연에 대한 지배력이 그만큼 증대하고 있었다는 사실을 반영해주는 것이지만, 영국을 흠모하는 대륙의 계몽사상가들은 로크의 교육론에 따라 이성과 진리를 교육함으로써 대륙도 영국과 같이 자유와 관용의 땅으로 만들 수 있다고 생각했다.

로크의 백지 이론은 누구의 마음도 똑같이 본래는 백지 상태이고 그 공백을 무엇으로 어떻게 메우느냐에 따라 경험과 지식이 달라진다는 주장이었으므로, 그 이론은 매우 평등주의적이고 민주주의적인 의미를 띠고 있었다. 사람은 누구나 다 이해하는 능력을 똑같이 갖고 있으니, 특별히 타고난 재주가 있는 사람이나 학식이 많은 사람만이 진리를 깨달을 수 있는 것이 아니었다. 어떤 사람도 훌륭하게 교육을 받으면 훌륭하게 될 수 있다는 것이다.

그러한 평등주의적·보편주의적 교육론에도 불구하고 로크도 계몽사상가들도 그 원리를 실제 적용하는 데에서는 매우 편협하였다. 로크는 교육은 부유한 자녀들만이 받을 수 있는 사치스런 것이고 이상적인 교육은 신사 교육일 뿐이라고 하였다. 그가 생각하는 교육의 목적은 세상일을 제 힘으로 해내는 능력을 길러주는 것으로서 세속적 지식 특히 과학교육을 중시하였다. 로크의 이 편협한 교육정책은 앞장에서 본 바와 같이 유산자 계층의 이익을 대변한 그의 면모를 그대로 보여주는 것으로, 교육도 부르주아계급이 성취한 새 질서를 통치하는 기술의 수련 방법이었던 것이다. 계몽사상가들의 교육정책도 로크에 못지않게 편협하고 계급성이 강하였다. 볼테르는 달랑베르에게 이렇게 말하였다.

> 교육은 노동자의 자녀들에게는 적당치 않네, 그들을 교육하면 농사일을 하지 않을 테니까. 교육을 받아야 할 자는 노동자가 아니라 건실한 부르주아, 도시 사람들이지.[17]

앞장에서 살펴본 바 있는 맨더빌의 입에서나 나올 법한 말이다.
계몽사상가들의 보편주의적 인간관에도 불구하고 이를 실제로 적용하는 문제에서 나타난 부르주아적 계급에 대한 편협성은 그들의 정치관에도 나타났다. 볼테르는 당시 부르주아들이 갖고 있었던 하층 민중에 대한 두려움을 갖고 하층 민중을 천한 자canaille라고 불렀고, 디드로도 민중l'homme peuple에 대해 역시 멸시하는 태도를 취하였다. 돌바크는 인민의 개념에 들어가는 부류의 사람들이 어떤 사람들인가를 명백히 말하였다.

> 내가 인민이라고 할 때 그 말은, 사회를 교란시키고자 하는 난폭한 선동가들의 하수인이 되고 언제라도 그들의 공범이 될 수 있는 무지하고 분별없는 우매한 민중을 의미하지 않는다. 자기 재산의 수입으로 품위 있게 살 수 있는 사람과 자기 토지를 소유한 가장만이 시민으로 간주되어야 한다.[18]

돌바크의 이런 견해는 18세기 영국 휘그파의 생각과 매우 닮아 있다. 정부의 목적에 관한 돌바크의 견해도 휘그파의 견해와 똑같다. 그는 "법이 정의로운 법이 되려면 불변의 목적으로서 사회에 대한 일반적 관심을 지니고 있어야 한다. 다시 말해 그 법이 최대 다수의 시민에게 안겨다 주는 이익이 무엇인가를 확실히 알게 해야 한다. 그 이익이란 자유와 재산과 안전이다"[19]라고 말하였다. 디드로 역시 "시민이 되게 하는 조건은 재산이다. …… 국민대표의 권리를 얻을 수 있는 것은 재산이 있기 때문이다"[20]라고 주장한다. 엘베시우스Claude Adrien Hélvetius 역시 똑같이 "사유재산의 수호가 국가의 도덕적 최고 목적"[21]이라고 말하였다. 이처럼 계몽사상의 주요한 인물들의 재산과 정치의 관계에 대한 견해는 로크의 경우와 마찬가지로 재산이 정치제도와 사회질서의 중심이었다.

사유재산의 사회적 기능과 사회적 효과에 대해 의문을 제시한 계몽사상가가 예외적으로 한 사람 있었는데 바로 루소이다. 루소는 사유재산 문제만이 아니라 그 밖의 여러 문제에 대해 가장 독창적인 계몽사상가로서 판에 박힌 자유주의의 울타리를 뛰어넘어 사회주의로 가는 길을 연 사상가이다. 18세기 유럽 사회의 빈곤과 무지와 고통의 사회적 현실 앞에서 그 해결 방법을 속 시원히 제시하기란 여간 어려운 일이 아니었다. 종교적 완미와 봉건적 자의에 대한 영웅적인 투쟁에 생을 바치고, 페르네에 망명하고 있던 말년에는 노동자 자녀를 위한 무상교육을 실시하고 가난과 굶주림에 시달리는 많은 빈민 대중에 대해 극진한 동정을 아끼지 않았던 볼테르 같은 사람도 현실 문제에 대한 대책에서는 묘안이 없었다. "많은 사람이 가난한 것은 어찌할 수 없는 일이지만 그렇다고 그것이 반드시 불행한 것은 아니다"[22]라는 것이 볼테르의 현실관이었다. 그것은 일종의 숙명론이었다. 현실 문제에 대해 숙명론에 가까운 태도를 보이는 게 일반적이었던 계몽사상가들 속에서 사회주의적 경향을 보여준 루소는 자못 독특한 존재가 아닐 수 없었다.

일반적으로 계몽사상가들은 경제적 평등주의자들이 아니었다. 그들이 신봉한 평등은 사회적·경제적 평등이 아니라 법 앞에서의 평등이며 정치적 평등이고, 재능과 업적에 대한 기회의 평등이었다. 그러므로 그들은 전통적인 귀족적 특권의 폐지를 주장하고 전제군주의 자의恣意에 반대하여 법의 지배를 신봉하였다. 요컨대 그들은 철저한 부르주아였고 전형적인 자유주의자였다. 그러기에 그들은 18세기 유럽 대륙을 지배하고 있었던 절대주의와 그것에 유기적으로 밀착되어 있는 불합리한 일체를 뜯어고쳐야겠다는 정열에 넘쳐 있었다.

그러나 그들이 바라는 개혁은 어떠한 방법으로 실현할 수 있으며 또 그 개혁과 그들의 이상을 실현할 수 있는 정치 세력은 어디에서 찾을 수 있었을까? 이 문제를 그들은 어떻게 풀었을까?

4. 위로부터 시작된 개혁의 좌절

계몽사상가들이 부르짖은 개혁의 계획은 본질적으로 부르주아적 개혁이었다. 그러기에 이를 실현하기 위해서는 강력하고도 전투적인 부르주아계급이 필요하였다. 그러나 불행하게도 프랑스에는 개혁에 착수할 만한 전투적인 부르주아지는커녕, 개혁을 지지해줄 만큼 강력한 부르주아지도 성장해 있지 않았다. 이것이 영국의 경우와 기본적으로 다른 점이었다. 여기 계몽사상가들의 안타까움이 있었다. 그들은 전투적이고 자유주의적인 개혁가들이었음에도 불구하고 개중에는 이른바 계몽 전제군주에게 개혁의 희망을 기대해보려는 사람들이 있었다. 그러나 그러한 위로부터의 개혁의 성공 가능성을 회의하는 자들은 이상도理想圖의 구상에 만족할 수밖에 없었다. 이는 현실에 대한 체념의 표현이었다.

프로이센의 프리드리히 대왕Friedrich der Grosse(프리드리히 2세Friedrich II), 러시아의 예카테리나 2세Ekaterina II, 오스트리아의 요제프 2세Joseph II와 같은 계몽 전제군주들이 계몽사상가들에게 희망을 준 경우도 있기는 했으나 결국은 다 허사였다. 볼테르가 프리드리히 대왕과 친교를 맺었다든가, 디드로가 러시아 여왕의 총애를 받았다든가, 벤담이 개혁의 꿈을 안고 러시아를 여행했다든가 하는 모든 것은 개혁가들의 꿈이 얼마나 허황한 것인가를 깨우쳐주는 데는 이바지하였으나 개혁의 꿈을 실현시켜주지는 못하였다.

위로부터 시작된 개혁의 희망을 결정적으로 포기하게 한 사건은 1776년 프랑스 튀르고Anne Robert Jacques Turgot의 실각이었다. 1774년에 루이 15세가 죽고 아들 루이 16세가 프랑스 왕에 즉위하면서 계몽사상의 개혁파 가운데 한 사람인 튀르고를 재무 총감에 임명했을 때, 볼테르를 포함한 계몽사상가들은 위로부터 시작된 개혁에 큰 기대를 걸었다. 튀르고는 중농학파의 경제 이론을 신봉한 지식인이고 계몽주의적 개혁파로서 참신하고 유능한 정치가였다. 그는 '적자도 증세도 차입도 없는' 재정 원칙을 세워 세제 개혁을 단행하고 곡물의 자유 매매에 의해 농민의 부담을 덜어주는 등 개혁에 정성을 다 쏟았다. 그러나 그의 개혁 정책은 전통적 특권 계층의 이해관계에 맞지 않았으므로 왕비를 둘러싼 왕실과 특권 신분의 반대에 부딪쳐 결국 2년 후 1776년 재무 총감에서 물러나게 되었다. 프랑스 대혁명의 직접 원인은 국고의 적자 문제였는데, 루이 16세가 즉위하는 1774년 당시 약 15억 리브르였던 국고의 빚은 혁명이 일어나는 1789년에는 45억 리브르로 늘었다. 만일 튀르고로 하여금 그의 개혁 정책을 충분히 추진시켰더라면 엄청난 적자 재정을 막고 프랑스 혁명을 미연에 방지할 수도 있었을 것이다.

튀르고의 실각은 그의 개혁 정책에 희망을 걸었던 볼테르를 비롯한 계몽사상가들을 크게 실망시켰다. 볼테르는 2년 뒤에 죽고, 디드로는 튀르고의 실각을 계기로 위로부터 시작된 개혁에 대한 기대를 포기하고 더 과격한 노선으로 방향을 바꾸었다. 1776년은 계몽사상의 개혁주의에서 매우 뜻깊은 해이다. 왜냐하면 그해는 대서양 건너편 아메리카의 영국 식민지에서 미국 독립 혁명이 일어난 해이기도 하기 때문이다. 프랑스의 계몽주의자들은 미국 독립 혁명이야말로 자기들의 이상이 실현될 수 있는 큰 기회라고 생각하였다. 디드로는 그것을 자유를 위한 투쟁으로 보았고, 이성의 기반 위에 새로운 사회와 새로운 정부를 건설하는 위대한 선례를 만드는 기회로 보았다.[23] 비록 대서양 건너에서 일어난 일이었지만 미국 독립 혁명이 영국에는 물론 프랑스를 비롯한 유럽 대륙에 미칠 영향을 계몽사상가들은 충분히 계산하고 있었다. 더구나 7년전쟁의 패배에 대한 복수심에 불타고 있던 반동적 프랑스 정부가 미국 독립 전쟁을 직접 돕게 되는 아이러니컬한 상황은 계몽사상가들의 개혁 의지를 한결 더 자극하였다. 미국 독립 전쟁에 참전함으로써 프랑스는 막대한 재정적 부담을 더 안게 되었을 뿐만 아니라, 참전 장병들이 갖고 돌아온 공화주의적·자유주의적 혁명 사상은 프랑스 혁명의 발발을 촉진시켰던 것이다.

그러나 계몽사상가들이 그들의 꿈과 계획을 실제로 실현시키게 될 프랑스 혁명은 아직 13년을 더 기다려야 일어난다. 그때까지 계몽사상의 주요한 인물들은 칸트, 콩도르세, 벤담 이외에는 거의 전부 개혁의 기회를 보지 못하고 이미 죽었다. 만일 그들이 죽지 않고 프랑스 혁명을 맞이했다면 분명히 그 혁명을 환영했을 것이다. 적어도 혁명 초기에는 그랬을 것이다. 그러나 혁명이 과격해졌을 때에도 혁명을 지지했을지는 알 수 없는 노릇이다.

제7장

자유주의의 승리

1. 미국 독립 혁명

계몽사상의 자유주의적 제 원리가 원리로서만 남아 있지 않고 현실 생활에 구체적으로 실현되려면 결국 어떤 과격한 혁명이 불가피하였다. 그런 혁명이 일어난다면 첫째 후보 나라는 프랑스였다. 그런데 그러한 혁명의 햇불은 뜻밖에도 프랑스가 아니라 바다 건너의 아메리카 대륙에서 타오르기 시작하였다. 미국 독립선언문의 기초자이며 제3대 미국 대통령인 제퍼슨Thomas Jefferson은 1801년에 옛 친구에게 보낸 편지에서 미국이 맞이한 이 새로운 역사의 장은 전혀 새로운 것이니 하늘 아래 새로운 것은 없다는 말을 이제 더 말할 수 없게 되었다고 써 보냈는데, 그의 말 그대로 미국의 건국은 구세계, 구질서에 맞서 새 인간들이 새 이념과 새 질서에 입각해 얻어낸 승리였다. 새 이념은 자유주의이고 새 인간은 자유주의 신봉자이며 새 질서는 자유주의의 제 원리가 실현된 새 나라와 새 사회였다. 그러나 자유주의란 어떤 고정된 이념의 틀이 아니라 역사적 상황의 변화와 함께 형성된 것으로서, 자유와 이성과 인권과 재산권을 미국 건국의 아버지들이 어떻게 이해하고 해석하느냐에 따라 새 나라의 헌법적 기초가 어떤 형태로 만들어질 것인가를 좌우하게 될 것이었다.

이제 곧 일어나게 될 프랑스 혁명에서도 그랬듯이, 미국 독립 혁명에서도 혁명을 보수적으로 해석하여 정치제도와 정치권력은 재산권을 반영해야 한다는 생각과, 인민 전체가 정치에 참여하여 민주주의를 수립해야 한다는 진보적 해석이 대립하였다. "모든 권력의 제1원리는 재산이고 모든 사람은 각기 자기가 소유하는 재산에 비례하여 정치에 참여해야 한다"[1]거나, "땅을 소유한 사람들이 나라를 다스려야 한다"[2]는 주장은 이미 17세기 영국 자유주의 시대부터 들어온 소리인데, 이것이 보수파의 주장임은 말할 나위가 없다. 가난한 자들은 독립할 능력이 없어 투표권을 부자들에게 팔아먹기 때문에 정치에 참여시켜서는 안 된다는 그 논리였다.

그러나 제퍼슨을 비롯한 진보적 그룹은 가급적 많은 인민 대중을 정치에 참여시키려고 하였다. 제퍼슨은 자기 고향인 버지니아 주에서 모든 성년에게 50에이커의 땅을 분배할 것을 제안하였고, "하나님이 선민을 골라 세웠다면 밭에서 일하는 사람들이 선민이다"[3]라고 말했는가 하면, "어느 시대, 어느 나라에서도 땅을 경작하는 민중이 도덕적으로 타락한 예가 없다"[4]고 하여 가난한 농민의 정치 참여를 주장하였다. 그는 부와 재산의 불평등은 근검절약과 생산기술이 사람에 따라 다르기 때문에 일어나는 현상으로서, 부의 불평등에 간섭하는 것은 각 사람들로 하여금 근면과 기술을 자유로이 행사할 수 있는 권한을 자의적으로 빼앗는 것이라고 생각하여 국가의 간섭을 배제하고, 따라서 재산의 불평등을 자연스러운 것으로 생각하였다. 그러나 부자만이 정치적 특권을 누려야 한다고는 결코 믿지 않았다. 그는 국민의 직접선거에 의한 단원제 입법부를 지지하고, 부자들을 대표하는 상원의 설치를 거부하였다. 그는 "내가 보는 바에 의하면 부자의 특성이 성실이라고 결코 말할 수 없다. 단원제 의회에서 내린 국민의 결정이 일반적으로 부자들의 결정보다 더 정직하고 더 사심없이 공평할 것이다"[5]라고 말하여, 부자들의 자질이 더 훌륭한 것은 아님을 분명히 천명했다. 이 말은 1776년에 한 말인데 40년 뒤에도 그의 생각에는 변함이 없었다.

> 나는 인민을 두려워하는 사람 중 하나가 아니다. 우리의 자유가 앞으로 계속되느냐 그렇지 않으냐는 부자들에게 달려 있지 않고 인민에게 달려 있다.[6]

이처럼 영국의 조지 3세George III가 다스리던 전제정치에서 벗어난 식민지인들이 스스로를 다스려야 할 새로운 국가 미국의 자치 이론으로 채택한 것은 역사가 베커Carl Becker가 지적한 대로 칼날이 둘 달린 검이었다.[7]

양 파가 대립하는 핵심 문제는 입법부를 단원제로 하느냐 양원제로 하느냐에 집중되어 있었다. 제퍼슨을 선두로 하는 단원제론과 애덤스John Adams와 매디슨James Madison을 선두로 하는 양원제론의 대립은 곧 민주주의적 자유주의와 휘그적 자유주의의 대립이었다. 단원제를 반대하는 보수파는, 국민의 직접선거에 의한 단원제 의회는 부와 재산과 사회적 안정을 대표하지 못하고 따라서 균형과 평형의 장치가 없어 결국 혼란을 야기하는 폭도의 지배와 다수의 전제로 전락하고 만다고 주장했다. 그러니 국민의 직접 대표 기관에 제동을 걸 양원제 의회를 만들어야 한다는 것이었다.

폭도의 지배에 대한 공포는 독립 혁명 초기부터 있었는데, 펜실베이니아 주를 선두로 하는 세 개 주의 헌법들이 단원제 입법부의 수립을 규정하는 등 민주적 색채가 매우 고조되어 가고 있던 1786년, 뉴잉글랜드 지방에서 농민반란인 셰이스Daniel Shays 반란이 일어나면서 유산계급의 불안이 한결 더 높아졌다. 녹스Henry Knox 장군은 셰이스 반란은 절조節操와 재산이 있는 뉴잉글랜드 사람 모두를 놀라게 했다고 워싱턴에 보고하면서 "우리 정부는 우리 생명과 재산을 안전히 보호하기 위해 바짝 죄어야 하고 개혁되어야 한다"고 말하였다. 여기서 민중의 의지를 억제할 수 있는 모든 방책을 강구하여 강력한 정부를 만들 연방헌법의 제정을 서두르게 되었다.

흔히 미국 헌법은 타협의 산물이라고 하는데, 그것은 13개 주의 각기 다른 이해관계가 타협한 결과물인 동시에 보수적 자유주의와 민주적 자유주의가 타협한 결과물이다. 1770년대와 1780년대의 미국에서 있었던 헌법상의 논쟁을 통해 드디어 확실해진 사실은 정치제도를 재산 보호의 방향으로 구성하려는 생각과 민주주의에 대한 끊임없는 두려움과 염려였다. 그러나 재산의 안전에 대한 염려보다는 민주주의에 대한 두려움과 단원제에 대한 반대가 더 강하였다. 이는 전제정치에 대한 두려움을 의미하였다. 조지 3세의 전제를 몰아내기 위해 피 흘려 싸워 얻은 독립을 새로운 형태의 전제에 내맡길 수는 없다는 것이었다. 거기서 버지니아 주의 첫 헌법처럼 행정, 사법, 입법의 모든 정부 권력을 입법부에 집중시키는 권력 구조를 반대하고, 3부의 어느 하나도 다른 부들을 압도하여 전제에 흐르는 일이 없도록 3부가 서로 견제하면서 균형을 이루는 권력 구조의 헌법을 만들었던 것이다. 대부분의 자유주의자들은 새 나라를 누가(어느 계급) 지배하느냐보다는 누구도(어느 계급도) 제 마음대로 지배하지 못하게 하는 정치권력의 제약에 더 마음을 쏟았다. 그들은 영국 왕의 전제도 부자의 전제도 민중의 전제도 모두 두려워하였다. 그리하여 해밀턴Alexander Hamilton은 "다수에게 전권을 주면 소수를 억압할 것이고, 소수에게 전권을 주면 다수를 억압할 것이다"[8]라고 말했던 것이다. 만일 다수의 권력에 제약을 가하지 않는다면, 그 다수의 권력은 민중 민주주의적 전제주의가 되어 재산권에 대해 위협이 될 뿐만 아니라 소수민족의 권리와 비국교적·반체제적 소수의 권리에 대해서도 위협이 된다는 것이다. 이것이 미국 건국의 아버지들이 민중 민주주의에 대해 두려워하는 자유주의적 태도였다. 이 태도가 철저한 삼권분립의 헌법을 제정하게 하였다.

이 삼권분립 사상의 배후에는, 민주주의의 개념에는 여러 가지 해석이 있을 수 있다는 생각의 싹, 즉 다원주의적 사회관이 숨어 있었다. 즉 사회는 여러 다른 이해관계들이 충돌하는 집합체이고 각기 다른 이해관계는 모두가 다 정통성을 갖고 있고, 따라서 서로 다른 이해집단들은 피차 배척하지 않고 다 함께 정치에 참여해야 한다는 생각이다. 이 다원주의적 사회관은 오늘날 자유주의의 입장에서 민주주의를 설명하는 데 핵심적인 역할을 하고 있다.

그리고 미국 독립 혁명의 지도자들이 민중적 민주주의에 대한 두려움을 거침없이 토로했음에도 불구하고, 그들이 선포한 미국 독립의 제 원리는 하나의 계급적 이해관계의 단순한 합리화에 그친 것이 아니라 보편적·영구적 진리로서의 인간의 기본 권리에 관한 원리였다. 이는 자연권 사상에 유래하는 것이었으므로 매우 폭넓고 급진적인 해석이 얼마든지 가능했다. 그리하여 비교적 보수적인 해밀턴도 "이 권리들은 낡은 양피지와 곰팡이 낀 기록에서나 찾아낼 그런 따위의 것이 아니라, 인간성이라는 큰 책에 하나님 자신의 손으로 햇빛과 같은 붓을 써서 기록된 것이다. 그러므로 죽을 수밖에 없는 존재의 힘에 의해 지워지거나 흐려질 수는 결코 없다"[9]고 강조하였다. 그리하여 인간의 기본 권리를 생명권, 자유권과 재산권으로 정의하였고, 버지니아 권리선언은 재산을 취득하고 소유하는 수단과 함께 생명과 자유의 향유, 행복과 안전의 추구와 획득을 인간의 기본적 권리로 열거하였다. 그리고 독립선언에서는 영국 18세기의 휘그적 자유주의가 강조한 바와 같은 재산의 추구라는 말 대신 행복의 추구라는 말을 사용하였다. 이것은 자유주의 이데올로기가 이제 계급성을 초월한 보편주의적 방향으로 발전해가고 있음을 보여주는 것이었다.

이와 같이 미국 독립 혁명은 인간의 자연권을 선포하고 그 자연권을 미국 각 주 헌법과 합중국 헌법에 명문화하였는데, 이때의 자연권은 보편적 원리에 뿌리박은 권리로서 특수적이거나 배타적일 수 없었다. 그럼에도 불구하고 그 권리는 최소한 두 종류의 인간을 배척하였다. 하나는 여자였고 또 하나는 노예였다. 앞에서도 언급한 바 있거니와 자유주의는 여성의 자유와 권리 및 평등에 대한 각성이 매우 느렸다. 그리고 미국은 그 특수한 경제적 이유에서 다른 어느 나라보다도 흑인 노예를 많이 부렸으므로 노예 문제는 19세기에 계속 중대한 정치·사회적 문제로 남게 되지만, 미국 건국의 아버지들은 노예제도를 폐지할 생각을 하지 않았다. 역사가 린드Staughton Lynd는 "건국의 아버지들은 거의 예외 없이 노예제도는 나쁘다고 생각했으나 또 거의 예외 없이 그 제도를 없애려고 단호히 행동하지 못하였다"[10]고 판단한다. 나쁘다고 생각하면서 왜 없애지 못했을까?

건국의 아버지들로 하여금 스스로 선언하게 한 것처럼, 그 보편적 권리의 논리를 철저히 추구하지 못하게 한 것은 그들의 사유재산이었다. 인간의 권리와 재산의 권리는 본래 쉽사리 양립될 수 없는 것이다. 이제 곧 일어나게 될 프랑스 혁명의 지도자들도 혁명 과정에서 그 진리를 발견하게 된다.

2. 프랑스 대혁명

1789년 7월 14일 바스티유 감옥의 함락에서 시작된 프랑스 혁명은 인류 역사상 선례가 드문 큰 사건이었다. 역사적 의의가 아무리 큰 사건이라도 사건 당시에는 그 의미를 잘 알지 못하는 것이 보통인데, 프랑스 혁명은 발발 순간부터 많은 사람이 그 중대한 의의를 알고 있었다. 바스티유 감옥 함락의 소식이 독일에 전해지자, 하루하루의 일과가 시계와 같았던 칸트의 그날 일과가 흐트러졌고, 헤겔Georg Wilhelm Friedrich Hegel은 횔덜린Johann Christian Friedrich Hölderlin, 셸링Friedrich Wilhelm Joseph von Schelling과 더불어 자유의 나무를 심고 그 나무 둘레를 빙빙 돌면서 혁명가를 부르며 춤추었다. 칸트나 헤겔과 같은 계몽사상가나 합리주의자들이 바스티유의 소식을 듣고 환호했다는 것은 놀랄 일이 아닐지도 모르겠다. 프랑스 혁명의 불가피성을 충분히 이해하면서도 그 혁명 자체를 결코 옳다고 보지 않는 프랑스의 토크빌Alexis de Tocqueville도 프랑스 혁명의 역사적 성격을 이렇게 규정하였다.

그 이전의 어느 정치적 동란도, 그것이 아무리 격렬했다 하더라도 프랑스 혁명처럼 정열적인 열광을 불러일으키지는 못하였다. 왜였을까? 프랑스 혁명이 내건 이상은 단순히 프랑스의 사회제도를 변경하는 데 그치지 않고 인류 전체를 다시 태어나게 했기 때문이다.[11]

프랑스 혁명을 반대하여 근대 보수주의 이론의 비조가 된 영국의 버크도 프랑스 혁명의 역사적 의의에 관해서는 토크빌과 생각이 같았다.

그것은 프랑스만의 문제가 아니라 전 유럽의 문제, 아니 유럽 이상의 실로 중대한 대사건으로 보인다. 모든 상황으로 미루어볼 때 프랑스 혁명은 이 세상에서 일찍이 없었던 가장 경악할 만한 사건이다.[12]

미국 독립 혁명과 프랑스 대혁명은 자유주의의 힘이 얼마나 큰가를 유감없이 발휘하였다. 프랑스 혁명이 없었더라면 계몽사상의 자유주의적 이념과 급진적 사상은 그저 진보적 지식인들 사이에 유행하는 하나의 사상에 머물고 현실 생활에 구체적인 영향을 미치지 못했을 것이다. 앞서 본 바와 같이 계몽사상가들은 계몽 전제군주들에게 위로부터 시작된 개혁을 기대해봤지만 허사였다. 이제 대혁명은 위로부터 시작된 개혁이 아니라 밑으로부터 일어난 혁명을 통해 낡고 불합리한 것은 모조리 일시에 파괴하게 되었다. 바스티유 사건 후 한 달 이내에 봉건제도의 뿌리가 말끔히 뽑혔고 그로부터 보름 사이에 '인간과 시민의 권리선언'이 선포되었다. 이 문서는 프랑스의 앙시앵레짐의 사망 증서인 동시에 근대사회의 기본 성격을 규정하고 혁명의 원리를 온 세계에 천명한 문서였다. 또한 바스티유 사건 후 수년 안에 유럽에서 가장 강하게 보였던 부르봉 왕정이 말끔히 일소되고, 봉건제도와 절대주의에 밀착하여 위세를 떨던 프랑스의 가톨릭교회도 세속주의의 혁명정부에 예속하게 되었다. 전제군주의 폭정과 가톨릭교회의 모질고 완강한 태도에 대항하여 오랫동안 싸워왔던 사람들에게는 이제 그들의 꿈이 실현되었던 것이다.

 프랑스 혁명은 평등과 개인적 권리라는 자유주의 이념을 현실의 정치에 실현시켰다. 그런데 그 변화는 인류의 긴 역사에서 항상 밀려나 있었던 인민 대중에 기반을 둔 민중 혁명을 통하여 이루어졌다. 그리고 프랑스 혁명은 민족의 자유와 개인의 자유를 유럽만의 문제가 아니라 전 세계의 가장 중요한 현실적인 문제로 만들었다. 또 프랑스 혁명은 민주주의가 다른 어떤 문제보다도 가장 중요한 문제라는 것을 확신하게 만들었다. 여기서 비로소 '데모크라시 democracy'라는 말이 하나의 문학적인 낱말이 아니라 정치적 개념을 내포한 낱말이 되기 시작했고, '리버럴liberal'이라는 낱말도 오늘날 우리가 사용하는 현대적인 의미를 얻게 되었다. 말 그대로 자유주의가 하나의 꿈과 바람에서 지배적이고 역동적인 정치세력으로 변모한 것은 프랑스 혁명에서부터이고 프랑스 혁명을 통해서이다. 프랑스 혁명이야말로 19세기 자유주의의 위대한 발전에 길을 열어준 결정적 승리의 사건이었다.

 여기서 19세기 자유주의의 발전과 관련하여 그 자유주의가 어떠한 성격의 것으로 발전했는가를 고찰하기 위해서는, 그 자유주의의 발전에 길을 열어준 프랑스 혁명이 어떠한 성격의 혁명이었던가를 살펴보아야 한다.

 오늘날 프랑스 혁명이 시민혁명이었느냐 민중 혁명이었느냐, 정치혁명이었느냐 사회혁명이었느냐에 관한 논쟁은 매우 활발하다. 우리는 여기서 그 논쟁에 참여할 필요는 없다. 그러나 적어도 자유주의의 발전이라는 시각에 맞추어서 프랑스 혁명의 성격을 조명해 보는 것은 당연한 일이다. 그러한 시각에서 프랑스 혁명을 바라볼 때 쉽게 눈에 띄는 것은 혁명의 인권선언을 왜 간단명료하게 '인간의 권리' 선언이라고 하지 않고 '인간과 시민의 권리' 선언이라고 했느냐는 점이다. 우리는 지금까지 르네상스 이래 자유주의의 싹이 어떻게 돋아나서 18세기에 어떤 모습을 갖추게 되었는가를 고찰하는 가운데서 자유주의의 핵심이 개인주의와 개인의 자유 및 개인의 권리라는 것을 발견한 셈이지만, 우리의 논의에서 여태 '시민의 권리'라는 말은 아직 등장하지 않았다. 인간의 권리라고 할 때의 인간은 개인주의적 개념의 인간이지만, 시민의 권리라고 할 때의 시민은 개인주의적이라기보다는 공동체의 일원으로서의 인간을 뜻한다. 그러므로 프랑스의 인권선언에 담긴 자유주의 사상은 아직 철저한 개인주의에 뿌리박고 있지 않았다고 말할 수 있다. 프랑스 혁명의 자유주의적 성격은 어떠한 것이었던가를 찾아낼 단서가 바로 거기 있을 것 같다.

프랑스 혁명은 인간의 권리를 강조했지만 혁명 지도자들 중에는 근대 개인주의의 원자론적 성격을 마음에 들어 하지 않는 자들이 있었다. 이들은 개인주의를 중화시키기 위해 국민의 통합과 전체로서의 인민의 주권 내지 일반의지를 강조하였다. 시에예스Emmanuel Joseph Sieyès(흔히 아베Abbé 시에예스로 부르는)는 유명한 저서《제3신분이란 무엇인가Qu'est-ce que le tiers état?》에서 이 문제를 놓고 퍽 고심하고 있다. 그는 "국민의 의지란 ······ 마치 국민이 국민을 구성하는 개인들의 집적集積인 것처럼, 개인들의 의지의 합성이다"[13]라고 주장하면서, 다른 한편에서는 바로 그러한 개인주의는 공동 의지의 형성을 위협하고 있다고 생각하여 다음과 같이 말하였다.

> 공중도덕이 타락하여 모두가 이기적 동기에서 행동하는 때에는 …… 국민의회는, 국회의원들 개개인의 개인적 이해관계를 막고, 다수의 의지가 반드시 일반선一般善에 항상 일치하게끔 구성되어야 한다. 그렇게 하면 공공의 이해관계가 사적 이해관계를 지배하게 된다.[14]

시에예스의 이 글은, 당시 프랑스의 자유주의자들이 아직도 개인적 이해관계는 자연스럽게 잘 조화될 수 있다는 환상에서 깨어나지 못하고 있었으며 개인을 공동체의 구성원으로 보는 개인관을 아직도 완전히 청산하지 못했음을 보여준다. 여기 인권선언이 인간의 권리와 시민의 권리를 함께 선언한 이유가 바로 여기에 있었다. 그리하여 프랑스 혁명은 보편적 권리로서의 인간의 권리와 특수적 권리로서의 시민의 권리를 혼동했는데, 이 혼동 속에 실은 부르주아계급의 특수적 이익 보호라는 논리가 숨어 있었다. 시에예스는 시민의 권리는 모든 사람에게 속하는 권리라고 주장하면서도, 어느 나라에서나 법은 어떤 제한적 자격을 규정하고 그 자격이 없으면 투표권도 피선거권도 없다고 말하였다.[15] 이처럼 모순되는 시에예스의 말은 프랑스 혁명의 선언과 실제의 모순을 그대로 반영하고 있다. 그리하여 시에예스가 제3신분이란 무엇이냐고 스스로 묻고 스스로 제3신분은 전부라고 답했지만, 그때의 전부는 자유주의적 교육을 받을 수 있을 만큼 부유한 소수의 제3신분으로 대표되는 전부였다. 법에 규정된 자격이 없는 여자, 방랑자, 걸인, 하인, 소작인, 임금노동자 등 수동 시민citoyen passif은 선거권이 없었던 것이다.

시에예스의 논의가 결국은 부르주아지의 이익을 위한 것이라는 것을 보여준 또 하나의 주장은 토지 재산 이외의 다른 형태의 재산도 참정권 자격으로 인정해야 한다는 주장이다. 시에예스는 "공장과 수공업이 토지와 마찬가지로 새로운 부와 새로운 세금, 새로운 인구를 창출하지 않는다는 말인가?"[16]라고 반문하며, 또한 시민권의 평등은 부나 능력의 불평등에 전혀 모순되지 않는다고 주장한다.

> 누구나 타고난 능력이나 배워서 얻은 노력에 따라, 또 운수가 아주 좋거나 그러저럭한 우연에 따라, 행운이나 노동으로 자기 재산을 얼마든지 늘리는 것을 어떠한 공공 이익도 막지 못한다.[17]

이와 같이 시에예스에게 인간의 권리는 이제 재산의 권리와 자유시장의 원리에 완전히 일치하였다.

그 일치는, 인권선언이 자유권, 안전권 및 압제에 대한 저항권과 함께 재산권을 "자연적이며 시효에 의해 소멸될 수 없는" 네 가지 권리 가운데 하나로 선언한 데서 명백하고, 또 "소유권은 신성불가침의 권리이므로 …… 결코 침탈될 수 없다"고 규정하여 다른 세 가지 권리보다 더 각별히 강조한 데서 명백히 드러난다. 그리고 자유는 타인을 해치지 않는 한 무엇이든지 할 수 있다는 제4조도, 그 원안은 누구나 제 산업과 자본을 자기에게 유익하고 유용하다고 판단되는 대로 사용할 수 있는 시민의 특수적 권리를 주장한 것이었다. 그 원안을 한결 누그러뜨려서 일반적인 자유권의 선언으로 수정한 것이 제4조이다. 시에예스는 권리의 평등과 그 권리를 실현하는 수단의 평등을 명백히 구별하기를 원했다. 누구나 다 똑같이 자유권을 소유하고 있다고 아무리 외쳐봤자 그 권리를 실제 생활에서 실현시킬 수 있는 물질적 수단이 없다면 무슨 소용이 있을까? 르페브르

Georges Lefebvre가 지적한 바와 같이 인권선언은 경제적 자유라는 말은 하지 않았지만 그 정신에서는 오십보백보였던 것이다.[18]

재산의 문제는 혁명 초부터 로베스피에르의 몰락까지 가장 어려운 중심 문제였다. 혁명 지도자들은 봉건제도를 공격했으나, 봉건적 재산에 대한 공격이 모든 종류의 재산에 대한 공격으로 번질까 걱정했고, 봉건적 특권의 폐지가 다른 형태의 불평등에 대한 비판으로 번질까 우려하였다. 사실 봉건적 재산과 비봉건적 재산을 구별한다는 것은 거의 불가능했음에도 불구하고 그 구별은 절대로 필요했던 것이다.[19] 왜일까? 사유재산의 원리를 고양시키는 동시에 민중의 불만을 달래야 했기 때문이다.

그러나 그것으로 농민의 불만은 달래지지 않았다. 농민의 불만은 식기는커녕 커져만 갔다. 그들의 불만은 봉건제도에만 있었던 것이 아니라 농토를 영주에게서 사서 자본주의적으로 경영하는 부르주아에게도 있었기 때문이다. 농민은 부역의 금납金納에서도 곡물의 자유 거래에서도 얻을 것이 없었다. 혁명의 지도자들은 농민의 불만에 대처할 방도를 찾지 못했는데, 그 까닭은 그들이 농민의 형편을 몰라서가 아니라 경제적 자유주의의 시장 원리를 근본적으로 신봉하고 있었기 때문이다.

그러면 도시 민중의 경우는 어떠했을까? 도시 민중이야말로 혁명 세력의 주역이었고 처음부터 혁명 편에 서 있었다. 그들은 저렴한 곡가, 빈곤의 구제 등 생활의 근본 대책을 혁명에 기대하였으므로 생활필수품과 곡물의 가격 통제를 요구하였다. 그러나 혁명 지도자들은 정치적 자유와 함께 경제적 자유를 강조하고, 출생과 세습에 의한 특권의 폐지를 의미하는 소극적인 사회적 평등에 만족하는 자유주의자들이었고, 재능에 따라 열려 있는 기회의 평등이라는 부르주아적 원리의 신봉자들이었다. 따라서 그들은 권리의 평등을 실현할 수단의 평등인 경제적 평등에 반대하고 시장경제에 대한 정부의 간섭을 반대하였다. 그러니 도시 민중의 생필품 가격 통제에 응할 까닭이 없었다. 로베스피에르를 포함하는 자코뱅파도 시장경제에 대한 간섭을 원칙적으로 반대하였다. 생쥐스트는 1792년에 "사람들이 식량 공급에 관한 법을 요구하고 있지만 식량 문제에 대한 적극적인 입법은 결코 현명한 일이 아니다"[20]라고 말하였다. 로베스피에르도 민중 운동은 정치적 목적이 중요하지 단순히 물질적 이익을 얻으려고 해서는 안 된다고 그 특유의 고매한 태도로 자유방임의 원칙을 유지하였다. 그러나 그는 생필품과 비생필품을 구분하여 생필품은 인민의 생존에 밀착되어 있는 만큼 인민의 생존권을 지켜주기 위해서 정부 통제가 정당하다고 주장하였다. 비생필품은 무제한 자유경제에 내맡기는 것이 나라에도 개인에도 크게 유익하다고 생각했던 것 같다.

> 사람의 생존에 꼭 필요한 식량은 생명 자체만큼 신성하다. 생명의 유지에 불가결한 것은 사회 전체의 공동재산이다. 그 외의 것만이 사유재산이고 그것만이 자유로이 매매될 수 있다.[21]

이 연설을 한 지 다섯 달 뒤에 식량 가격을 통제하는 최고가격법loi maximum이 공포되었다.

자코뱅파가 이처럼 그 정통 자유주의의 한계를 넘어선 것은 도시 민중의 강한 압력에 직면하여 혁명의 위급한 고비를 우선 넘겨야겠다는 다급한 생각에서 마지못해 일시적·제한적으로 취한 조처였다. 그것이 마지못해 취한 조처였다는 것과 로베스피에르의 몰락 후

곧 최고가격법이 폐지되었다는 사실은 경제적 자유주의가 프랑스 혁명을 지배했음을 웅변으로 말해주고 있다.

이처럼 자코뱅파에서부터 가장 과격한 혁명 세력인 앙라제Enragés에 이르기까지 혁명 세력의 좌파에 해당하는 과격파들도 제도로서의 사유재산을 부정하려고는 하지 않았지만, 그들 중 더 과격한 몇 사람들은 재산권에 대한 실질적인 제약을 요구하였다.

그들이 주장하는 첫째 근거는 재산에는 사회적 의무가 따른다는 것이다. 그들은 사회의 공동선에 해로운 재산의 사용은 허용되어서는 안 된다고 주장했다. 둘째는 1793년 루Jacques Roux의 말에 노골적으로 표현된, 부자에 대한 강한 분노의 소리에서 찾을 수 있다.

> 지난 4년 동안 혁명에서 돈을 번 자들은 부자들이다. 귀족의 귀족정치보다 더 무섭게 우리를 압박하는 것은 상인의 귀족정치이다.[22]

이 분노는 계급적 성격마저 띠고 있다. 이러한 분노는 부의 불평등이 너무 심하니 재분배가 필요하다는 신념에 연결되어 있었다. 1793년 3월의 한 포고령은, 농지 분배의 실시를 위해 제정되었다가 폐지된 농지법loi agraire을 찬성하는 자는 사형에 처하겠다는 것이었지만, 개인 재산의 최고 제한을 요구하는 소리는 끊이지 않았다. 거기서 자코뱅의 생쥐스트와 비요 바렌Jacques Nicolas Billaud-Varennes은 대농의 폐지와 토지의 재분배를 계획한 일까지 있었다.[23] 로베스피에르는 시민 사회에서 개인의 평등은 기본적으로 불가능하다고 주장하면서도 부의 지나친 불균형은 모든 악과 범죄의 뿌리라고 믿고 있었다.[24]

이처럼 프랑스 혁명의 와중에서 급진적인 루소적 평등주의가 자유주의적 재산관과 사회주의적 각성의 대두 사이를 불안하게 배회하고 있었다. 자유주의적인 권리 의식과 자유 의식을 새 정치 무대의 한복판에 등장시킨 프랑스 혁명은 그 짧은 몇 년 사이에 자유주의 사상에 숨어 있는 딜레마와 어려운 문제 곧 재산과 평등 및 권리의 문제들을 노출시키게 되었던 것이다. 인간의 권리란 정치적·법률적 권리에 그치는 것이냐 아니면 사회적·경제적 권리도 담겨져 있는 것이냐 하는 물음이 제기되기 시작했다.

3. 유럽에 미친 프랑스 혁명의 영향

프랑스 혁명의 소식은 칸트와 헤겔 같은 계몽주의자들에게는 10년 가뭄에 비를 맞은 듯 다시없이 반가운 소식이었으나 유럽의 전제군주들과 귀족들에게는 청천벽력 같은 무서운 소식이었다. 더구나 루이 16세Louis XVI를 인민의 적으로 처형한 소식은 유럽의 전제군주들을 전율케 하였다. 여기서 반혁명의 죄목으로 추방된 망명 귀족들은 공포에 떠는 전제군주들과 힘을 합하여 프랑스 혁명을 타도하는 국제적 연합 세력을 형성하였다. 그리하여 프랑스 혁명은 프랑스에 한정된 사건에 머물지 않고 프랑스 주변의 나라들과의 전쟁으로 발전하였다. 만일 이 전쟁에서 프랑스가 졌더라면 혁명은 어떻게 전개되었을지 역사적 궁금증은 남지만, 어쨌든 전쟁은 프랑스의 승리로 끝났다. 그리고 그 전쟁은 혁명과 반혁명의 대결이었던 만큼 프랑스의 승리는 혁명의 승리를 의미하였다. 전쟁의 승리로 프랑스 혁명의 자유주의와 민주주의의 제 원리가 유럽 전역으로 노도같이 번져갔다. 이 혁명 전쟁의 승리를 상징해준 것은 나폴레옹 보나파르트Napoléon

Bonaparte(나폴레옹 1세)라는 군사적 천재의 이름이었다. 음악의 천재 베토벤Ludwig van Beethoven이 군사의 천재 나폴레옹의 독일 점령을 환영하여 〈영웅〉을 작곡했다는 사실은 널리 알려진 이야기이다. 나폴레옹으로 상징되는 프랑스 혁명의 자유주의 정신은 낡아빠진 독일을 자유의 새 독일로 재생시켜줄 것으로 베토벤은 믿었던 것이다. 나폴레옹과 프랑스군은 자유를 가져다준 해방자였다. 누구로부터의 해방이며 무엇으로부터의 자유였던가? 말할 나위도 없이 독일의 천년 묵은 봉건제도로부터의 자유이며 신성 로마 제국을 비롯한 여러 전제군주들로부터의 해방이었다.

프랑스의 혁명군은 해방군이었다. 그 행방군은 신성 로마 제국(독일)만이 아니라 수없이 많은 봉건 전제국가들을 타도했고 그 밑에서 신음하던 독일 민중만이 아니라 스페인, 네덜란드, 벨기에, 이탈리아의 여러 봉건국가와 교황령의 민중도 해방시켰다. 유럽에서 프랑스군이 직접 점령하지 않은 곳일지라도 혁명 사상에 전혀 물들지 않은 곳이란 좀처럼 찾아볼 수 없었다. 프랑스와 유럽의 전제국가들 사이에 전쟁이 아직 일어나기 전에도 프랑스 혁명의 파급은 광범하였다. 프랑스에서 가장 멀리 떨어져 있던 러시아는 프랑스 혁명의 영향을 가장 덜 받았던 곳인데도, 1790년 라디스체프Aleksandr Nikolayevich Radischev가 《자유론》과 함께 《성 페테스부르크에서 모스크바까지의 여행Puteshestive iz Peterburga v Moskvu》이라는 책을 출판하여, 러시아의 농노제를 노예제에 비유하여 맹렬히 비난하였다. 그는 그 때문에 사형선고를 받았다가 시베리아 유형으로 감형되었다. 1790년이라면 유럽의 어느 나라도 아직 프랑스와 전쟁 상태에 들어가지 않았고 또 프랑스 혁명 자체가 아직 과격화하지 않았던 때인데도, 러시아에서마저 프랑스 혁명의 영향이 그 정도였으니 다른 나라들의 경우는 더 말할 필요도 없었다. 스페인에서도 1792년에 마르세나Jose Marchena가 종교재판을 맹렬히 비난하고 프랑스와 같은 혁명을 일으켜야 한다고 주장하는 팸플릿을 출판하였다.

> 자연은 인간이 인간의 노예가 되기를 바라지 않았다. 종교재판은 민중을 노예제의 사슬에 묶어서 잠시 동안은 잠들게 할는지 모르지만, 이성이 그 민중을 잠에서 깨어나게 하면, 위선자들과 압제자들아, 그때는 어찌 되는지 아는가?[25]

그리고 마르세나는 프랑스군을 침략자로 보지 않고 해방군으로 보았다. 그는 말한다.

> 프랑스 사람들은 평화와 전쟁을 가져다준다. 평화는 인민에게 전쟁은 폭군에게.[26]

프랑스 혁명군과 나폴레옹은 분명 해방자였다. 그러나 그 군대가 피점령국의 전제주의와 봉건제를 일소해주고 현지의 혁명가에게 모든 것을 위임하고 본국으로 돌아갔다면 글자 그대로 해방자였겠으나, 만일 그러지 않고 여러 해 동안 점령을 계속했다면 그 군대는 이제 더 이상 해방군이 아니라 점령군이고 해방자가 아니라 압제자가 될 것이다. 그런데 실제로 나폴레옹이 쿠데타에 의해 혁명정부의 실권을 쥐고 군사독재를 감행하고 이어 1804년에는 황제가 되어 프랑스 공화국을 프랑스 제국으로 바꾸어놓은 후 프랑스군은 해방군에서 점령군으로 바뀌었다. 유럽 각국의 민중은 프랑스군이 해방자에서 압제자로 변했다는 사실을 깨닫는 순간부터 프랑스군을 몰아내고 자기들의 완전한 독립국가를 세우기로 결심하였다. 그 결심은 곧 애국심이고 이 애국심은 민족주의에 뿌리를 박고 있었다.

그러면 민족주의 혹은 국민주의Nationalism는 어디서 온 것인가? 그것은 프랑스 혁명군이 가져다준 자유주의의 산물이었다. 자유주의는 개인의 자유를 핵심 가치로 여긴다. 그런데 개인의 자유는 그것을 압제하는 권력의 제거 없이는 있을 수 없다. 그런데 그 압제적 권력이 외국의 점령군일 때 그 점령군의 제거 없이는 개인의 자유가 있을 수 없다. 그리고 프랑스 혁명은 개인의 자유를 위해 절대주의 국가를 국민국가nation-state로 변화시켰다. 프랑스라는 나라를 루이 14세가 말한 '짐의 국가'인 나라에서 '국민의 국가'인 나라로 바꾸어놓았다. 국민nation이 국가nation인 나라가 국민국가이다. 그러므로 프랑스군은 이제 해방군이 아니라 점령군이라는 것을 깨닫게 한 것도, 그러니 그 점령군을 몰아내고 국민국가를 만들어야겠다는 결심을 하게 한 것도, 프랑스 혁명군이 총칼과 함께 가져다준 자유주의와 국민주의의 이념이었다. 역사란 아이러니컬한 것이다. 프랑스군은 자기들이 갖다 심은 혁명 이념의 씨앗이 자라서 열매를 맺게 되자, 이제는 그 열매의 힘에 의해 밀려나게 되었던 것이다.

여기서 우리가 주목하는 것은 프랑스 혁명의 이념이 얼마나 광범하게 그리고 깊이 유럽 전역에 번져가서 뿌리를 내렸느냐는 것이다. 프랑스 혁명의 이념이 근대 시민사회의 제도로서 구현된 것은 나폴레옹법전인데, 나폴레옹 제국은 물론이고 그 주변의 여러 위성국들도 그 법전을 채택하였다. 독일 바이에른 왕국의 법률가 포이어바흐 Paul Johann Anselm Feuerbach는 "나폴레옹법전이 가는 곳마다 새 시대, 새 세계, 새 나라가 시작된다"[27]고 언명하였다. 1808년의 바이에른 왕국 헌법은, 계몽사상이 선전하고 프랑스 혁명이 그것을 가능하게 한 여러 가지 개혁을 법으로 제정하여, 농노제와 귀족의 특권을 폐지하고 법 앞에서의 평등과 기회의 평등의 원칙을 제도로 수립하였다. 바이에른의 총리대신 몬트겔라스Montgelas는 자유주의적 헌법의 내용을 이렇게 요약하고 있다.

> 그 법은 모든 시민에게 인신과 재산의 안전, 양심과 출판의 자유, 모든 관직과 직위와 봉록에 대한 평등한 접근, 모든 사람에게 똑같은 민법과 형법을 보장하고 있다.[28]

프랑스 혁명의 자유주의적 원리들이 얼마나 널리 그 씨를 뿌렸는가를 보여주는 한 좋은 예이다.

나폴레옹군을 점령군으로 적대시하여 그 군대를 몰아내기 위한 첫 봉기가 일어난 곳은 스페인이었다. 1808년 이래 나폴레옹이 몰락하는 1814년까지 반불 투쟁이 다른 어느 곳보다 치열했던 곳도 아마 스페인일 것이다. 스페인에서 '19세기 초의 라틴 유럽에서 가장 모범적인 자유주의 헌법' [29]인 1812년 헌법의 초안자들이 'Liberals' 혹은 'Liberales'라는 명칭을 붙인 유럽 최초의 정당을 만들었다. 나폴레옹군을 누구보다도 증오했던 스페인에서 근대적인 정치적 의미의 자유주의라는 말이 자유주의의 이념을 실현하기 위한 정치 집단의 명칭으로 가장 먼저 사용되었던 것이다. 이것은 무엇을 말하는가?

계몽사상의 자유주의는 프랑스 혁명을 낳았고 프랑스 혁명은 국민국가라는 새 나라를 낳았다. 그러므로 자유주의는 이제부터 국민국가 안에서 활짝 꽃을 피우고 열매를 맺게 된다. 프랑스 혁명의 자유주의 사상이 가는 곳마다 전제군주 국가를 타도하고 국민국가를 만들었을 때, 그 자유주의는 이민족의 지배로부터 독립하지 못한 민족에게는 자신의 독립 민족국가 건설의 이념이 되었다. 여기서 프랑스 혁명의 이념과 19세기의 자유주의는 피지배 민족에게는 독립운동의 원리로서의 국민주의의 형태를 취하게 되었던 것이다. 이와 같이 근대 내셔널리즘도 프랑스 혁명에서 시작되었다. 프랑스 혁명은 도처에서 민족 감정과 민족주의 운동을 자극하였다. 가장 두드러진 예는, 첫째 영국의 지배하에 있었던 아일랜드의 독립운동이고 둘째로는 러시아, 오스트리아, 프로이센 세 나라에서 세 번에 걸쳐 완전히 분할되어 버린 폴란드의 독립운동일 것이다.

자유주의의 개인적 자유와 권리의 이념이 얼마나 큰 혁명적인 힘을 갖고 있는가를 보여준 예는 프랑스의 식민지 아이티Haiti의 독립과 노예제의 폐지일 것이다. 프랑스 혁명 당시에는 생도밍그Saint-Domingue라고 불렸던 이 섬은 당시 프랑스의 매우 중요한 식민지로서 프랑스 총 수출액의 약 65퍼센트가 이 섬의 생산물이었다. 그런데 이는 약 50만에 달하는 흑인 노예노동에 의한 것이었다. 프랑스 혁명이 일어나자 흑인노예들이 혁명정부의 지지를 믿고 노예해방을 외치며 반란을 일으켰다. 1794년 2월, 그들의 3인 대표가 파리의 국민공회를 찾았다. 국민공회는 그들을 열광적으로 환영하고 노예제의 폐지를 선언하였다. 이것은 인류 역사상 최초로 노예제 폐지를 합법적으로 선언한 것이었다. 흑인 지도자 투생 루베르튀르François-Dominique Toussaint l'Ouverture가 "우리는 그 깃발(삼색기) 밑에서만 진정으로 자유와 평등을 누린다"고 한 말 그대로, 아이티의 노예해방은 프랑스 혁명에서 자유와 평등이 실현되는 과정의 극치를 보여주었다.

제8장

자유주의의 두 갈래

1. 영국의 경우 : 버크와 페인

1794년의 생도밍그의 노예제 폐지가 자유와 평등의 이념을 실현시켜가는 혁명 과정의 극치였다고 말한다면 그 사건 이후로는 혁명이념의 실현이 둔화되기 시작했다는 말일까? 그렇다. 테르미도르의 반동Thermidorian Reaction으로 로베스피에르 정부가 몰락한 후 총재정부Directoire의 불안정한 통치는 나폴레옹의 쿠데타로 막을 내렸는데, 이 총재정부 때부터 프랑스 혁명은 혁명을 더 진전시키지 않고 혁명에 의해 성취한 것을 어떻게 하면 안전하게 지키느냐에 힘이 모아졌다. 거기서 혁명 본래의 이념이 뒷전으로 밀려나기 시작했다.

생도밍그에서도 국민공회의 혁명정부가 무너진 후 왕당파와 영국인들이 노예제와 구질서를 회복하려는 반혁명을 획책하였다. 투생은 그들을 생도밍그에서 몰아내는 데 성공했으나, 나폴레옹의 군대가 다시 그 섬을 점령하여 투생을 투옥하고 노예제와 식민 지배를 회복하려고 하였다. 투생은 1803년에 옥사하였다. 그러나 그의 뒤를 이은 흑인들은 과감한 투쟁으로 나폴레옹 군대를 몰아내고 독립을 다시 회복하였다. 이 아이티의 독립운동 이야기야말로 프랑스 혁명의 이념이 수행한 실천적 과정이 1794년을 정점으로 그 후부터 기울기 시작한 사실을 상징적으로 보여주고 있다고 말할 수 있겠다.

여기서 자유주의의 제 원리를 끝까지 고수하려는 세력과 그 원리를 실제 적용하면서 원리의 무게를 현실적으로 완화하려는 세력 사이의 대립 내지 분열이 생기기 시작하였다. 이러한 대립적 경향은 자유주의 자체에 본래부터 잠재하고 있던 것으로서 프랑스 혁명을 계기로 수면 위로 떠오르게 되었다고 말할 수 있었다. 자유주의가 하나의 이념으로만 남아 있었더라면 거기 잠재해 있었던 대립적 경향은 잠재한 상태로 그냥 있었겠지만, 혁명을 통해 그 이념을 현실적으로 구현하려고 할 때 잠재해 있던 것이 혁명 과정에서 드러나게 되었다. 말하자면 혁명이 분열의 촉매제가 된 것이다.

그러면 자유주의에 잠재해 있던 대립적 경향은 구체적으로 어떻게 수면 위로 떠오르게 되었을까?

혁명이 시작되자 자유주의의 제 원리의 구현은 부르주아지의 힘만으로는 불가능하다는 것이 확실해졌다. 거기서 혁명을 극적으로 진전시킨 것은 파리의 민중 세력인 상퀼로트sans-culotte와 농민반란이었다. 그런데 이들 민중의 요구는 부르주아지의 자유주의적 개혁의 한계를 넘어선 민중의 정치 곧 민주주의를 실현하자는 것이었다. 여기서 민중의 판단을 신뢰하고 그 판단을 용인하는 민주주의자들과 민중의 판단은 믿을 수 없다는 온건파 사이에 대립과 분열이 일어났다. 이 분열은 프랑스의 경우에는 콩도르세와 콩스탕Benjamin

Costant의 주장으로 대표되고, 영국의 경우에는 휘그파 내에서 버크와 그에 대한 급진주의적인 비판자들의 대립으로 나타났다.

버크는 저서 《프랑스 혁명의 고찰Reflections on the Revolution in France》로 근대 보수주의 이데올로기의 원조로 꼽히게 되었지만 본래는 일찍부터 휘그파의 자유주의자였다. 그는 토리당의 언론 탄압에 앞장서서 항의했고, 미국에서 독립운동이 일어나자 영국의 식민정책을 맹렬히 비난하여 아메리카 식민지의 독립을 지지했고, 자기 자신이 아일랜드 출신 신교도이면서도 아일랜드의 가톨릭교도에 대한 평등한 시민권 부여를 주장했고, 노예무역과 노예제도의 폐지를 지지하였다. 그러나 그는 프랑스 혁명이 내놓은 인권선언의 추상적이고 보편적인 인간 권리의 원리를 믿지 않고 역사와 전통을 통해 이룩해놓은 권리와 관습을 존중하였다. 그러므로 그는 프랑스 혁명은 프랑스인이 역사적으로 쌓아놓은 프랑스인의 권리를 한층 더 확장하기는커녕, 오히려 인간 권리라는 보편적 원리에 의해 역사적 업적이 일시에 파괴될 것으로 생각하였다. 그러나 페인과 프라이스Richard Price 같은 급진적 자유주의자들Radicals은 프랑스 혁명을 극구 찬양하면서 프랑스에서 일어난 이번 혁명은 유럽 전역에 번져갈 세계혁명의 성격을 띤 혁명이라고 선전했고, 휘그파 자유주의자들 가운데는 폭스C. G. Fox같이 프랑스 혁명을 환영하는 사람들이 있었다. 여기서 버크는 프랑스 혁명이 영국에 번지지 못하게 하려고 《프랑스 혁명의 고찰》을 집필했던 것이다.

폭스와 버크는 노예제의 폐지와 가톨릭교도 해방을 지지하는 등 가까운 사이였으나 1791년 5월의 의회 논쟁에서 충돌한 이후 개인적으로도 정치적으로도 결별하게 되었다. 이 의회에서 폭스는 토리 정부가 프랑스 혁명을 구실로 영국 국민의 자유를 억압하려고 하므로 휘그당은 시민적·정치적 자유를 지키기 위해 토리 정부에 반대해야 한다고 주장했던 것이다. 프랑스 혁명을 지지하고 자유의 원리를 양보하지 않는 폭스와 프랑스 혁명을 반대하는 버크와의 대립된 견해는 결국 1790년대의 휘그당을 보수파와 자유파로 분열시켰다.

그러면 버크는 그가 본래 품고 있었던 자유주의의 원리를 다 포기했을까? 19세기 영국의 자유주의자들은 버크를 단순한 보수주의자로만 치부하지 않았다. 왜냐하면 그가 1790년대에 혁명과 급진주의의 도전 앞에서 천명한 반혁명적·반급진적인 주장은 그 후의 보수주의에 크게 이바지했지만, 그 주장은 19세기 자유주의에도 유리한 주장이 되었기 때문이다.

첫째, 그는 재산권의 철저한 옹호자였다. 재산이 있든 없든 모든 사람은 똑같이 참정권을 가져야 한다는 생각을 철저히 배격하여 선거법의 개정을 정면으로 반대하였다. 그는 모든 사람이 투표권을 행사하여 뽑은 프랑스의 국민의회가 어떤 꼴인가를 보라고 외쳤다. 국민의회는 평범한 법률가들이 대부분이고, 못나고 무식하고 기계적인 전문직의 꼭두각시들과, 회계 사무소밖에는 아무것도 모르는 장사꾼들과 시골뜨기들이 그곳을 꽉 채우고 있지 않느냐는 것이었다. 버크는 모든 국민이 선거에 참여하는 대중민주주의를 폭정이라고 규정한 첫 번째 사람이었다.[1] 버크의 이 반민주주의 이론은 그 후 프랑스의 토크빌과 같은 자유주의자들에 의해 자유주의 이론의 중요한 요소로서 발전하게 된다.

둘째, 버크는 혁명을 무조건 반대한 반동이 아니었다. 그는 과격한 전반적 변혁에 반대할 뿐이고 기성 전통과 제도의 틀 안에서 이루어지는 점진적 개혁은 지지하였다. 지킬 것은 지키면서 개혁하자는 것이었다. 이러한 개혁 사상은 보수주의의 핵심이 되었지만 동시에 자유주의자들도 그것을 혁명적·급진적 사상에 대신할 수 있는 사상으로 받아들였다.

셋째, 버크는 프랑스의 혁명가들은 관념 안에만 존재하는 미래의 불확실한 이익을 위해 현재 살아 있는 사람들의 당장의 이익을 희생시키는 살인 박애주의자들이라고 힐난하였다.[2] 그들이 그렇게 된 까닭은 오직 계몽사상의 추상적·관념적 이론만을 배우고 정치적 현실을 모르기 때문이라는 것이었다. 현실 생활의 구체적인 것을 외면하고 추상적 원리와 거창한 계획만을 떠들어대는 태도에 대한 반대는 보수주의의 특징이 되었거니와, 그러한 특징은 19세기 말엽 이래 반혁명적인 자유주의 사상에도 흡수되었다.

끝으로 버크는 개인의 이성을 불신하고 토지에 기반을 둔 안정된 사회를 옹호하는 보수주의자였으나 그에 못지않게 애덤 스미스의 경제 이론을 신봉한 경제적 자유주의자였다. 그는 자유방임론자의 어느 누구 못지않게 빈곤에 대해 냉담하였다. 노동이 상품이라면 그 노동을 시장에서 팔지 못하여 굶주리는 문제를 어떻게 해야 할 것이냐에 대하여, 그는 문제는 그 노동이 그것을 사는 자에게 얼마만한 값어치가 있느냐일 뿐이라고 대답했다. 그는 빈곤을 구제하기 위한 정부 간섭을 반대했다. 왜냐하면 상업의 법칙은 자연의 법칙이고 따라서 신의 법칙인데, 상업의 법칙에 간섭해봤자 무슨 소용이 있느냐는 것이었다. 이쯤 되면 보수주의자의 온정주의적인 냄새라곤 어느 구석에도 찾아볼 수 없다.

이상에서 지적한 몇 가지 이유에서 버크는 단순한 보수주의자가 아니었다. 그의 보수주의 이론은 18세기 영국의 휘그적 자유주의의 흐름을 이어받고 있는 동시에 19세기 자유주의의 형성에도 영향을 미쳤다. 거기서 버크는 근대 보수주의 이데올로기의 원조가 되는 위치를 차지하는 동시에 19세기 자유주의의 우파적·보수적 경향의 새 흐름을 만들어냈다. 그러나 버크의 보수적 자유주의는 프랑스 혁명과 계몽사상에 반대하는 것이었으므로 프랑스 혁명을 지지하는 자유주의는 당연히 버크에 반대하였다. 이 반버크적 자유주의는 페인의 주장을 중심으로 하는 좌파적·급진적 자유주의였다. 프랑스 혁명을 계기로 영국의 자유주의는 이처럼 크게 두 줄기로 갈라지게 된다.

페인이 영국에서 아메리카 식민지로 이민을 간 것은 아메리카에서 이미 반영 독립운동이 일어나기 시작하던 1774년이었다. 미국 독립을 적극적으로 지지하고 고무한 그의 《상식Comon Sense》이라는 짧은 팸플릿은 자유주의의 발전에 빼놓을 수 없는 문서가 되었다. 그는 미국 독립 혁명이 다 성공한 후 1787년에 다시 영국으로 돌아왔다. 그가 영국으로 다시 돌아온 지 2년 뒤에 이번에는 프랑스에서 또 혁명이 터졌다. 여기서 그는 《인간의 권리Rights of Man》를 발표하여 프랑스 혁명을 적극 지지하고 영국도 왕정을 전복하고 공화정을 수립할 것을 선동하였다. 그러한 그가 영국에서 안전할 리가 없었다. 1792년 프랑스로 망명하여 국민공회 의원이 되기도 하고 1794년과 1796년에는 《이성의 시대The Age of Reason》를 저술하였다. 이처럼 페인은 18세기 말엽의 2대 혁명에 적극 관여한 독특한 인물이다.

그의 혁명 사상은 자유주의의 발전사에서 매우 중요한 자리를 차지한다. 그는 여러 면에서 결국 자유주의의 울타리를 넘지 못하는 급진적 자유주의자radical이면서도, 민중의 경제생활과 그 복지에 대한 깊은 관심과 적극적인 평등주의적 자세를 볼 때 사회주의를 지향하는 급진주의radicalism로 기울고 있었다. 말하자면 그의 사상은 자유주의의 극좌의 가장자리에 있다고 할 수 있었다.

그의 급진주의는 경제적 급진주의라기보다는 정치적 급진주의이고 반자본주의적이라기보다는 반봉건적이었던 점에서 그는 본질적으로 자유주의자이고 부르주아였다고 보는 것이 타당하다. 그의 공격 목표는 군주들과 성직자 및 귀족이고 그들의 세습적 특권이었다. 그리고 그는 전쟁이 경제적인 원인에서 일어난다고 보지 않고 왕가들의 경쟁이라는 낡은 정치체제 때문에 일어난다고 보았다. "인간은 인간의 적이 아니건만 정부라는 잘못된 제도를 매개로 적이 된다"[3]는 것이었다. 자유로운 국제 간의 무역은 전쟁의 원인이 되지 않고 오히려 국가 간의 우호와 이익을 증진시킬 뿐 아니라 개인들 상호 간에도 유익하여, 무역이 전 세계적으로 잘 되기만 하면 전쟁을 없앨 수 있을 것이라고 페인은 주장했다.[4]

그가 상업을 옹호한 또 하나의 이유는 자본가, 상인, 중산계급, 노동자, 토지 없는 농민 등을 계급적 차원에서 보지 않고, 모두가 다 사회에 유용한 생산자들이고 구질서에 대항하여 단결할 수 있는 세력으로 보았기 때문이다.[5] 그가 세습적 특권을 증오한 까닭도, 그 특권은 열심히 일하고 공적이 크면 그만큼 더 많은 보수를 주고받는 원리에 반하는 제도이기 때문이었다. 따라서 그는 지나친 경제적 평등은 있을 수 없다고 주장했다. 부지런하고 재주가 뛰어나고 관리 능력이 훌륭하고 철저히 절약하는 사람이 그렇지 못한 사람보다 더 많이 소유하는 것은 당연한 것이고, 문제는 재산을 부도덕하고 불법적으로 벌어서는 안 되고 정직하게 벌어야 한다는 것이었다. 이러한 생각은 당시의 급진적 자유주의자들의 일반적인 견해였다. 요컨대 권리의 평등은 정당한 주장이지만 재산의 평등은 그렇지 않다는 것이었다.

또 페인은 정부의 엄청난 비용을 비난하고 따라서 세금을 최소한으로 징수할 것을 주장하였다. 좋은 정부는 비용이 덜 드는 정부이지만, 아무리 좋은 정부라도 결국 필요악에 불과하다는 것이었다.[6] 그의 정부관은 자유방임적 · 자유주의적 정부관에 일치했다. 따라서 그의 사회관도 애덤 스미스의 사회관과 같이, 개인들이 각기 자기 이익을 추구하도록 방임해두면 자동적으로 사회 전체의 일반 선이 증진되고 사회적 조화가 저절로 이룩된다는 것이었다. 그렇기 때문에 정부는 개인들의 활동에 간섭하지 말라는 것이었다. 페인은 이에 대해 "저절로 조화로운 사회로 가는 자연적 경향을 정부가 얼마나 자주 방해하고 파괴하였던가!"[7]라고 토로했다.

　이처럼 페인의 사상은 여러 점에서 자유주의적이지만 그는 동시에 급진주의적이었다. 왜냐하면 그는 철저한 혁명가이고 인간의 권리를 수립하기 위해서 혁명은 꼭 필요하다고 믿었기 때문이다. 그는 세계혁명의 필연을 믿었고 민중의 권리를 주장하였다. 제도로서의 재산을 옹호했고 정치적 권리가 재산에 의해 제한되어서는 안 되며 그 권리는 모든 사람에게 쥐어져야 한다고 주장했다. 그는 권리의 평등이야말로 오히려 결과적으로는 재산을 안전하게 해준다고 믿었다. 끝으로 더욱 중요한 것은 빈민과 어린이, 노인과 교육에 관한 그의 사회복지적 제안이었다. 그는 어려운 사람들에 대한 국가의 광범한 재정적 지원을 요하는 복지 정책을 제안했는데, 여기서 정부 간섭을 최소한으로 줄여야 한다는 그의 주장과 이 사회복지 정책 사이의 모순이 발견된다. 그런데 그의 이 모순은 실은, 19세기에 한편으로는 국가 불간섭의 이론이 주장되면서도 다른 한편에서는 실제로 입법을 통한 국가 간섭이 점점 늘어갔던 사실 사이의 모순을 예시한 첫 사례였다. 이와 같이 페인은 급진주의와 자유주의 중간에서 한편에서는 급진적 민주주의의 전통을 만드는 데 기여했고 다른 한편에서는 부르주아 자유주의의 이념을 발전시켜주었다.

2. 프랑스의 경우 : 콩스탕과 콩도르세

18세기 영국의 자유주의가 프랑스 혁명을 계기로 혁명을 지지하는 쪽과 반대하는 쪽 두 갈래로 갈라졌다면, 프랑스의 자유주의는 계몽사상을 계승한 프랑스 혁명이 직접 진행되는 구체적인 현실의 소용돌이 속에서 혁명의 부침浮沈과 운명을 같이하면서 새로운 형태의 것으로 발전하였다. 그렇기에 프랑스의 자유주의는, 바다 건너에서 혁명을 직접 경험하지 않았던 영국의 경우와는 달리, 혁명의 숨가쁜 변화를 겪으며 어떻게 하면 자유주의의 원리들을 수호하고 발전시키며 또 그 변화들을 자유주의의 입장에서 재해석하느냐 하는 매우 급박한 현실과의 대결의 산물이었다. 그러므로 영국의 버크와 페인에 비견하는 프랑스의 자유주의자를 콩스탕과 콩도르세에서 찾을 수 있다고 하더라도, 양국의 두 사람을 비교해보면 프랑스 쪽이 훨씬 더 전형적인 자유주의자들이라고 말할 수 있다.

콩스탕은 버크의 《프랑스 혁명의 고찰》을 출판 직후 읽었다고 한다. 그러나 그는 버크에 동의하지 않았다. 그가 버크와는 달리 프랑스 혁명을 지지했기 때문이 아니었다. 콩스탕도 프랑스 혁명의 악랄함과 광포함을 목격하고 그러한 혁명 과정을 결코 긍정하지 않았다. 그러면 그는 프랑스 혁명의 이념과 혁명 자체를 반대했을까? 아니다. 그렇다면 그가 버크에 동의하지 않은 이유는 무엇이었을까?

그가 주장하는 자유주의는 버크의 입장과는 다른 그 나름의 특성을 갖고 있었다. 그는 고대적 자유와 근대적 자유를 구별하였다. 전자는 주권 전체를 집단적·직접적으로 행사하는 자유이지만, 후자는 대표제에 의한 간접적 주권행사에 만족하면서 사적 활동의 자유에서 얻어지는 결과를 향유하는 개인적 자유라고 하였다.[8] 그가 강조한 자유는 개인의 사생활과 사적 활동의 자유 곧 개인적 자유였다. 그러면 그러한 개인적 자유를 보장해주는 정치 형태는 어떠한 정치 형태였을까? 그는 로베스피에르의 공포정치를 타도하고 '자코뱅 헌법'에 대처하여 '공화제 3년 헌법'을 제정한 테르미도르의 총재정부가 가장 적합한 정치 형태라고 생각하여, 공화제 3년 헌법이 제정된 이듬해 "공화주의적 형태만이 독재에 의해 중단된 후 다시 진리와 결합한 자유의 전통을 보존하고 있다"[9]고 주장하여, 반자코뱅의 온건한 공화주의적 자유주의의 원리에 대한 확신을 표명하였다. 그가 말하는 독재가 로베스피에르의 자코뱅당 독재임은 말할 나위 없다. 자코뱅의 독재가 루소의 인민주권론에 이론적 기반을 두고 있는 '평등주의적 공화정'이었다면 콩스탕의 좌익 독재에 대한 반대의 위치가 어디쯤인가 분명해지는데, 그는 총재정부가 나폴레옹의 쿠데타에 의해 무너진 후 나폴레옹에도 반대하였다. 왼쪽의 자코뱅의 독재에 반대했을 뿐만 아니라 오른쪽의 나폴레옹의 독재에도 반대했던 것이다. 바로 이런 부분에서, 개인적 자유를 강조한 콩스탕의 독특한 자유주의의 위상이 분명해진다.

   그러면 그가 자유의 전통을 보장해줄 것으로 확신했던 총재정부의 본질은 무엇일까? 그것은 따지고 보면 '신임은 밑에서 권력은 위에서'의 원칙을 실현한 정치 형태로서, 공화정이라는 명칭과 형태에도 불구하고 실은 입헌군주제를 규정한 프랑스 최초의 헌법(이른바 1791년 헌법)의 이념을 계승한 것이었다. 그것은 상퀼로트에게 빼앗겼던 권력을 도로 탈환한 부르주아지의 이익을 옹호한 동시에 1791년 정신의 회복과 계승을 표현한 것이었다. 그러므로 실은 콩스탕에게 중요한 것은 군주정이냐 공화정이냐의 정치 형태가 아니라 어느 정부가 개인적 자유를 보장해주고 촉진시켜 주느냐였다. 그리하여 엘바 섬을 탈출한 나폴레옹을 맹렬히 비난한[10] 그가 한 달 뒤에는 나폴레옹의 자유 제국에 대한 환상을 품고 부가 헌장l'acte additional의 기초를 맡았는가 하면,[11] 나폴레옹의 백일천하가 사라지고 다시 왕정이 복고하자 이제는 "자유는 입헌군주제하에서도 충분히 완전하게 존립할 수 있다"[12]고 말했던 것이다. 콩스탕의 이러한 무원칙한 기회주의적 태도는 얼마든지 비난의 대상이 될 수 있으나, 변화무쌍한 혁명 과정에서 자유의 옹호를 위해 몸으로 싸운 콩스탕으로서는 그럴 수밖에 없지 않았느냐는 변명도 충분히 용납될 수 있다. 왜냐하면 그에게 자유란 추상적 관념이 아니라 가장 현실적이고 구체적인 명제였기 때문이다.

그러면 그가 생각한 개인적 자유의 본질은 무엇이었을까? 그것은 재산의 불가침이었다. 어떤 정부가 재산권을 보장해주느냐가 가장 중요한 관심이었다. 그리고 그는 전형적인 자유주의자답게 경제에서 자유방임의 원칙을 지지하였다. 사람들이 자기 재산을 제 마음대로 쓸 수 있는 자유는 본래적 자유이고, 정부는 그들의 재산을 보호해줄 책임이 있을 뿐이고 생산이나 물가에 간섭해서는 안 되고, 사람들의 이익을 도모해주기 위해서라고 할지라도 개인들의 소비나 사생활에 관여해서는 안 된다는 것이었다.[13] 콩스탕의 글에서는 빈곤의 문제나 사회복지에 관한 것은 좀처럼 찾아볼 수 없다.[14] 왜 그랬을까? 그가 생각하는 개인적 자유는 개인의 모든 권리를 유지하는 것을 의미했기 때문이다. 그러므로 나폴레옹의 위로부터의 독재에는 물론 자코뱅당의 밑으로부터의 독재에도 반대했던 것이다. 그는 "대중은 소수를 다수의 노예로 만들 권리를 요구한다"면서 대중에 의한 민주주의는 자유를 위협하는 것이고, "개인적 자유는 항상 인민의 주권에 우선해야 한다"고 강조하였다.[15] 이처럼 개인적 자유를 강조한 이론적 근거는 위에서 언급한 근대적 자유의 본질에 있었지만, 동시에 인간 생활의 다양성을 매우 중시한 그의 개인주의적 신념에서도 찾아볼 수 있었다. 그는 "다양은 생명이고 획일은 죽음"이라고 말하였다.[16] 따라서 그는 국가가 주도하는 교육정책은 사람들을 획일적으로 만든다면서 이를 반대했다.

콩스탕이 프랑스 혁명의 변화무쌍한 과정 속에서 개인적 자유를 확보하려고 무진 애를 썼을 때 그의 자유주의는 항상 현실과의 타협이 불가피했고, 또 그만큼 논리적 일관성이 없는 취약점을 갖고 있었다. 그에 반하여 콩도르세는 계몽사상과 프랑스 혁명의 두 단계를 무리 없이 완전히 연결시킨 자유주의자였다. 그는 계몽사상가로서 눈부신 활동을 한 동시에 프랑스 혁명에 열광적으로 참여하였다. 계몽사상가로서의 그는 과학과 이성, 진보와 자유는 모두 서로 유기적으로 연관되어 있다고 믿었다. 인간 사회는 이성에 의해 인도되는 한 개명하고 고상한 사회가 될 수 있고, 과학과 진보를 가로막는 것은 무지와 미신이라고 믿었다.[17] 그는 철저한 합리주의자로서 자신에 넘쳐 있는 유연한 낙관론자였다. 콩도르세의 이러한 신념과 태도야말로, 이성과 과학이 세계를 변화시킬 수 있다는 야망과 희망이 아직 사라지지 않고 있었던 절정기 자유주의의 성격이 어떠한 것인가를 잘 보여준다.

콩도르세는 혁명 전에 볼테르와 더불어 튀르고의 개혁 정책에 크게 기대를 걸었다가 개혁이 좌절된 것에 크게 실망했고, 미국 독립 혁명이 일어났을 때는 이에 자극을 받아 1780년대에도 계속 위로부터 시작된 개혁 내지 혁명을 기대한 사람이었다.[18] 그는 모든 사람은 다 똑같이 합리적 능력을 갖고 있다고 주장하면서도 프랑스 혁명 발발 후에도 민주주의의 원리는 좀처럼 받아들이려고 하지 않았다. 그 이유는 대중이란 쉽게 조종당하고, 계몽사상에 의해 계몽되지 않은 사회란 사기꾼들에게 기만당하기 쉽기 때문이라는 것이었다.[19] 그러므로 대중은 정치권력을 행사할 수 있도록 교육을 받아야 하고, 교육에 의한 새 대중이 탄생하기 이전에 민주주의를 실시하면 그것은 사기꾼들의 농락에 의해 실패한다고 믿었다. 그는 이처럼 계몽사상에 의한 교육을 중시하고 교육에 의해 사람들의 지능의 차이를 감소시킬 수 있다고 믿고 있으면서도, 아무리 공평하고 평등한 교육을 실시하더라도 타고난 재능의 차를 완전히 없앨 수는 없다고 하여 평등주의의 한계를 보여주었다.[20]

콩도르세의 경제 이론은 애덤 스미스의 자유방임론과 일치하였다. 각 개인이 각자 능력대로 일하고, 재산을 처분하고 필요한 것을 장만하는 데 아무런 간섭이나 강제를 받아서는 안 되며, 정부는 이를 완전히 제멋대로 방임해야 한다는 것이었다.[21] 그는 부는 제멋대로 내버려두면 저절로 평등해지는 경향이 있는데도 쓸데없이 법으로 간섭하기 때문에 부의 불평등이 생긴다는 견해를 갖고 있었다.[22] 그의 이러한 경제적 자유주의는 당시 유럽의 식민정책을 맹렬히 공격하게 만들었다. 영토를 약탈하고 상업을 독점하는 식민정책은 경제적 자유주의에 위배되기 때문이었다. 그가 식민주의를 공격한 것은 경제적 이유 때문만은 아니었다. 유색인종에 대한 서양인의 교만한 권리 침탈과 살인에 해당하는 멸시, 특히 16세기에 자행된 야만적인 노예제도 등에 격분했기 때문이었다.[23] 그의 경제적 자유주의와 정치적 급진주의가 완전한 일치를 본 데가 바로 이 반反식민주의였다고 말할 수 있다.

그는 더 온건한 자유주의자들과는 달리 개인의 권리를 존중하는 데에 수미일관하였다. 즉 그는 흑인을 인류의 구성원으로 여기지 않는 사람들을 가차 없이 비난하였고,²⁴ 인류의 반을 차지하는 여성에게서 무슨 구실로 평등한 참정권을 빼앗을 수 있느냐고 반문하였다. 그는 반대자들에게 "여자에게서 권리를 빼앗을 수 있는 정당한 근거가 되는 남녀 간의 자연적 차이가 무엇인지 말해보라"²⁵고 외쳤다.

인류 역사의 진보에 대한 콩도르세의 낙관은 그 진보가 용이하다든가 평탄하다든가 하는 의미의 낙관은 아니었다. 그 진보는 투쟁과 대가를 동반하는 것이었다. 그러나 그는 궁극적인 진보와 향상을 철저히 믿었다. 인류 역사의 진보에 대한 낙관, 자유 시장경제의 유익성에 대한 신념, 남녀를 비롯해 모든 인종이 동등하게 인간의 권리를 누려야 한다는 일관된 옹호, 이 모든 것은 계몽주의적 자유주의에 대한 확신의 반영일 뿐 아니라 자유주의가 가져온 위대한 승리의 순간인 프랑스 혁명을 반영한 것이었다.

햄프셔Stuart Hampshire가 콩도르세의 《인간 정신의 진보에 관한 역사적 개관Esquisse d'un tableau historique des progrès de l'esprit humain》을 가리켜 "실로 위대한 자유주의 사상이 남긴 희귀한 기념비"²⁶라고 부른 것은 참으로 정확한 말이다.

제9장

경제적 자유주의의 이론과 실제

1. 자유방임의 경제 이론

콩도르세가 이성과 과학 및 인류 역사의 무한한 진보를 낙관하고 있었던 것과는 반대로 맬서스Thomas Robert Malthus는 식량과 인구의 관계를 통계학적으로 연구하면서 이러한 낙관에 어두운 그림자를 던졌다. 맬서스는 영국 고전경제학파의 한 사람이고 그 학파의 원조인 애덤 스미스의 영향을 받은 사람이다. 스미스는 《국부론Wealth of Nations》에서 개인들의 경제활동에 대해 국가가 간섭을 배제하고 모든 사람을 자유방임하면 보이지 않는 손에 의해 사회 전체의 조화가 이루어지고 국가의 부는 저절로 증대하게 된다고 강조하였다. 그러면 맬서스도 자유방임의 자유주의경제 이론에 따라 식량과 인구와의 관계도 그냥 내버려두면 저절로 잘될 것이라고 생각했을까? 그렇다. 그렇다면 맬서스의 인구론에 관한 연구가 왜 콩도르세의 낙관에 어두운 그림자를 던졌단 말인가?

얼핏 보기에 까다로워보이는 이 물음은 고전경제학파가 얼마나 철저한 경제적 자유방임론자들이며 사유재산의 옹호자들이었는가를 밝힘으로써 답을 얻을 수 있다.

20세기 들어 고전경제학자들의 자유방임론에 수정을 가하여 그들은 경제활동에 대한 국가 간섭을 전적으로 배제하지 않았다고 주장하는 수정주의가 대두하고 있다. 윈치Donald Winch, 오브리언Denis Patrick O'Brien, 클라크George Kitson Clark, 애슈턴Thomas Southcliffe Ashton 등의 주장이 그러하다. 자유방임의 시장경제를 통한 이기주의의 사회적 조화란 하나의 신화에 불과하고, 고전경제학자들은 결코 국가 불간섭주의자들이 아니었다는 것이다.

우리는 여기서 이 논쟁에 깊이 관여할 필요가 없다. 스미스가 국가의 기능을 긍정했다면 그 이유는 경제적 자유주의의 기본 원리에 다소라도 유보 조건을 인정했기 때문이 아니라 사유재산의 안전한 보호를 위한 국가 기능을 인정했기 때문이다. 그는 정부가 왜 필요한가에 대해 매우 명백하고도 솔직한 견해를 표명하였다. 사유재산이 불평등하게 분배되어 있는 사회에서는 가난한 사람들이 부자의 재산을 공격할 가능성이 크기 때문에 국가의 보호가 없으면 재산이 안전하지 못하다는 것이었다.

> 법과 정부는 이 목적 이외의 다른 목적이 있을 것 같지 않다. 법과 정부는 재산을 증식시킨 개인이 그 과실을 편안히 즐길 수 있도록 안전하게 지켜주는 것이다.[1]

법과 정부는 이처럼 모든 경우에 빈민들을 억압하여 그들의 공격으로

소실될지도 모르는 재財의 불평등을 보존하려는 부자들의 조직이라고 생각할 수 있다.²

이처럼 사유재산의 보호를 위해 정부가 필요하다는 스미스의 생각은 로크의 생각과 똑같다. 그러나 로크처럼 애매하지 않고 명백하다. 스미스가 자기 이론의 출발점을 노동에서 잡은 것도 로크와 비슷하다. 그도 인류의 원시생활을, 초기의 영국 자유주의자들처럼, 노동자가 노동의 열매를 전부 향유하는 상태로 보고 토지와 자본의 사유제를 도입하는 것으로 말미암아 그러한 원시상태가 사라졌다고 주장한다. 재산의 원천과 정당성의 근본은 노동이고 각 개인이 그 노동에 의해 소유한 재산은 다른 어떤 형태의 소유권보다도 가장 신성하고 따라서 불가침의 것이라고 주장한다.³ 스미스의 주장과 논리는 이처럼 로크와 매우 비슷하다.

그가 주요한 정치 세력으로서 상공인을 불신하고 지주계급을 옹호한 점에서는 버크와 매우 유사하다. 스미스는 물질적 진보가 정의와 도덕의 대가를 치러야 하는 사실에 주목하여, 이 대가의 원인이 상공인의 비열한 탐욕과 독점욕에 있다는 것을 깨닫고 그들을 정면으로 비난하고, 탐욕의 인간들은 이 세상을 지배할 수도 없고 또 지배해서도 안 된다고 꼬집었다.⁴ 동시에 그들은 탐욕과 독점에 눈이 어두운 추잡한 자들일 뿐만 아니라 자유경제의 시장 원리를 존중하지 않는 자들로서, 저희들끼리 가격 동맹을 맺거나 독점을 꾀하여 "시장은 넓히고 경쟁은 좁혀서 항상 자기들의 이익만을 도모함으로써 공공 이익을 해치는 면이 많다"고 주장하였다.⁵ 그리하여 스미스는 상공인의 경제활동이 가져오는 경제적 효과는 적극적으로 평가했으나 그들의 사회적·윤리적 태도는 매우 못마땅하게 여겼다. 스미스는 상공인의 정치적 역량도 믿지 않았다. 그들은 "반드시 특정한 나라의 시민이 되는 것이 아니라 이윤이 나는 곳이라면 어디든지 활동과 자본을 옮기는 자들"[6]이었다. 그러나 토지 소유자는 반드시 그 토지가 있는 나라의 시민이 된다.[7] 대지주들을 정치제도의 중심 세력으로 만들어야 한다는 버크의 주장은 바로 스미스에게서 배운 것이었다. 이와 같이 볼 때 스미스는 자유주의적 개인주의 전통의 줄을 잇고 있으면서도 제임스 밀James Mill이나 코브던Richard Cobden 처럼 부르주아의 윤리성을 전적으로 믿지 않았다.

그는 "가난하고 불행한 사람이 부자보다 더 많은 사회는 결코 번창하는 사회도 아니고 행복한 사회도 아니다"[8]라고 말한 데서 알 수 있듯이, 빈곤을 사회의 필연적이고 항구적인 특징으로 생각하지 않았다. 이 점에서 그는 맬서스와 달랐다. 그는, 시장경제 질서는 독점적인 상인들이나 정부의 간섭을 받지 않고 적절히 잘 운영되기만 하면 부자에게만이 아니라 사회 전체에 훌륭한 이익을 가져다준다고 생각하였다. 요컨대 스미스의 자본주의적 시장경제관은 대체로 낙관적이고 확신에 찬 것이었다.

그의 낙관적이고 확신에 찬 시장경제론은 아직 산업혁명이 본 궤도에 오르기 전이었던 역사를 배경으로 한 산물이었다. 그러나 산업혁명이 낳은 계급분화의 심화와 노동자의 빈궁화가 가속화되는 때가 되면 시장경제 구조에 대한 자유주의적 낙관론은 비관론으로 변화할 수밖에 없었는데, 이 비관론의 가장 우울한 요소를 최초로 고전경제학에 주입한 사람이 바로 맬서스였다. 그의 인구론에 의하면 인구는 기하급수적으로 느는데 먹을 것은 산술급수적으로밖에 늘지 않기 때문에 인류는 항상 굶주림과 인구문제에 직면한다는 것이었다.

인류는 어떤 모양으로든 산아를 억제하지 않으면 인구 팽창으로 먹을 것이 부족해진다. 인구는 기아와 질병이라는 자연의 힘에 의해서만이 감소된다. 인구 증가와 식량 증가의 현격한 차이로 말미암은 "이 난제는 사회가 완전한 상태로 가는 길에 가로놓인 극복할 수 없는 장애물이다. …… 나는 모든 생물계를 지배하는 이 법칙의 중압에서 인간이 피할 수 있는 길이 어디 있는지 모르겠다".[9] 여기서 역사가 무한히 진보할 것이라는 콩도르세의 낙관론에 맞선 맬서스의 비관론을 확인하게 된다. 역사는 이성의 힘에 의해 완전한 상태로까지 진보·향상할 수 있다는 1790년대의 콩도르세의 낙관론과 유토피아주의를 맬서스는 의식적으로 공격하고 있었다. 그는 또 실현될 수 없는 미래의 이상도를 설계해놓고 현실의 구체적인 문제 해결을 소홀히 하는 자들을 향해 이렇게 공격했다.

> 그들은 더 전진할 수 없는 방향으로 우리의 심신의 힘을 낭비시키고 실패에 실패를 거듭하게 하여 많은 고통을 당할 수밖에 없게 만듦으로써, 결국 가장 현실적으로 도달할 수 있는 사회적 향상을 그만큼 방해한다.[10]

그는 거기 머물지 않고, "일반 사회의 형태와 구조를 급격히 현저하게 개조하려는 어떠한 시도도, 즉 하층계급의 생활 조건을 결정적으로 개선시키려는 어떤 거창한 시도도"[11] 결국 그 자체의 원리에 의해 실현될 수 없다고 했다. 그는 《인구론 An Essay on the Principle of Population》의 개정판에서 자기 이론은 인류 사회의 개량이 절대로 불가능하다는 패배주의론이 아니라 무한정한 개량론을 반대하는 한정된 개량론이라고 했다. 실제 개혁은 점진적이고 한정된 것이어야 한다는 반유토피아주의 입장을 그렇게 명백하게 천명한 것은 자유주의의 전통에서는 맬서스가 처음이다.

맬서스는 빈민에 대해 극히 냉혹했다. 그는 가난한 사람들은 생활조건이 나아지면 그만큼 아이들을 더 낳기 때문에 오히려 더 가난해진다고 보았다. 그는 아이들을 기를 만한 물질적 준비 없이 더 낳기만 해서 궁핍해지는 것은 무책임과 성적 무질서에 대한 벌이며, 이는 자연의 법칙이 내리는 벌이지 사회나 정부가 내리는 벌이 아니라고 했다. 또 가난한 자들이 준비 없이 결혼하여 낳게 될 아이들은 빈민 구호의 대상에 넣지 못하게 하는 법률을 제정해야 한다고 주장했고, 아이들을 많이 낳아서 굶어 죽어나 병들어 죽고 늘 궁핍을 면하지 못하는 것은 자연의 법칙이고 따라서 신의 법칙이므로 아무도 그 법칙을 어길 수 없다는 것을 모든 사람이 알아야 한다고 강조하였다. 이처럼 그는 철저한 방임론자였다.

그는 이론적으로만 빈민에 대해 무정했던 것이 아니라 구빈법의 점진적인 폐지안을 작성하기도 하였다. 구빈법은 빈민의 조혼을 도와주어서 결국 인구를 증식시키고 빈민을 더 많이 만들어낸다는 것이었다. 그는 또 교회가 빈민에게 주는 구호금을 폐지하고 빈민용 오두막을 건설하는 데 세금을 써서는 안 된다고 주장하였다. 그러한 그의 주장은 정책 자료로 만들어져 의회 보고서에 거의 전부 반영되었다.[12]

구빈법에 반대하는 돈 많은 납세자들이 맬서스의 이론과 정책을 크게 환영했음은 말할 나위 없다. 영국 중산계급의 자유주의로 하여금 대중의 빈곤은 인력으로는 어쩔 수 없는 것이라는 패배주의적인 무정한 태도를 취하게 하는 데에, 맬서스만큼 영향을 미친 사람은 거의 없다.

어떠한 이론도 엉뚱하게 받아들여져 엉뚱한 방향으로 이용되는 경우가 있지만, 맬서스의 《인구론》은 엉뚱하게도 다윈Charles Darwin의 진화론에 영향을 미쳤다. 다윈은 1838년 자연선택 이론을 연구하고 있을 때 맬서스의 《인구론》을 흥미 있게 읽고, 인간 세계에서 일어나는 인구와 식량의 관계에 따른 법칙이 따른 동물계에서도 일어날 수 있으리라는 힌트를 얻었다고 한다.[13] 그런데 맬서스의 인구론은 다윈에게만이 아니라 월리스Alfred Russel Wallace와 스펜서Herbert Spencer에게도 영향을 미쳤다. 다윈의 적자생존 법칙은 생존경쟁을 통해 새 종의 생물이 탄생한다는 점에서 낙관론적 철학을 제공할 수 있었으나, 스펜서가 그 적자생존의 원리를 인류 사회에 적용했을 때는 투쟁과 충돌을 통해 이루어지는 역사의 진보의 과정에서 패배하는 자는 망하게 마련이었다. 여기서 맬서스의 인구론은 고전경제학과 사회적 다윈주의를 연결해주는 고리의 역할을 하게 되어서 자유주의의 전통에는 사회적 다윈주의의 요소마저 스며들게 되었다.

자유주의적 고전경제학파의 마지막 인물인 리카도David Ricardo는 맬서스의 인구론에 영향을 받아, 맬서스의 주장 그대로 높은 임금은 노동자에게 더 많은 아이들을 낳게 하여 노동자의 수를 늘려 결국 긴 안목으로 볼 때 임금을 떨어뜨린다고 주장하였다. 임금이 떨어지면 노동자들의 출산율도 떨어져서 노동자의 수가 적어지고, 노동자의 수가 적어지면 임금이 올라간다. 임금이 오르면 아이들을 더 많이 낳아서 노동자의 수를 늘려서 또 임금을 떨어뜨린다. 이렇게 하여 임금은 노동자가 겨우 먹고살 정도의 수준 이상으로 올라가지 않는다[14]는 것이 그의 주장이었다.

리카도의 임금론은 경제가 성장하면 그만큼 여러 계층의 몫이 커진다는 스미스의 낙관적 견해와 다른 비관적인 것이었는데, 그의 지대론 역시 이해관계의 조화론이 아니라 기본적으로 계급 간의 갈등 이론이었다. 지주의 지대와 자본가의 이윤과 노동자의 임금, 이 삼자의 관계에서, 곡물 가격이 높을수록 지주가 벌어들이는 지대의 수입은 많아지지만 노동자가 그만큼 더 많은 임금을 요구하게 되므로 자본가의 생산원가가 높아져서 경쟁력이 떨어진다. 따라서 자본가와 노동자는 저렴한 곡가에 이해관계가 일치하여 곡물 수입을 금지한 곡물법의 폐지를 주장하게 된다. 그러나 자본가는 노동임금을 낮추기 위해 노동을 절약하는 새 기계를 도입함으로써 노동자에 맞선다는 것이었다. 이처럼 리카도의 지대 이론은 생산물의 분배를 놓고 세 계급이 서로 싸우는 이론으로서, 개인들의 이기적 목적들이 잘 조화를 이룬다거나 한없는 진보가 약속되어 있다거나 하는 낙관적인 것이 아니었다.

그리하여 리카도는 맬서스와 더불어 자유주의경제학에 한결 더 비관적이고 비정한 경향을 띠게 만들었다.

이상에서 우리는 고전경제학의 대표적인 세 사람의 경제 이론을 자유주의의 발전과의 관계에서 고찰했는데, 거기에서 발견되는 가장 기본적인 공통점은 자유방임의 원칙이다. 그 원칙은 가난한 자들의 아사조차도 자연법칙에 의한 것으로서 인간의 힘으로는 어쩔 수 없다는 패배주의적 불간섭 원칙이었다. 그리하여 고전경제학자들이 국가의 입법이나 정부 활동을 적대시하지는 않았다고 하더라도 기본적으로는 국가 간섭의 무용을 확신하였고, 혹 간섭이 필요하다고 생각했다 해도 그것은 사회문제에 한해서이고 경제문제는 완전히 자유 시장에 내맡겨야 한다고 확신하였다. 사회문제에서도 가령 직공의 주택문제에 대한 의회 보고서를 작성한 시니어Naussau William Senior는 "불간섭의 원칙을 존중하는 우리로서는 이 문제가 지나친 일임에는 틀림없다고 생각한다"[15]고 말했는데, 이는 많은 사람들이 당시 노동자의 주택문제 같은 것은 재산권에 대한 간섭이라고 반대할 수 있다는 뜻이었다. 시니어의 이 말은 매우 중요하다. 왜냐하면 그의 발언으로 미루어 우리는 당시 의회에는 불간섭의 원칙이 있었다는 것과 국회의 조사 위원회는 그 원칙을 존중하고 있었다는 사실을 알 수 있기 때문이다. 벤담의 다음과 같은 말을 생각해볼 때 두 사람에게는 국가와 국가 활동을 기본적으로 의심하는 경향이 있었음을 엿볼 수 있다.

> 정부에 대한 농업, 공업 및 상업 분야의 요구는 …… '햇빛을 가리지 말고 좀 비켜달라는 것'이다. 우리는 정부의 호의가 필요치 않다. 우리는 오직 안전하고 개방된 길만을 요구한다.[16]

자유주의경제학자들이 바랬던 입법과 정부 간섭의 종류를 보면 그것들을 시장의 원리를 엄격히 적용시키는 것이거나 신구빈법新救貧法(1834)의 경우처럼 시장 원리의 강화를 목적으로하는 것들이었다. 종래 여러 형태의 구빈법들은 정말로 어려운 사람들을 구제해 왔는데도, 그것들은 가난한 자들의 노동 의욕을 감소시킨다는 이유로 다 없애버리고, 이제 새로 발견한 경제학의 법칙에 일치하는 새 구빈법을 제정했던 것이다. 이처럼 고전경제학자들은 순수한 학자에 머물지 않고 실제 정책에 관여했을 뿐만 아니라 그 경제 이론도 실은 자유방임의 원칙을 실제 정책에 적용시키기 위해 만들어낸 것이었다.

그런데 중요한 것은 19세기 중반을 전후하여 국가의 간섭주의적 역할이 사실은 점점 커져갔다는 사실이다. 국민의 실제 경제생활이 경제학 이론의 일반 법칙에서 벗어나는 경우가 날로 많아졌던 것이다. 그럼에도 불구하고 자유주의경제학자들은 이 새로운 경향을 다만 예외적인 것으로 가볍게 생각하고 있었다. 그러므로 그들이 국가 간섭의 이론을 새로 개발할 까닭이 없었다. 오히려 사태가 그들에게 불리해지자 그들은 자유주의경제의 원리를 하나의 도그마처럼 신주 모시듯 절대화하였다. 자유주의경제 원리에 예외적인 일들이 늘어나면 늘어날수록 이 새로운 현상의 의미가 무엇인가를 묻지 않고 오히려 낡은 원리를 금과옥조로 계속 고집하고 있었던 것이다. 그렇다고 하여 자유주의경제학의 원리가 새로운 사태를 해결할 능력을 발휘할 수 있었던 것은 물론 아니었다.

2. 자유방임의 실제 정책

이미 고찰한 바와 같이 근대 자본주의의 대두와 함께 빈곤과 빈민에 대한 비정한 태도가 17~18세기에 벌써 자유주의경제 이론과 재산권 사상의 지원 아래 널리 일반화되어 가고 있었는데, 이런 태도는 19세기 초에 오면 절정에 달한다. 빈곤관은 고전경제학과 맬서스의 음침한 수학적 계산이라는 새로운 과학의 뒷받침을 받으면서, 영국의 경우 산업혁명에 따라 새로 출현한 공업 노동자계급의 혁명적인 소란에 대하여 부르주아계급이 내보인 공포심과 결합하여, 드디어 1834년 신구빈법을 만들어냈던 것이다. 이 신구빈법에 의해 설립된 작업장 제도는 빈자에 대한 부자의 무정한 태도가 궁극적으로 승리를 거둔 것에 대한 기록이었다. 자유와 자유 시장의 대가를 누군가가 치러야 했다면 자유경쟁에서 패배한 가난한 자들이 그 대가를 치르게 마련이었는데, 신구빈법이야말로 바로 그 대가였다.

19세기 영국에서 빈곤과 빈민의 문제는 자유방임 정책으로는 해결될 수 없는 지경에 이르렀음에도 불구하고 여전히 빈곤에 대한 국가 간섭을 반대하고 있었다. 반대의 이유는 세 가지였다. 국가 간섭은 첫째, 개인들의 선택의 자유를 제한하는 것이고 둘째, 개인들의 책임을 다른 데로 전가시킬 뿐만 아니라 개인들로 하여금 일자리를 찾으려는 유인 동기를 빼앗는 것이며 셋째, 다른 과학에서처럼 객관적 과학이 발견한 시장의 법칙을 부질없이 건드리는 잘못을 범하는 것이라는 이유였다. 즉 개인의 자유, 개인적 책임, 경제학이라는 과학, 이 셋이 빈민의 문제에 간섭하지 말고 이를 방임해두어야 한다는 것이었다. 이러한 근거를 바탕으로, 맬서스의 과학적 이론을 몰랐던 16세기 사람들이 만든 구구빈법을 폐지하고 경제학이라는 새 과학이 발견한 법칙에 따라 신구빈법을 제정했던 것이다. 그런데 신구빈법은 빈민과 빈곤을 구하는 법이 아니라 빈민들을 멸시하고 학대하며 굶주려 죽게 하는 법이었다. 새 법에 따라 만들어진 작업장은 공포의 대상이었다. 작업장으로 가느니 차라리 자살하는 실업 노동자도 있었다. 그것은 새로운 바스티유 감옥이었다.[17]

신구빈법의 성격에 관해서는 우리가 잘 아는 디킨스Charles Dickens의 소설 《크리스마스 캐럴A Chrismas Carol》의 한 장면을 회상하는 것이 효과적일 것 같다. 가난한 사람들을 돕기 위해 크리스마스 성금을 모집하는 사람이 스크루지에게 자선을 청하자 스크루지는 작업장 유지비로 이미 세금을 냈다는 이유로 자선을 거절한다. 모금하는 사람이 말하기를 "거기는 많은 사람을 수용할 수도 없지만, 거기 가기보다는 차라리 죽으려는 사람이 많지요"라고 하자, 스크루지는 "그자들이 죽고 싶다면 …… 그거 잘하는 일이지. 과잉인구가 그만큼 줄어드니까" 하고 대꾸한다.

  신구빈법의 이론적·실제적 근거가 된 자유주의 고전경제학은 빈곤과 실업의 원인을 경제적 구조에서 찾으려고 하지 않고 개인의 태만, 무절제, 협잡 등에서 찾으려고 하였다. 그렇기 때문에 그 치유책도 개인의 능력에 달려 있다고 생각하였다. 그러므로 신구빈법의 실시 과정에서 보여준 바와 같이, 냉혹한 태도가 하등의 양심의 가책을 받지 않았고, 국가의 적극적인 사회정책이 배제되었던 것이다. 자유주의의 핵심이 개인적 자유에 대한 신념이라면, 자유주의가 빈민에 대해 그토록 가혹하고 억압적인 입법을 해도 괜찮다는 것일까? 빈민도 개인적 자유를 누릴 자격이 있는 분명한 인간인데 말이다. 이처럼 자유주의의 역사에는 비정한 비인간적 요소가 들어와 있었다는 것을 잊어서는 안 된다.

  자유주의경제 이론을 실제 정책에 적용하면서 신구빈법보다 더 현저하고도 광범하게 비인간적인 냉혹성을 극적으로 발휘한 것은 1846년부터 3년간 아일랜드를 강타한 감자 흉작에 대해 영국 정부가 취한 정책이었다. 감자 흉작으로 150만 명이 굶어죽었는데, 정책 당국자들은 굶주린 농민에 대한 정부의 구제 정책은 농민들의 의존심을 키워줄 뿐이라는 자유주의경제 이론에 입각하여, 불간섭이라는 유일한 정책으로 일관하였다. 아일랜드의 곡가를 떨어뜨리기 위해 강냉이를 싼값으로 방매했던 필Robert Peel 정부의 온건한 조처도 필의 뒤를 이은 존 러셀John Russell 정부에 의해 폐지되었고, 심지어 굶주려 죽어가는 많은 아일랜드인이 보는 앞에서 영국 군대의 호위 아래 곡물이 수출되기도 하였다. 더욱 치를 떨게 하는 것은, 아일랜드의 높은 인구 증식률을 개탄하던 어느 경제학자가 그 흉작으로 100만쯤은 아사할 것이라고 점치면서, 그 정도로는 아직 아일랜드의 인구 균형을 회복하지 못할 것이라고 말했다는 사실이다.[18] 우드햄 스미스Cecil Woodham-Smith는 이렇게 비판한다.

> 그 기근의 시기에 자유방임 정책이 아일랜드에 미친 비인간적 영향은 아무리 과장해도 과장일 수가 없다. 영국 대신들의 가혹한 행위는 다른 무엇으로도 이해할 수 없고 오직 자유방임 정책이 그렇게 만들었다고 할 때에만 수긍이 가는 행위이다.[19]

20세기의 자유주의자들은 자유주의는 본질적으로 경험론적이고 비교조적이고 비광신적이라고 생각하는 동시에 사회주의, 공산주의, 파시즘의 유토피아적 신조보다는 현재의 인간 권리와 행복을 존중하는 것으로 생각하고 있다. 그러나 신구빈법과 아일랜드 기근 정책을 실시했던 19세기 영국의 자유주의 정치가들은 이 두 원리를 모두 짓밟았다. 그들은 인간의 권리와 행복보다 경제 원리를 더 중요시했고, 먼 미래의 이익을 위해 현재의 고통을 정당화하였다. 이처럼 자유주의는 스스로 선언하는 자신의 원리를 배반하여 그 적대적인 이데올로기들 못지않게 교조적이고 비인간적인 얼굴을 나타내는 경우가 있다.

우리는 19세기 영국 자유주의의 전개 과정에서 고전경제학의 자유방임의 원리가 현실 정책에 얼마나 철저히 적용되었는가를 신구빈법과 아일랜드 기근 정책을 통해 살펴보았다. 이제 정부가 경제학의 원리를 정부 정책에 얼마나 철저히 적용했느냐 하는 문제 다음으로, 경제적 자유주의의 원리를 신봉하는 상공인들은 경제적·정치적 활동에서 자유방임의 원리에 얼마나 충실했는가를 살펴볼 차례가 된 것 같다.

이 문제에 접근하는 데는 코브던과 브라이트John Bright를 선두로 하는 이른바 맨체스터학파를 고찰하는 것이 최선의 길이다. 그들은 자유무역의 깃발 아래 곡물법 폐지 운동의 중심에 섰고, 1832년과 1867년의 선거법 개정의 기수가 되었다. 그들은 이 두 가지 투쟁을 귀족계급과의 계급투쟁으로 의식하고 있었다. 코브던은 곡물법이 폐지된 후 토리당의 필을 향하여, 자기의 역사적 역할은 시대 이념을 대표하고 있다는 것을 솔직히 인정해줄 것과 통치는 중산계급의 성실한 대표자들을 통해서 해야 할 것을 강조하였다. 그렇게 하는 것만이 선거법 개정과 곡물법 폐지의 이념에 따라 나라를 다스릴 수 있는 유일한 방법이라는 것이었다. 동시에 그는 중산계급은 믿을 만한 계급이라는 것을 필에게 확신시키려고도 하였다.

> 중산계급이 극단적인 폭력적 방법만을 쓴다고 생각한다면 당신은 중산계급을 잘 모르는 것입니다. 중산계급은 민주주의자가 아닙니다.[20]

코브던은 자유무역을 위한 투쟁이 중산계급의 경제적 이익을 위한 투쟁임을 분명히 하면서도, 그 투쟁을 긴 역사적 안목에서 자유의 시대를 위한 마지막 단계의 투쟁으로 이해하고 있었다.

> 우리는 한 세기에는 종교적 자유를 위해서 싸웠고 다음 세기에는 정치적 자유의 시대를 얻었으며 그 다음 세기에는 이제 상업적 자유의 큰 싸움을 해야 한다. 그런데 맨체스터와 그 주변의 면직 공장 지대는 이 위대한 싸움의 기수가 되어야 한다.[21]

코브덴은 이처럼 맨체스터학파가 자유주의 전통의 계승자라는 것을 명백히 자각하고 있었다.

코브던은 자유무역의 원리는 영구적인 진리이며, 그 진리의 응용은 보편적이라고 믿었다. 자유무역은 전 인류가 평화와 조화를 이루어낼 열쇠이며, 그 승리는 지상 모든 국민 간의 평화적 원리의 승리라고 믿었다.[22] 전쟁은 정부들이 일으키는 것이고, 사회와 경제의 상호작용은 서로 유익하다고 믿고 있었다. "정부 간에는 가급적 적은 교류, 국민 간에는 가급적 많은 교류",[23] 이것이 그의 구호였다.

자유무역이 세계 평화의 열쇠라면 자유무역을 보장해주는 것은 안정된 국제 질서였다. 그리고 안정된 국제 질서는 낡은 전제적인 왕조 국가들의 해체와 민족자결이라는 보편적 권리의 존중을 필요로 하였다. 거기서 영국 자유주의자들은 그리스, 라틴아메리카, 이탈리아의 독립운동을 열렬히 지지하였다. 자유주의적 민족주의는 침략적 성격을 띠는 것이 아니고 다른 민족을 지배하려 하지 않고 오직 민족의 자치를 추구할 뿐이었다. 그러므로 세계가 자유주의적인 입헌 독립국가들로 구성되어 있다면 그 세계는 전쟁 없이 평화가 실현된 세계일 것이다. 이렇게 하여 자유주의에서 민족주의와 국제주의는 조화로운 관계에 있었다. 그러한 자유주의가 제국주의와 침략 전쟁을 반대한 것은 당연했고, 코브던과 브라이트는 제국주의에 대한 반대 입장을 고수하였다. 프랑스의 콩도르세의 경우에서와 같이 영국의 자유주의도 식민주의나 제국주의를 반대하였다.

자유무역을 근간으로 하는 세계 질서를 구상하고 있었던 맨체스터학파가 대내정책에서도 불간섭의 원칙을 강조한 것은 당연하였다. 그들은 노동시간, 고용 기간과 고용 조건 같은 노동법의 제정을 반대하고 임금 인상을 위한 노동조합운동을 적대시하였다.

> 그들 노동조합은 호수를 힘으로 다스리거나 계절의 순환을 변경시키거나 기타 자연의 법칙을 뒤집으려는 것과 같은 짓을 꾀한다고 말할 수 있다. 왜냐하면 노동임금은 정확 무오無誤한 법칙의 지배를 받는 것이기 때문이다.[24]

그들에게 노동임금을 결정하는 것은 맬서스와 리카도의 과학적 법칙이었다.

그러나 세상의 여론은 굽힐 줄 모르는 자유방임의 원리에서 이미 차츰 멀어져 가고 있었다. 브라이트가 얼마나 케케묵어 보였던지 1870년 배저트Walter Bagehot는 〈브라이트의 보수적 기질〉이라는 글을 썼다. 브라이트가 "나는 민주주의자인 체하지 않는다. 나는 그런 타이틀을 승인한 적이 없다", "나는 보통선거를 좋다고 말한 일이 한 번도 없다"[25]고 말했을 때 그것은 코브던의 중산계급 옹호론을 그대로 옮긴 것이었다. 브라이트는 여자에 대한 투표권 부여를 기본적으로 반대하였고 여자의 자립을 매우 싫어하였다. 또 그가 개혁을 지지한 까닭도, 버크와 같은 보수주의자들과 마찬가지로, 개혁이 과격하고 혁명적인 변화를 피하는 길이기 때문이었다. 브라이트와 같은 급진적 자유주의자들도 민주주의와 노동자계급에 대한 두려움을 떨칠 수가 없었는데, 그러한 두려움은 19세기 중엽의 영국 자유주의만이 아니라 유럽 전반의 자유주의가 보인 뚜렷한 특징이었다.

제10장

자유주의의 분수령

1. 2월혁명과 토크빌

유럽 대륙에서 영국 산업혁명의 바로 뒤를 따라가고 있던 나라는 프랑스였다. 그러나 의회정치의 안정 속에서 자유방임 정책으로 순조롭게 발전한 영국의 자본주의에 비하면 프랑스의 자본주의는 발전이 퍽 뒤떨어져 있었을 뿐만 아니라 성격도 무척 달랐다. 프랑스의 자본주의는 영국과는 달리 18세기에는 절대왕권의 중상주의적 보호 아래 성장하였고 대혁명기와 나폴레옹 치하에서도 정부의 강력한 보호 아래 발전하였다. 나폴레옹의 대륙봉쇄 체제Continental System도 경제적 측면에서 보면 프랑스의 산업 자본주의의 비약적 발전을 도모한 정책이었다. 나폴레옹 제국을 부르주아 왕조라고도 부르는 이유가 거기 있다. 그러므로 그 부르주아 왕조를 전복한 루이 18세Louis XVIII의 복고 왕정은 명목상 옛 토지 귀족의 이익을 대표하였고 따라서 그것은 부르주아 왕조가 육성한 산업 부르주아지를 억압하였다.[1] 그러나 그러한 복고 왕정 아래에서도 헌장Charte이 보장하는 범위 안에서 근대적·개인적 자유를 향유할 수 있을 것으로 기대했던 콩스탕의 자유주의가 샤를 10세Charles X에 의해 짓눌리게 되었을 때 결국 7월혁명이 일어난 것이다.

샤를 10세를 몰아낸 7월혁명에 의해 수립된 7월왕정은 당연히 나폴레옹 제국에 의해 육성되었던 산업 부르주아지의 지지를 받았다. 7월왕정이 이끈 18년간은 프랑스의 부르주아지가 지배하는 시대이고 그 부르주아지의 자유주의 사상을 단적으로 표현한 것이 기조François Guizot의 중정 정책politique du juste milieu이었다. 기조에 의하면 국가를 통치할 최고의 권위는 법이고, 입법에 관여할 자격과 능력이 있는 자는 재산과 교양이 있는 자이며, 일정한 금액 이상의 세금을 낼 능력이 없는 가난한 자와 건전한 판단을 할 지적 능력이 없는 무식한 자는 정치 계급pays légal에서 제외시켜야 한다는 것이었다. 그리하여 그는 인격적·도덕적 평등과 사회적·정치적 평등을 엄격히 구분하여, 재산과 교양이 없는 계층의 사회적·정치적 평등을 단호히 거부하였다. 그는 사회적·정치적 평등의 입장에서 남자 보통선거를 요구하는 좌익의 공화주의와 민주주의를 7월혁명에 의해 모처럼 수립된 자유의 체제를 위협하는 무모한 것으로 몰아붙였다. 그는 자기 자신을 가리켜서 보통선거제의 철저한 적이라고 선언하였다.[2]

7월왕정은 복고 왕정의 전복을 통해 수립된 부르주아 왕국이었던 만큼 복고 왕정을 지지했던 정통파Légitimistes로부터 도전이 없을 수 없었다. 그러므로 기조와 그의 7월왕정의 적은 좌익의 공화주의와 함께 우익의 정통파였는데, 이는 콩스탕의 자유의 적이 좌익의 자코뱅주의와 우익의 나폴레옹 독재였던 것에 비등하는 것이었다. 그러나 19세기 프랑스의 역사가 보여주듯이 부르주아적 자유에 대한 진정한 위협은 오른쪽에 있지 않고 왼쪽에 있었다. 자본주의의 쉼 없는 발전은 근대 공업 노동자계급의 계급적 세력을 끊임없이 성장시켰기 때문이다.

7월왕정의 보수적 자유주의에 만족하지 않고 그 왕정을 뒤엎은 2월혁명의 주요한 사회 세력은 이 공업 노동자들이었다. 그런데 2월혁명은 재산 자격에 의한 제한선거에 바탕을 둔 군주제monarchie censitaire를 거부하고 남자 보통선거제에 바탕을 둔 공화정을 선택하였다. 영국의 맨체스터학파와 프랑스의 기조가 그처럼 두려워했던 인민 전체가 참여하는 민주주의가 이제 인류 역사상 최초로 실현되었다. 프랑스 혁명의 1793년 헌법은 남자 보통선거제를 규정하기는 했으나 전쟁이 끝날 때까지 실시할 것을 보류했던 것인데, 전쟁이 끝나기 전에 그 헌법이 폐지되었다. 그러므로 남자 보통선거제가 인류 역사상 처음으로 실시된 것은 1848년의 프랑스 제2공화정에서였다.

1848년은 자유주의의 발전사에서 하나의 분수령이었다. 2월혁명을 성공으로 이끈 세력은 파리의 노동자들이었는데, 이 혁명이 파리에 머물지 않고 유럽의 주요한 모든 나라로 번져갔을 때도 각국의 노동자계급의 적극적인 활동이 크게 두드러졌다. 각국 노동자계급의 역할은 그 나라 자본주의의 발전 정도에 따라 차이가 있기는 했으나, 1848년이라는 혁명의 해는 노동자의 사회적·정치적 힘을 확인시켜준 해였다. 이 혁명에서 그들은 재산권과 시장경제의 원리에 도전하였다. 1789년 이래 줄곧 향유해온 자유주의자들의 권리가 이제 민중의 도전 앞에서 위태롭게 되었다. 정치적 자유는 물론 사회적·경제적 평등도 아울러 요구하는 민중의 도전 앞에서 자유주의자들은 어떻게 해야 했을까?

　재산도 교양도 없는 민중이 민주주의를 요구하고 자본주의 경제 원리의 핵심 부분을 사회주의로 변경할 것을 요구하고 나선 상황에 크게 놀란 자유주의자들은, 이 왼쪽의 도전을 물리치기 위해서는 종래 오른쪽의 적으로 적대해왔던 반혁명적 보수 세력과 힘을 합칠 수밖에 없었다. 여기 1848년의 혁명들이 샤를 루이 나폴레옹 보나파르트Charles Louis Napoléon Bonaparte(나폴레옹 3세)의 독재와 함께 프랑스에서만 실패하는 데 그치지 않고 다른 여러 나라에서도 결국 실패하게 되는 가장 중요한 원인이 있었던 것이다. 그러나 그렇게 해서 얻은 부르주아지의 승리는 자유주의의 승리가 아니었다. 왜냐하면 그 승리는 프랑스의 샤를 루이 나폴레옹과 오스트리아의 슈바르첸베르크 Karl Philipp Schwarzenberg로 대표되는 수구적 반동 세력에게 빼앗기고 말았기 때문이다. 여기서 1789년 이래 찬란한 승리의 업적을 자랑해오던 유럽의 자유주의는, 그 업적을 잔뜩 걸머진 채 어찌할 바를 모르고 허둥대면서 뭔가 새 길을 모색하지 않으면 안 되었다.

　여기서는 몸으로 2월혁명에 뛰어들어 혁명의 격랑 속에서 자기의 자유주의 이념을 어떻게 역사의 현실에 적용시킬까를 체험적으로 모색한 토크빌의 경우와, 2월혁명에 직접 관여하지는 않았으나 도버 해협 건너편에서 그 혁명 과정을 예의 고찰하여 종래의 공리주의적 자유주의에 궤도 수정을 하지 않을 수 없었던 영국의 존 스튜어트 밀을 통해, 새 형태의 자유주의가 사회주의에 어떻게 대응하면서 어떠한 모습을 갖게 되는가를 살펴보기로 하겠다.

　2월혁명이 일어나기 한 달 전, 7월왕정 의회에서 금권 정치에 기반한 타락한 통치 정신을 규탄하면서 이런 썩어빠진 정신을 철저히 고치지 않는다면 머지않아 혁명이 일어날 것이라고 예언한 정치가가 있었다.[3] 그가 바로 토크빌이다. 그에 의하면 재산, 권력, 지식, 사회적 지위 등 모든 것의 평등화는 역사적 진행의 필연으로서 정치적 민주화, 경제적 산업화, 사회적 평등화로 역사가 진행함에 따라 귀족 지배의 시대는 끝나고 민중에 의한 민주주의 시대가 왔다는 것이었다. 그러나 그는 이러한 평등화가 저절로 쉽게 되는 것이 아니라 자각적인 인간들의 끊임없는 노력과 긴장으로 이루어진다고 주장함으로써, 평등화의 과정과 현실에 대해 결코 낙관하지 않는 태도를 보였다. 다시 말해, 그의 역사관은 진보사관이 틀림없었으나 콩도르세와 같은 18세기적 낙관론은 없었다. 따라서 현실에 대한 토크빌의 태도 역시 결코 낙관하거나 긍정하는 자세가 아니었다.[4]

2월혁명의 발발과 함께 보통선거의 요구와 사회주의적 요구가 봇물처럼 터져나왔을 때 그는 보통선거제와 사회주의를 결코 민주화·평등화와 동일시하지 않았다. 그는 자유의 정신이 함양되어 있지 않은 무자각적인 국민이 보통선거를 실시한다면, 결국 다수의 전제를 낳거나 아니면 독재정치를 낳고 말 것이라고 보았다. 그러므로 보통선거제는 평등화·민주화로 가는 필연적인 한 과정으로서 그 자체는 환영할 만한 것이기는 하지만, 그보다 더 중요한 것은 역사적 필연에 대처할 만한 통치 계층의 도덕적 역량과 국민의 자각적인 자유의 정신이라고 했다. 자유의 정신이 없는 국민에 의한 보통선거는 자유의 말살을 가져올 뿐이고 또 자유의 정신과 결합되어 있지 않은 평등 의식은 있는 자에 대한 없는 자의 원시적인 선망 감정에 불과하다는 것이었다. 자유의 정신이 없는 사회주의와 공산주의는 바로 그러한 선망 감정의 논리적 발전에 불과한 것으로서, 그 물질적 욕망에 대한 호소는 부르주아지의 계급적 이기심과 본질적으로

다를 바가 없다고 토크빌은 주장했다.[5]

  2월혁명과 함께 물질적 평등에 대한 민중의 격정이 광기 어린 사회주의 운동의 형태로 범람하는 것을 보았을 때도 토크빌은 결코 놀라지 않았다. 왜냐하면 그는 민주주의의 도래를 역사의 필연적 과정으로 보고 있었기 때문이다. 그러나 그는 그 평등화의 광기 어린 격정에서 자유의 위기를 절감하였다. 그는 인간 사회에 진정한 자유와 평등과 정의의 질서를 수립하려는 사회주의의 동기와 목표와 이념에는 이의가 없었다. 그런데 그 사회주의가 정의의 질서를 수립하기 위해서는 정치적 민주주의뿐만 아니라 사회·경제적 평등도 실현해야 하고, 이를 실현하기 위해서는 자유경쟁의 원리에 제한을 가하고 집단주의적 생산조직과 사회구조 및 정치체제가 불가피하다고 주장했다. 이런 토크빌에게 실로 중대한 문제는 집단주의였다. 토크빌에 의하면 집단주의는 개인적 자유와 자유주의의 원리로서의 이성을 불신하고 사유재산의 원리에 대해 적대적인 공격을 불사하면서도, 인간의 물질적 욕망에 대해서는 부르주아 못지않게 과격하게 호소하는 특징이 있었다. 그런데 그러한 성격의 사회주의는 반드시 독재자를 국가의 지도자로 떠받들게 되어서 결국 개인의 자유와 독립을 말살하여 개인을 국가권력의 노예로 전락시킨다는 것이었다.

  토크빌에게 민주주의의 가장 중요한 요소는 민중이 누리는 자유의 정신이었다. 2월혁명이 추구해야 할 민주주의적 평등은, 개인들의 자유로운 활동 영역이 확대됨에 따라 개인의 자유와 독립 안에서 실현될 수 있는 평등이어야 했다. 그런데 2월혁명과 함께 터져나온 사회주의의 봇물은 오히려 개인의 활동 영역을 좁히고 개인을 집단의 도구로 만들어 무인격의 수적 존재로 전락시켜서, 결국 제약과 예종 안에서 평등을 실현하려는 오류를 범하고 있다.

토크빌이 인류 역사는 반드시 민주주의의 자유와 평등을 실현하고야 만다고 확신하게 된 것은, 1830년대 미국을 여행했을 때 개인의 자유와 독립 안에서 데모크라시를 실현한 미국의 실례를 확인한 데 있었다. 그런데 그는 동시에 미국 민주주의에서 민중적 평등화 사회가 안고 있는 자유의 위기를 발견하였다. 즉 미국 민주주의에서 평등과 자유의 조화로운 실현을 보고 민중적 평등 사회의 무한한 진보를 전망하는 한편 그 반대쪽에 감추어져 있는 민주주의의 어두운 위험성을 간파했던 것이다. 그 위험성은 다수의 전제였다. 재산, 권력, 지식, 지위 같은 조건들의 평등화가 일반화되면 비슷한 사고방식과 생활양식이 그 사회를 지배할 위험성이 있다는 것을 간파했던 것이다. 사상과 발표의 자유가 제한되어 있는 것이 아닌데도 사람들은 사회 전반의 지배적인 사고방식과 조금이라도 다른 생각을 말하기를 꺼린다. 따라서 보통사람들이 미처 생각지 못하는 탁월한 견해가 오히려 배척을 받을 위험성이 있었다. 그는 개방적인 평등 사회에 오히려 그러한 위험성이 숨어 있음을 간파한 것이다.

　그리고 정치적으로도 사람들이 모두 독립적인 자유의 정신보다 물질적 욕망의 충족에 더 열중하여, 적극적으로 정치에 참여하려는 정신보다는 정치적 무관심이 오히려 더 팽배하게 된다. 그러한 사회 분위기는 탁월한 식견을 가진 정치가보다는 눈앞의 이해관계에 약삭빠른 범용한 인물들을 정치적 지도자로 선출하여 결국 정치가의 질적 저하를 초래하게 될 위험성이 있다고 보았다. 거기서 토크빌은 민중의 정치적 무관심과 정치가의 질적 저하가 정치권력의 강대화로 이어지게 되면 보통선거제는 민주주의의 탈을 쓴 독재를 출현시킬 위험성을 안게 된다고 판단했던 것이다.[6]

　그런데 국민경제에 대한 국가 간섭의 필요가 현실적으로 증대해

가는 역사적 추세 속에서 정치권력의 강대화는 거의 불가피한 형편이었다. 그러므로 토크빌은 2월혁명에서 프랑스의 새 정치제도를 데모크라시의 형태로 정통화해야 할 역사적 필연 앞에 서게 되었을 때, 혁명 과정의 소용돌이 속에서 사회주의 공화국을 수립하려는 사회주의자들의 주장에서 자유에 대한 위협을 직감했던 것이다. 데모크라시의 개념이 정치적 자유민주주의와 사회적 사회민주주의라는 대립되는 두 입장에서 규정되어야 하는 매우 유동적이고도 소란스런 상황에서, 그는 민주주의에 사회주의를 결합시키기를 거부하고 민주주의에 자유주의를 결합시키는 길을 택하였다. 그는 6월 폭동에서 자유의 정신이 없는 민중에 의해 문명 사회의 질서가 온통 위협받는 현장을 목도하고 민중과 사회주의에 등을 돌렸던 것이다.

그는 《미국의 민주주의 De la démocratie en Amérique》에서 "이 시대에 우리 문제를 이끌고 가는 사람들에게 짐 지워진 첫째 의무는 민주주의를 교육하는 것이다"[7]라고 했는데, 그 교육이 7월왕정에서 전혀 이루어지지 않았던 상황에서 2월혁명을 맞은 프랑스에서는 민중에 의한 민주주의는 아직 시기상조임이 여실히 드러난 셈이었다. 그리하여 그는 그토록 갈망했던 민주주의 앞에서 뒷걸음질을 치지 않을 수 없었다. 그는 6월 폭동의 진압에 찬성하였고, 그토록 싫어했던 샤를 루이 나폴레옹의 정부에서 불과 몇 달 동안이기는 했으나 외무장관을 지내기도 하였다. 1848년의 혁명들은 토크빌과 같이 진지한 민주주의자도 민주주의에 공포를 느끼게 하였다. 민주주의는 이제 폭도의 정치로 간주되었던 것이다.

2. 존 스튜어트 밀

1848년의 영국은 1830년대 이래 시끄러웠던 인민헌장 운동이 가라앉고, 곡물법 폐지 운동이 성공하고, 1832년의 선거법 개정에 따른 부르주아지의 의회 진출도 현저해져서 맨체스터학파를 선두로 절정기를 맞이하고 있었다. 그러므로 19세기 중엽의 영국 자유주의는 프랑스의 자유주의가 2월혁명을 계기로 부딪쳐야 했던 데모크라시와의 대결 문제 같은 것은 현실적으로 존재하지 않았다. 영국에서 민주주의에 대한 자유주의의 경계나 공포의 태도가 나타나기 시작하는 것은 제2차 선거법 개정 문제가 제기되는 1860년대에서였다. 그러나 밀의 경우는 토크빌의 《미국의 민주주의》 상권이 1835년에 출판되었을 때, 벌써 그것을 읽고 민주주의의 훌륭한 점과 함께 위험한 점도 이미 깨닫고 있었다. 그리하여 자기는 '순수한 민주주의'에서 '수정된 민주주의'로 생각을 고쳐갔다는 것을 1861년에 출판한 《대의 정부론 Considerations on Representative Government》에서 밝히고 있다. 말하자면 밀은 1830년대 후반부터 벌써 토크빌의 영향으로 민주주의에서의 다수의 전제에 대한 우려를 품게 되었는데, 그 우려는 그가 《자유론》을 집필하고 있었던 1850년대 후반에 이르는 기간 계속 증대해갔다. 밀이 이해하고 있었던 토크빌의 다수의 전제는, 민주화된 사회에서는 획일적이고 지배적인 편협한 여론이 개인들의 자유와 개성을 위협하고, 따라서 사회의 진보와 발전을 위협한다는 것이었다. 거기서 밀은 국가권력이 개인의 자유에 가하는 제약보다 사회적 여론이 가하는 제약을 더 크게 우려하게 되었다. 이런 유형의 사회적 전제는 어떠한 정치적 전제보다도 훨씬 더 무서운 것으로 생각하게 되었다. 왜냐하면 사회적 전제는 정치적 전제와는 달리 사람들의 일상생활에 깊숙이 침투하여 사람들의 영혼을 사로잡는 것이기 때문에 개인들이 도망칠 구멍이 전혀 없기 때문이다.

밀은 개인의 독자적 사고의 가치를 확신하고 있었다. 인간이란 본질적으로 합리적인 존재로서 독자적으로 생각하고 독자적인 생각에 따라 행동한다. 따라서 사회적 압력에 의해 획일적인 사고와 행동이 강요되어서는 안 된다고 믿고 있었다. 밀의 그와 같은 개인관은 아버지 제임스 밀과 벤담에게서 계승한 공리주의에서 벗어난 생각이었는데, 밀에게 개인적 자유와 독자성이 중요한 까닭은 사회의 진보와 인류의 발전은 사회적 압력에 좀처럼 순응하지 않고 자주성이 강한 개인에 의해서 이룩된다고 생각했기 때문이었다. 밀은 "사람들이 서로 다르다는 것이야말로 진보 향상의 원리일 뿐만 아니라 거의 유일한 원리인 것 같다"고 말하기도 하고, "인류의 발전과 모든 업적이 무엇보다도 필요로 하는 것은 획일성이 아닌 다양성이다"[8]라고도 말하였다. 밀에 의하면 민주주의가 안고 있는 내재적 경향은 흔히 생각하는 것처럼 무정부 상태나 사회적 분열이 아니라 그와는 정반대로 전반적인 둔함과 침체 및 정신 허약이었다. 이러한 위험스런 경향을 막아낼 수 있는 길은 오직 사회적 압력에 굴하지 않는 소수의 괴짜들을 너그러이 용납해줄 뿐만 아니라, 그들이 사회적으로 영향을 미칠 수 있는 제도적 장치를 마련해주는 것이었다.

그러면 이 소수의 괴짜들, 밀 자신의 용어로 하면 '지상의 소금'은 어떤 사람들인가? 그들은 결국 지혜와 지식이 있는 소수의 지식인들이었다. "민주주의 내지 다수의 귀족정치에 의한 정부치고 …… 다수의 주권자들이 자기들보다 재능과 교육이 훨씬 더 훌륭한 한 사람 내지 몇 사람의 충고와 영향을 받지 않고 범용을 면한 정부는 일찍이 없었다"고 말하는 밀은, "현명하거나 고상한 일을 창안해내는 것은 오직 개인들뿐이고 어느 한 개인의 착상에서 비롯하는 것이 보통이다"[9]라고도 말하였다. 이처럼 소수 엘리트의 지식과 재능 없이는 민주화된 사회의 침체적 경향을 막아내지 못한다고 확신한 밀이 무식한 민중을 믿지 못하고 민중적 민주주의에 대해 두려움을 갖는 것은 당연하였다. 그리하여 그는 드디어 "우리는 대중의 무지에, 그 이기심과 잔인성에 치를 떨었다"[10]고 말하여 민중에 대한 공포를 숨기지 않게 되었다.

거기서 그는 정치제도는 다수의 힘을 제한하는 방향으로 만들어져야 한다고 주장했다. 그가 제안한 한 가지 방법은 입법권을 보통선거에 의해 선출된 의회에 주는 대신 소수의 훌륭한 사람들에게 주고, 의회에는 비준권만을 주는 방법이었다. 그것이 밀의 수정된 민주주의 혹은 '합리적 민주주의'가 지향하는 방향이었다. 이는 "국민이 직접 다스리는 정치가 아니라 국민이 훌륭한 정부를 틀림없이 확보하는 정치로서 …… 가장 좋은 정부는 가장 현명한 사람들로 구성된 정부일 수밖에 없고 가장 현명한 사람들은 항상 소수밖에 없다. 그러므로 국민이 나라의 주인이 되어야 하기는 하지만, 그 주인은 자기들보다 더 재주 있는 머슴들을 고용해야 하는 주인"[11]이었다.

그의 이러한 합리적 민주주의의 가장 큰 특징은 능력에 비례하는 불평등 투표권이었다. 즉 여자를 포함하는 모든 성인에게 똑같이 한 표의 투표권을 주되, 지식인에게는 한 표 이상의 투표권을 주어야 한다는 것이었다. 모든 사람이 똑같이 참정권은 있으나 그 질은 똑같지 않다고 밀은 주장했다. 왜냐하면 사람마다 누구나 똑같이 훌륭한 것이 아니기 때문이다. 그러므로 무식한 사람에게도 유식한 사람과 똑같은 정치권력을 부여하는 것은 유익한 것이 아니라 유해한 것이었다. 여기서 주목해야 할 것은 종래의 다른 자유주의자들과는 달리 밀은 투표의 특권을 재산에 부여하지 않고 지식에 부여했다는 사실이다.

밀은 여자의 참정권을 말로만 주장한 것이 아니라 1867년 하원 의원으로서 제2차 선거법 개정안에 여자의 투표권 조항에 동의할 만큼 누구보다도 철저한 민주주의자였다. 그러나 밀의 민주주의도 토크빌의 경우처럼, 한편으로는 국민 전체의 참정을 주장하면서도 다른 한편으로는 노동자계급과 무식한 민중에 대한 공포가 있었다. 그러므로 그도 민중에 의한 민주주의는 적절한 제어 장치를 마련하지 않으면 단순한 폭도의 정치가 될 가능성이 크다고 믿고 있었다.

또 민주주의만이 아니라 자유주의경제에 대해서도 밀은 자유경쟁의 원리는 철저히 신봉하면서도 경쟁의 원리에 의한 이기적인 사회 풍토에는 비판적이었다.

> 사회주의자들의 공통된 오류는 인간의 본성은 본래 게으르다는 사실을 못 보는 데 있다. …… 경쟁이 최선의 자극제는 아닐지 몰라도 현재로서 그것은 필요한 자극제다. 경쟁이 진보에 불가결한 것이 아니라고 할 수 있을 시대는 아마도 영영 오지 않을 것이다.[12]

이처럼 밀은 경쟁의 의미를 인간성과 인류의 진보라는 보편적 차원에서 찾았다. 따라서 그는 생산물의 분배도 생산 능력에 따라 분배해야 한다고 주장했고, 수입이 많은 자에게 턱없이 많이 과세하는 누진과세를 반대하였다. 그러면서도 그는 "사람들이 서로 찢고 밟고 치고받는 것이 현재 사회생활의 모습이기는 하지만, 그것이 인류의 가장 바람직한 운명이라든가 혹은 산업이 발전해가는 한 단계에서 나타나는 불쾌한 징후에 불과한 것"[13]이라고는 믿지 않았다. 밀은 모든 사람이 각기 제 이익만을 열심히 추구하면 그것이 저절로 사회 전체의 일반선이 된다는 한 세대 앞의 신념을 수긍하지 않았다. 그의 이러한 새로운 태도는 자본주의와 경제적 개인주의에 대해 19세기 중반의 자유주의자들이 품었던 신념이 흔들리기 시작하고 있었음을 보여주는 것이다.

밀은 사회주의자로 자처하는 경우가 더러 있었다. 그러나 아무도 그를 사회주의자라고는 생각하지 않는다. 그러나 그가 토크빌의 경우처럼 사회주의의 이상에 관심과 동감을 표하기도 하고, 자본주의 사회에 대한 사회주의의 비판에 더러 귀를 기울인 것은 틀림없다.[14]

이상에서 본 바와 같이 밀은 젊었을 때 부친 제임스 밀이나 벤담에게서 받았던 공리주의의 강한 영향을 완전히 지워버린 것도 아니고 그렇다고 그 공리주의의 논리에 철저하지도 않은 일종의 절충주의자였다. 그러한 그의 위치야말로 바로 19세기 중엽의 자유주의가 자리한 불확정성과 회의적 태도를 잘 나타내보인 것이다. 벌린은 밀은 "근대 자유주의의 기초를 놓은 사람이고" 그의 《자유론》은 "개인적 자유에 관한 고전적 저술"[15]이라고 높이 평가하였다. 그러나 동시에 데모크라시에 대한 자유주의적 대응에서 이중적 성격을 밀만큼 분명히 보여준 사상가도 없을 것이다. 자유주의의 발전사에서 차지하는 밀의 독자적이고도 뚜렷한 위치가 바로 여기에 있다.

밀이 《자서전Autobiography》의 집필을 마치고 세상을 떠나는 1873년의 영국은 1867년 제2차 선거법 개정을 둘러싸고 일어났던 민주주의에 대한 낙관과 공포의 대립적 논쟁이 불러일으킨 소란이 다소 가라앉은 때였다. 그러나 1884년의 제3차 선거법 개정 문제와 아일랜드의 토지개혁 및 자치의 문제는 민주주의에 관한 논쟁을 다시 불러일으켰다. 이때 밀의 사상에 대한 자유주의자들의 공격이 매우 맹렬하였다. 즉 보통선거에 의한 민주주의는 결국 자유주의의 자리를 빼앗고 영국의 훌륭한 제도들과 사회를 파괴할 것이며 민주주의는 사유재산제를 약화시키고 개인적 책임감과 자유에 대한 사랑의 마음을 감소시켜 국가권력을 증대시킬 것이라면서 보수적 자유주의자들의 목소리가 높아졌던 것이다. 그중의 한 사람으로서 민주주의에 대한 자유주의적 회의를 가장 정밀한 이론으로 제시한 사람이 역사가 액턴 경이었다. 그는 사회적·경제적 평등과 자유는 양립할 수 없다고 생각한 것 같다. 왜냐하면 프랑스 혁명의 공포정치는 그 둘을 하나로 결합해보려는 논리적 결과였지만 결국 실패할 수밖에 없었다고 생각하고 있었기 때문이다.[16]

그럼에도 불구하고 액턴은 재산이 무제한으로 지배하던 시대는 이제 끝났는데, 이는 당연하고 불가피한 결과라고 인정하였다. 그리고 자유주의의 원리가 대중의 생활을 조금도 개선해주지 않은 사실을 솔직히 시인하였다.

> 시민적 자유와 시민적 사회질서라는 낡은 개념은 인민 대중에게 아무 혜택도 주지 않았다. 부는 증가했으나 대중은 빈곤에서 헤어나지 못했고, 지식은 진보했으나 대중은 여전히 일자무식이다. …… 상층계급이 제 손으로 사회의 여러 법을 만들었는데, 그 사회가 선언하는 바에 의하면 가난한 자에게 최선의 것은 세상에 태어나지 않는 것이고, 차선의 것은 어렸을 때 죽는 것이거나 아니면 가난과 범죄와 고통 속에서 비참하게 사는 것이다. …… 대중에게 자유는 행복이 아니다.[17]

액턴과 토크빌은 둘 다 민주주의와 평등을 실제로 실현하는 것이 얼마나 어려운가를 알고 있었던 귀족 출신 자유주의자들이었다. 그러나 액턴은 19세기에 일어나고 있었던 역사적 변화의 불가피성과 정당성을 인식하는 데에 토크빌보다 더 확실했던 것 같다. 그는 자유주의의 한계를 공공연히 인정하기 시작한 19세기 후반의 자유주의를 대표한 사람이었다.

그러면 자유주의적 제 가치의 본질 내지 기본 틀을 손상시키지 않으면서 자유주의의 한계를 치유하는 길은 없었을까? 있다면 그 방법은 무엇이었을까? 이 문제는 한 세대 뒤의 자유주의자들에게 맡겨진 과제였다. 이제 그 문제를 생각해볼 차례이다.

3. 신자유주의

유럽에서 고전적 자유주의가 고전적 형태로 순조롭게 발전한 나라는 말할 나위 없이 영국이었다. 제3차 선거법 개정 이후의 영국은 정치적·법률적 평등과 언론의 자유를 선두로 하는 고전적 자유주의의 요구들이 실질적으로 다 성취된 셈이었다. 그러므로 자유주의는 그 원리들을 실현하기 위한 운동이나 정당 활동을 더 이상 할 필요가 없어졌다. 그리하여 영국 자유당의 지도자 중 한 사람인 홀데인Richard Burdon Haldane은 1890년대 초에 "자유당은 간섭으로부터 개인의 자유를 더 많이 수립하는 방향으로 추진해온 사업의 주요한 것을 다 성취하였다"[18]고 선언할 수 있었다.

그렇다면 자유주의는 이제 더 할 일이 없단 말일까? 그렇다. 적어도 영국의 자유주의의 경우에는 그랬다. 홉하우스는 1910년에 19세기 말엽의 영국 자유주의를 다음과 같이 평하였다.

19세기는 자유주의의 시대라고 부를 수 있다. 그러나 19세기 말이 오면 그 위대한 운동도 이제 아주 쇠퇴하여 자기주장에 대한 확신이 식어가고 있었다. 자유주의는 이제 제 할 일을 다 한 것같이 보였다. 그것은 화석화되어 가고 있는 신조처럼 그저 모양만 남아 있는 꼴이었다.[19]

그러나 홉하우스야말로 그 위대한 운동을 다시 일으키는 데 지적·정치적 정력을 바친 뛰어난 자유주의자 중 하나였다. 그렇다면 홉하우스 같은 자유주의자들은 이제 다 쇠퇴해버린 위대한 자유주의 운동의 무엇을 어떻게 다시 일으켰을까?

19세기 말엽의 영국 정치를 지배하기 시작한 문제는 개인의 자유 문제가 아니라 국민의 생활 조건을 향상시키는 것이었다. 이 문제는 자유주의의 본질상 결코 외면할 성질의 것이 아니었음에도 불구하고 19세기의 자유주의는 개인적 자유, 경제적 자유 및 정치적 자유 등의 수립에 주력하고 국민 생활의 질적 향상을 등한시해왔다. 등한시해왔을 뿐만 아니라 그것이 오히려 자유주의의 당연한 태도라고 믿고 있었다. 그러나 자유주의 원리의 근본에 비추어볼 때, 어느 한 개인이라도 하늘로부터 주어진 천부의 권리를 실현할 수단이 결핍되어 이를 실현하지 못하는 일이 있다면, 자유주의는 그것을 실현시켜줄 책임이 있다고 생각해야 옳을 것이다. 여기서 19세기 말엽의 자유주의는 두 가지 문제에 직면하게 되었는데, 하나는 자유의 본질이 무엇이냐 하는 낡고도 새삼스런 문제였고, 또 하나는 국가의 역할과 기능은 무엇이냐 하는 문제였다.

19세기는 개인 생활에 대한 국가의 간섭을 배제하고 국가의 기능을 가급적 줄이려는 자유주의가 승리하는 세기인데도 불구하고, 실제로는 앞에서 언급한 것처럼 국민의 사회생활과 경제생활의 여러 면에 대한 중앙정부와 지방정부의 간섭과 규제가 꾸준히 증가하는 추세를 보이고 있었다. 더구나 그러한 규제와 간섭의 입법들이 자유주의를 표방하는 정부에 의해 제정되었다. 여기서 자유주의자들은 자신들이 표방하는 주장과 실제 현실에서 벌어지는 모순을 자유주의적 원칙에서 설명해야 했는데, 이때 채택한 것이 자발성의 원칙 principles of voluntarism이었다. 불간섭의 원칙이 일반적 원칙이라면 개인의 자발적 요청에 의한 국가 간섭은 일반적 원칙에 대한 예외적인 것에 불과하다는 설명이었다. 자발적 행위는 도덕적으로 가치 있는 행위이나, 강제에 못 이겨서 하는 행위는 그 결과가 아무리 좋더라도 도덕적으로 가치가 없다는 것이 개인주의적 자유주의의 주장이었다. 그러므로 19세기에 꾸준히 늘어만 가는 국가 간섭을 19세기의 자유주의는 자발성의 원칙이라는 방식으로 설명했던 것이다.

그러나 그것은 구차스런 설명이었고, 자유주의자들은 늘어가는 국가 간섭의 현실에 매우 불안하였다. 그들 중에는 늘어가는 국가 간섭을 사회주의로 간주하기도 하였다. 고전적 자유주의자였던 글래드스턴William E. Gladstone은 "두 정당이 다 사회주의로 기울어가고 있는데 나는 결코 그것을 용납하지 않는다"고 투덜댔다.[20] 그러나 역사의 수레바퀴는 그쪽으로 굴러가면서 낡은 자유주의자들을 멀리 뒤로 밀어내고 있었다. 그것이 19세기 말엽의 영국 자유주의의 참모습이었는데, 영국 이외의 유럽의 다른 나라에서도 사정은 대동소이하였다. 유럽의 어느 나라에서도 낡아빠진 원리에 아직도 매달리고 있는 자유주의 정당들은 이미 쇠퇴의 길을 걷고 있었다.

이처럼 자유의 개념과 국가의 기능을 고쳐 생각하지 않을 수 없는 상황에서 그 일을 체계적으로 발전시켜서 자유주의의 새로운 방향을 제시한 첫 인물이 그린이었다. 그린은 개인이 첫째이고 사회는 개인들의 집합에 불과하다는 종래 자유주의의 실체론을 부정하고 "사회가 없으면 인간들이 없다. …… 이는 인간들이 없으면 사회가 있을 수 없다는 것과 마찬가지"[21]라며 보다 적극적인 사회관과 국가관을 제시하였다. 또한 "한 사회의 구성원으로서 공동의 이해관계를 갖고 있다는 의식 없이 어떻게 권리가 권리일 수 있겠는가"[22]라면서 개인이 천부의 권리를 본래부터 갖고 있다는 생각을 부정하고, 그 권리는 사회에서 취득한 것이고 사회를 떠나서는 존재할 수 없다고 하였다. 따라서 그는 자유와 법을 대립적 관계에서 본 종래의 자유주의의 생각을 부정하고, 국가와 법은 자유를 제약하기도 하지만 자유를 창출할 수도 있고 자유를 더 확대해줄 수도 있다고 했다. 특히 그린이 살던 시대의 국가는 훌륭히 민주화되어 있기 때문에 과거보다 훨씬 더 능률적으로 이를 가능하게 해줄 수 있다고 했다.

> 특권적 계급의 이해관계를 위해서나 특정한 종교의 보급을 위해서 입법을 할 위험은 이제 끝났다고 보는 것이 타당할 것이다. 그러므로 법을 경계의 눈으로 보는 것은 한때에는 당연한 것이었으나 이제는 시대에 뒤떨어진 태도이다.[23]

작업 중 노동자의 상해보상을 규정한 '고용주 책임법'과 기타 개혁적인 노동법들은 계약의 자유에 대한 간섭이며 노동자의 자립을 약화시키는 것이라는 낡은 자유주의자들의 주장에 대하여, 그린은 그러한 법들이 개인의 자유에 제약을 가하는 점이 없지는 않지만, 더 넓은 윤리적 개념으로 이해할 때 이러한 제약은 오히려 자유를 넓혀준다고 주장하였다.

그는 자유를 단순히 제약이나 강제로부터의 자유로 정의하지 않을 뿐만 아니라, 하고 싶은 것이 어떤 것인지를 묻지 않고 무엇이든지 하고 싶은 대로 하는 것을 자유로 정의하지도 않았다.

> 우리가 자유를 매우 훌륭한 것이라고 말할 수 있을 때는, 그 자유가 우리가 행하고 향유할 만한 가치가 있는 일인 동시에 다른 사람들과 더불어 행하고 향유할 수 있는 일을 할 수 있는 적극적인 힘 내지 역량을 의미할 때이다. 참자유의 이상은 인간 사회의 모든 구성원이 다 똑같이 자기 자신들을 가장 훌륭하게 만드는 최대한의 힘이다.[24]

이렇게 볼 때 그린의 자유의 개념은 세 가지 점에서 종래의 자유의 개념과 다르다. 첫째, 제약이 없는 상태를 자유로 보는 소극적 개념에서 적극적으로 행하는 힘 내지 능력을 자유로 본 점이다. 둘째, 그의 자유에는 도덕적 요소가 들어 있다. 사람들이 어떤 일을 하기 위해 능력과 기회를 가져야 할 때 그 일은 반드시 할 만한 가치가 있는 일이라야 한다. 셋째, 그의 자유의 개념에는 평등주의적 요소가 아주 명확히 들어 있다. 인간 사회의 모든 구성원이 다 똑같이 자기 자신들을 가장 훌륭하게 만드는 힘을 가져야 하고, 그 힘이 국가를 통해 증대될 때 어떤 개인들—예컨대 부자들—의 자유가 제약을 받을지 모르지만, 그 제약은 모든 사람이 다 똑같이 자기들의 참자유를 증대시킬 자격이 있다는 평등주의적 원칙에 의해 정당화되는 것이었다.

이렇게 하여 그린은 자유주의의 입장을 고수하면서 국가 간섭을 정당화하고 그것이 개인주의의 원리에 모순되지 않는다고 주장하였다. 예를 들면 국가가 서민의 주택문제를 해결해주는 것은 국가의 간섭이고 또 개인의 자립에 대한 제약일는지 모르지만, 혜택을 입은 사람들은 주택문제에 쏟을 자립의 힘을 다른 분야에 더 많이 쏟을 수 있기 때문에 그만큼 더 자립을 증진시킬 수 있다는 것이었다. 그리하여 그린과 그를 추종한 사람들은 자기들의 새 자유주의는 겉보기에는 낡은 자유주의와 다른 것 같지만 알맹이에서는 다를 것이 없다고 주장하였다. 낡은 자유주의가 계급적 이해관계에 반대하고 사회적 선을 추구했듯이 자기들의 자유주의도 특정한 계급적 이해관계에 반대하고 일반 선을 추구한다는 것이었다. 그린의 제자이고 그린을 추종한 아놀드 토인비는, 자기들의 입장은 영국 국민을 위대하게 만든 개인적 자립과 자발적 결사의 전통을 조금도 약화시키지 않고 사유재산의 원리를 용인하고 재산 몰수와 폭력을 배척하기 때문에 집단주의적 사회주의인 대륙의 사회주의와는 다른 급진적 사회주의라고 불렀다.[25]

이러한 그린과 토인비의 새 자유주의는 새뮤얼Herbert Samuel과 홉하우스를 비롯한 여러 뛰어난 학자들에 의해 더욱 치밀하게 발전되어 갔다. 새뮤얼은 "무엇보다도 가장 중요한 것은 자유인데, 국가가 바로 잘 하기만 하면 국가의 도움으로 그 자유의 영역을 넓힐 수 있다"[26]고 말하였고, 홉하우스는 "자유의 적은 국가 이외에도 많다. 그런데 실은 우리가 그 적들과 싸워오는 데 국가의 힘을 빌려온 것이 사실이다"[27]라고 말하였다.

이처럼 종래의 고전적 자유주의보다 더 넓은 의미의 자유의 개념에 따라 국가 간섭과 사회 개혁을 정당화하는 새 자유주의 이론은 드디어 자유당의 실제 정책에 반영되기에 이르렀다. 자유당의 애스퀴스Herbert Henry Asquith는 1892년 선거의 정견 발표에서 이렇게 말하였다.

> 나는, 개인의 자유를 하나의 겉모양이 아니라 참된 것으로 만들기 위해서는 …… 공동체의 집단적 행동을 소극적으로도 적극적으로도 취할 수 있고 또 취해야 한다고 믿고 있는 사람 중 하나이다.[28]

10년 뒤에 그는 새뮤얼의 저서 《자유주의Liberalism》의 서문에서 국가 간섭이 필요한 이유를 설명하면서 "사람들이 정말로 자유를 누리려면 능력과 기회와 에너지와 삶을 최대한 이용할 수 있어야 하기 때문이다"라고 말하였다.

신자유주의New Liberalism를 표방한 정치가 매스터먼Charles F. G. Masterman도 신자유주의는 사회주의도 아니고 낡은 자유방임의 자본주의도 아니라고 지적하였다.

> 그것은 재산과 소유와 생활수준의 향상을 위한 경쟁을 신봉한다. 그것은 사회 전체에 널리 퍼져 있는 자본주의를 신봉한다. …… 그것은 현 질서의 파괴가 아니라 개혁을 신봉한다.[29]

19세기 말엽 내지 20세기 초엽의 사회적·정치적 변화에 신자유주의의 이념을 잘 적용한 자유당이 1906년에 다시 집권하게 된 것은 결코 우연한 일이 아니었다. 그 후 자유당은 계속 정권을 담당한 가운데서 제1차 세계대전으로 들어가게 되는데, 이 정권 담당 기간에 행한 사회 개혁의 주요한 내용을 골라보면 1906년의 노동자 배상법과 노동 쟁의법을 시작으로 중소농 장려법, 노인 연금법, 어린이보호법, 광부 여덟 시간 노동법, 주택 및 도시계획법, 최저임금법, 직업 알선법, 국민보험법, 1913년의 노동조합법 등을 들 수 있다. 이러한 사회정책에 필요한 재정은 주로 소득에 대한 누진세, 상속세,

지세 등 부유층의 부담으로 충당되었다. 이와 같은 자유당의 사회 정책은 오늘날 돌이켜보면 복지국가의 첫 단계를 밟는 대단히 뜻깊은 것이었다.

그런데 자유주의의 발전 과정에 대한 우리의 관심에서 주목하지 않을 수 없는 매우 중요한 하나의 의문은, 역사의 변화에 잘 대처하여 신자유주의 이념을 그토록 적절하게 그리고 적극적으로 적용한 영국 자유당의 수명이 왜 짧았느냐 하는 것이다. 영국 자유당은 제1차 세계대전 중에 애스퀴스Herbert Henry Asquith파와 조지David Lloyd George파로 갈라졌고, 1924년에는 제1차 노동당 정부에 소수당으로 입각하지만 그해의 노동당 연립정부의 붕괴 후 실시한 총선거에서는 40석밖에 못 얻었고, 1929년 총선에서도 약 500명의 후보자 중 60명밖에 당선되지 못하였다. 자유당은 이제 지난날의 왕성한 힘을 다 쇠진하고 말았다. 영국 자유당의 이와 같은 단명은 신자유주의의 실제적·이론적 결함에 유래하는 것일까? 아니면 신자유주의가 정치적으로 적용되는 와중에 자유당이 무슨 잘못이라도 저지른 것일까?

신자유주의는 그들이 펼친 사회정책만 보더라도 사회주의적 성격을 띠었음을 부인할 수 없다. 그런데 중산계급이 결단코 싫어하는 것이 하나 있었는데, 이것이 바로 사회주의였다. 그렇기 때문에 자유당은 사회개혁의 방향으로 한 발 옮겨놓기 시작하자 중산계급의 지지를 잃기 시작하였다. 자유당은 이제 더는 자유방임의 자본주의를 추구하는 정당이 아니라고 생각되었기 때문이다. 그렇다면 자유당은 틀림없는 노동자계급의 정당이었을까? 절대로 그렇지 않았다. 자유당은 노동자계급의 정당이기에는 중산계급적 성격이 너무 강했다. 자유당의 이러한 애매한 성격은 1890년대의 여덟 시간 노동법의 논쟁 과정에서 여실히 드러났다. 1891년의 여덟 시간 노동법은 광산 노동자에게만 실시하고 다른 업종에는 실시하지 않았는데, 그것은 한편으로는 광산 소유자들의 불만을 사고 다른 한편으로는 광산 노동자 이외의 노동자들의 불만도 샀던 것이다. 자유당은 새로 출발한 노동당에게 노동자의 지지를 빼앗기지 않으려고 세심한 노력을 기울이기는 했으나, 맨체스터학파의 정당으로서 과거와의 지나친 타협으로 말미암아 노동자계급의 욕구를 충족시켜주기에는 미흡한 정당이었다. 이 시기는 전반적으로 계급의식이 성장하고 있던 시기로서 "정치적 신념이 날로 계급적 자각에 의해 결정되어 가고 있었는데, 자유당은 모든 계급의 지지를 다 요구할 수는 없게"[30] 되었던 것이다.

스스로를 자유주의자로 자처하는 자유주의자들이 19세기에 확립한 자유주의의 제 원리를 19세기 말엽 이래의 새로운 역사적 현실에 적용시켜보려는 시도에서 신자유주의는 매우 주목할 만한 거의 유일한 시도였다. 그러므로 그 시도가 현실 정치에서 실패할 경우에 미치는 정치적 영향도 결코 적지 않게 마련이었다. 그런데 위에서 고찰한 바와 같이 자유당은 중산계급과 노동자계급의 어느 쪽에도 만족을 주지 못하는 그 애매한 위치로 말미암아 결국 정치적으로 실패하였다. 자유당이 더 이상 부르주아적이 아니라고 판단되는 순간부터 자본가들은 보수당 쪽으로 옮겨갔고, 자유당은 결국 자유주의의 원리에서 벗어나지 못하는 정당이라고 판단되는 순간부터 노동자들은 노동당 쪽으로 옮겨갔던 것이다.

그러나 자유당의 실패가 곧 신자유주의 이념의 실패라고는 말할 수 없다. 왜냐하면 신자유주의는 어느 정당의 정강 정책을 위한 이데올로기가 아니라 적어도 변화하는 역사의 새 요구에 응한 새로운 발전적 형태의 자유주의 이론이었기 때문이다. 그리하여 신자유주의를 신봉하는 자들은 이제 대부분 노동당으로 옮겨갔다. 신자유주의는 사회주의와는 다르다는 것을 강조하는 사람들도 있었으나, 둘은 다른 점보다는 공통되는 점이 더 많다고 생각하는 사람들이 노동당으로 옮겨갔던 것이다. 홉하우스는 진정한 사회주의는 사실상 자유주의의 계승자라고 강조하였다. 그는 사회주의는 "자유주의가 쟁취한 정치적 승리 위에 분명히 세워진 것으로서 자유주의의 주요한 이상들을 파괴하려는 것이 아니라 완성하려는 것이다"[31]라고 주장했다. 그는 독일 사회민주주의의 실제 정책은 마르크스주의를 반대하고 재산에 대한 혁명적 공격을 하지 않기 때문에 자유주의가 지지하지 못할 이유가 아무것도 없다고도 말했다. 그러므로 그가 "1924년의 노동당 정부는 대체적으로 본질적인 자유주의를 대표한 정부였고, 과오와 결함이 없지는 않았으나 캠벨 배너먼Henry Campbell-Bannerman의 사망(1908) 이래의 조직 정당(자유당)보다 훌륭했었다"[32]는 견해를 표명한 것은 조금도 놀라운 일이 아니다.

사회주의에 대한 홉하우스와 같은 신자유주의자들의 이러한 이해는 다소 특이한 것이다. 그들의 사회주의는 자본주의에도 재산권에도 크게 반대하지 않고 또 계급에 바탕을 두고 있지도 않았다. 홉하우스는 "이 나라 영국에는 현재 독일 사회주의자들이 떠들어대는 것과 같은 계급 전쟁의 징후는 전혀 없다"고 강조하면서, 자기가 바라는 사회주의는 "노동조합에 바탕을 두지 않고 공동체와 사회봉사에 바탕을 둔 좀 특이한 사회주의"라고 말하였다. 그가 보기에 영국 노동당의 가장 중대한 결점은 노동당이 노동조합과 그 파당적 이기주의에 얽매여 있는 것이었다.[33]

영국 노동당이 홉하우스가 바라는 대로 노동조합의 이기주의와 같은 계급적 이해관계에 앞서 사회 전반의 복리를 우선하는 정당이 된다면 노동당은 자유주의의 훌륭한 계승자가 될 것이다. 20세기의 영국 역사 특히 제2차 세계대전 이후의 영국 노동당의 역사는 노동당이 신자유주의의 훌륭한 계승자임을 증명해주고 있다. 그 좋은 실례는 영국 노동당과 사회민주주의가 케인스 같은 자유주의경제 이론을 자기들의 이론적 기반으로 삼은 사실이다. 케인스는 자본주의가 그 기능을 상실하고 비틀거릴 때 자본주의를 도로 살려냄으로써 진보적인 사상과 실천의 주류로서의 자유주의의 자리를 강화해주었는데, 그의 사상을 계승한 것은 결국 뜻밖에도 사회민주주의였다. 홉하우스도 케인스도 자유방임에는 반대했을지라도 궁극적으로는 자본주의에는 반대하지 않았던 20세기 전반기의 급진주의자 내지 자유주의자였지 사회주의자는 아니었다. 그럼에도 불구하고 그들의 사상과 이론을 역사의 현실에 적용시켜서 더욱 발전시킨 것은 아이러니컬하게도 사회민주주의였다.

케인스는 일부 노동당의 권유에도 불구하고 노동당에 참여하지 않았다. 그 이유는 노동당이 계급 정당이기 때문이었다. 이 점에서 그는 홉하우스의 신자유주의와 일치한다. 케인스는 진보적 자유주의자는 계급 전쟁을 믿지 않는다고 주장하고, 계급적 이해관계에 무관한 정당이 있다면 그것은 자유당이라고 믿고 있었다.[34] 그리하여 그는 자유당의 장래를 낙관하지는 않았지만 만일 자기의 생리에 맞는 정당을 고르라면 그것은 자유당이라고 생각하고 있었다. 그는 자유주의는 경제문제에 대해 더 적극적이고 간섭주의적 정책을 택해야 한다고 주장했다. 그리고 신자유주의의 진정한 과제는, 사회정의와 사회적 안정을 목적하는 새로운 정치체제로 가는 데서 일어나는 문제들을 해결하는 것이라고 확신하고 있었다.[35]

케인스의 이론은 제2차 세계대전 후 완전고용과 경제성장을 성취하려는 서방 세계의 여러 정부에 이론적 근거를 제공했지만, 그 이론을 전적으로 받아들인 정당은 자유주의 정당들이 아니라 사회민주주의 정당이거나 노동당이었다. 이와 같은 현상은 1930년대부터 벌써 있었다. 로우스A. L. Rowse는 케인스에게 노동당에서 같이 일하자고 권유한 일이 있었고, 제이Douglas Jay나 더빈Evan Durbin 같은 노동당 경제학자들은 자기들의 사회주의적 경제계획에 케인스 이론이 매우 도움이 된다는 것을 발견하였다. 1930년대의 주요한 영국 마르크스주의자였던 스트래치John Strachey는 처음에는 케인스 이론에 대한 비판자였으나 나중에는 케인스 이론을 받아들였다. 그는 후일 자신의 〈진보를 위한 강령〉은 "영국 노동당 정부가 케인스의 사상을 적용한 강령"이라고 술회하였다.[36] 스트래치와 크로스먼Richard Howard Stafford Crossman은 케인스를 평가하여, 케인스 자신은 전혀 의도한 바가 아니었음에도 불구하고 그는 점진주의적 사회주의에 이론적 기반을 제공했다고 진술하고 있다.[37] 자본주의의 잘못을 수정하기 위해 국가권력을 사용해야 한다는 신자유주의의 국가 간섭론을 사회민주주의가 마다할 이유가 없었던 만큼, 케인스의 이론을 자유당이 아니라 오히려 사회민주주의자들이 받아들였다는 것은 결코 이상한 일이 아니다. 케인스는 자본주의야말로 인간의 자유를 보장해준다고 믿고 비틀거리는 자본주의를 소생시키려는 일념에서 자신의 경제 이론을 수립했던 것인데, 20세기 중엽의 사회민주주의의 지배적 성격이 자본주의를 완전히 없애버리기를 원치 않고 그것을 수정하고 개혁하기를 원하게 되었다면, 케인스를 사회주의적이었다거나 최소한 사회민주주의적이었다고 재해석하는 것도 결코 무리가 아니다. 케인스 자신도 노동당의 지도자들은 자기들이 "영원한 자유주의의 상속자이거나 아니면 상속자가 되어야 한다는 것을 알지 못하고 있다"[38]고 불평한 일이 있었다. 사실 제2차 세계대전 이후의 사회주의는 공산주의의 노선을 비판하면서 케인스의 이론을 받아들이는 데 결코 인색하지 않았다. 영국의 사회주의자 마틴은 "나는 내 생각과 케인스의 생각 사이에 본질적인 차이가 있는 것 같지 않다"고 진술하였다.[39] 사회민주주의가 혼합 경제를 복지국가에 연결시키는 제한적 자본주의를 그 이상으로 한다면, 그것은 분명히 케인스의 말처럼 '영원한 자유주의'의 적자嫡者는 아닐지 몰라도 신자유주의의 하나의 상속자임에는 틀림없다.

제11장

20세기의 자유주의

1. 양차 세계대전 기간

제1차 세계대전은 당시 유럽 대전이라고 불렸다. 전쟁의 출발은 유럽의 강대국들 사이에서 시작되었다. 그러나 그 전쟁을 멈추게 한 것도, 연합국 측의 승리로 끝나게 한 것도 유럽이 아닌 대서양 건너편에 있는 미국이었다. 전쟁을 시작한 유럽의 강대국들은 제 힘만으로는 전쟁을 감당하지 못했다. 또 전후 처리에서도 미국이 주도적 역할을 했다. 전쟁이 시작됐을 때에는 수개월이면 끝날 것으로 생각했고, 또 전쟁이 의외로 장기화됐을 때도 전쟁이 끝나면 만사가 다 전쟁 이전의 좋은 시절로 회복될 것으로 낙관하고 있었다. 그러나 전쟁은 50개월이나 끌었고, 인적·물적 소모는 일찍이 경험하지 못한 엄청난 파국을 몰고 왔다. 그리고 마침내 전쟁이 끝난 뒤, 세계는 기대와는 전혀 달리 전전戰前의 좋은 시절은커녕 암담한 사태들만이 기다리고 있었다.

　제1차 세계대전은 콜럼버스 이래 400년에 걸쳐 끊임없이 팽창해온 유럽에게 그 팽창을 멈추게 하고 세계를 지배해온 지배권을 포기하게 만든 역사적 사건이었다. 유럽은 이제 더 이상 세계의 중심이 아니었다. 세계의 정치도 경제도 문화도 그 중심이 런던과 파리에서 점차 다른 데로 옮겨가기 시작하였다. 제1차 세계대전이 막 끝나가고 있을 때 독일의 역사철학자 슈펭글러Oswald Spengler는 《서양의 몰락Der Untergang des Abendlandes》이라는 책을 발간했는데, 근세 수백 년간 세계를 정복하고 지배했던 유럽은, 제1차 세계대전과 함께 '몰락'은 하지 않았더라도 세계의 지배권과 세계의 중심을 포기해야 했다. 유럽은 갑자기 왜소해지기 시작한 것이다.

　근세 자유주의는 근세 자본주의와 함께 19세기에 절정에 달했는데, 근세의 유럽 문명이 제1차 세계대전과 함께 갑자기 쇠퇴하기 시작했다면 이는 자유주의도 갑자기 위기를 맞게 되었다는 의미이기도 했다. 제1차 세계대전은 자유주의의 원리를 근본적으로 부정하는 공산주의 정권을 러시아에 등장하게 하였다. 그 후 공산주의는 거의 모든 나라에서 자본주의와 자유주의를 크게 위협하였다. 이 공산주의의 위협 앞에서 매우 당황한 자본주의 국가들은 공산주의의 만연을 막기 위해 온갖 대책을 강구해야 했는데, 이탈리아에서는 그 대책이 엉뚱하게도 무솔리니Benito Amilcare Andrea Mussolini의 파시즘이었다. 공산주의가 좌익 전체주의라면 파시즘은 우익 전체주의로서 공산주의가 자본주의와 자유주의를 다 반대했다면 파시즘은 사유재산제만은 옹호한 점이 달랐으나, 자유주의의 원리와 실제를 부정하는 데에 공산주의보다 한결 더 과격하였다.

　이처럼 자유주의를 적대하고 이를 지상에서 완전히 말살해버리려는 좌우 양쪽 전체주의의 거대한 힘 앞에서 20세기의 자유주의는 홉하우스나 케인스가 바랐던 것과는 거리가 먼 매우 다른 모양의 것이 될 수밖에 없었다. 그 자유주의는 두 가지 형태로 나타났다. 하나는 자유주의를 모멸하고 비웃는 전체주의의 거센 힘 앞에서 망연자실한 채 어이없는 현실에서 한 걸음 물러서서 인간과 역사를 회의와 혐오의 눈으로 보는 양상이고, 또 하나는 그 회의와 혐오가 낳은 전투적인 중도 노선과 공격적인 방어의 양상이었다. 이 두 번째 양상은 자유주의 전통의 강한 보수적 흐름에 이어져 있었다. 이 두 형태의 자유주의는 둘 다 좌우 양쪽의 전체주의에 대한 대립으로 나타난 것으로서, 특히 둘째 형태는 제2차 세계대전 이후에 전개되는 냉전시대에 공산주의에 대응하는 데 그 진면목을 발휘하게 된다.

과민한 자유주의자들이 자기의 이상에 맞지 않는 가치와 사회 세력이 지배하는 세태에 실망하여 현실에서 물러서려는 경향은, 토크빌의 경우에서 볼 수 있는 바와 같이, 적어도 1848년 혁명의 해부터 있었다. 그런데 그런 경향은 20세기에 들어와서 특히 제1차 세계대전 이후, 침략적 민족주의와 제국주의 및 전투적 사회주의가 정치의 전면을 압도하여 자유주의자의 소외감과 고립감이 매우 커지면서 한결 두드러졌다. 사상적으로 일종의 난장판이 벌어진 상황에서 어느 쪽에도 가담할 수 없다고 판단한 자유주의자들의 수가 많아졌던 것이다. 자유주의자들을 몸서리나게 한 것은 공격적이고 호전적인 이데올로기들의 주의 주장의 내용만이 아니라 그 정신과 기질이었다. 즉 그 이데올로기들은 한결같이 전투적이고 자신에 넘쳐 있고 자기들의 신념과 비전을 누구에게나 강요하려고 했는데, 그러한 자세와 정신은 자유주의자의 비위에 전혀 맞지 않는 것이었다.

자유주의자의 눈에는, 그러한 정신 자세는 일찍이 계몽사상적 자유주의가 싸워 승리를 거둔 바 있는 광신주의와 교조주의가 이제 아주 흉악한 세속적 형태로 다시 나타난 것으로밖에는 보이지 않았다. 그런데 20세기의 이 세속적 광신주의는 18세기의 미신적 광신주의보다 훨씬 더 위험했다. 그 까닭은 자기들의 사상과 체제에 대한 지지를 강요하고 반대자들을 탄압하는 수단이 과학기술과 정치조직의 엄청난 발달에 의해 그 전보다 훨씬 더 여러 방면에 걸쳐서 훨씬 더 효과적이 되었기 때문이다. 20세기는 버트런드 러셀의 말을 빌리면 "종교들의 전쟁 시대이고 그 종교는 이제 이데올로기라고 불리는 종교이다".[1] 자유주의자들은 그러한 종교가 역겨웠다. 왜냐하면 그들은 신앙이라는 것을 일체 믿지 않았기 때문이다.

 자유주의자는 자기 자신의 의견이 있었다. 그러나 그 의견을 절대적 진리라고 우겨대지 않았다. 모든 진리는 과학적 실험에 따라 달라질 수 있는 것이고 따라서 그것은 일정한 가설하에서만 진리일 뿐이었다. 그러므로 자기가 옳다고 믿고 있는 현재의 의견도 절대적으로 옳다고는 말할 수 없다는 태도가 진정한 자유주의자의 태도였다. 이러한 자유주의자의 태도에 대해 러셀은 "현재의 상황에서는 그런 태도가 아마도 가장 훌륭하지 않은가 생각한다. …… 오늘의 우리 세계는 이 자유주의자의 가설적 태도와 관용의 부활을 통해서만 멸망을 면하고 살아남을 수 있다"[2]고 매우 진지하게 논평하였다. 벌린도 "이 시대가 요구하는 것은 더 많은 신앙이 아니라 …… 오히려 그 반대이다. 즉 더 적은 메시아적 열정, 더 많은 계몽된 회의론, 각기 다른 특성에 대한 보다 많은 관용, 기타 등등"[3]이라며 비슷한 뜻의 말을 하였다.

 자유주의는 모든 문제에 대해 회의론적이지만 특히 정치에 대해 심했다. 포스터Edward Morgan Forster는 20세기 중엽의 무정한 현실에서 대담하게 물러선 자유주의자들을 가장 잘 묘사한 대표적인 작가로 알려져 있는데, 그는 오웰George Orwell에 대해 "진정한 자유주의자인 그는 조그만 일들을 통해 남을 돕기를 바랐다. 거창한 프로그램은 포그롬pogrom(대학살)을 의미한다"[4]고 말하였다. 이 말은 20세기 중엽의 자유주의의 핵심을 찌른 것이었다. 포스터는 스스로 "나는 모든 적극적인 전투적 이상에 대한 신념을 잃었다. 그 이상들은 수만 명의 인간들을 병신으로 만들거나 감옥에 가두지 않고는 결코 실천될 수 없다"[5]라고 말하였다.

러셀, 벌린, 포스터 같은 20세기 자유주의에 대한 진단은 자유주의 자체가 본래 그러하다는 것이 아님은 말할 나위 없다. 자유주의가 본래 모든 문제에 회의론적이기는 하지만, 만사에 주저하고 적극적인 결단을 하지 않고 우물쭈물하고 비능률적인 모습은 20세기 자유주의의 모습일지는 몰라도, 자유주의 자체의 모습은 아니다. 영국의 경우 글래드스턴이나 밀도, 프랑스의 경우 볼테르나 콩도르세도 결코 그러한 종류의 자유주의자들이 아니었다. 적극적인 신념이나 정치 행동에 대한 회의적인 태도는 오히려 일반적으로 보수주의의 특성이었고, 자유주의는 개혁과 진보의 가능성에 대한 신념에서 매우 적극적이었다. 이런 형편인데도 불구하고 20세기의 자유주의가 만사에 소극적인 이유는 제1차 세계대전을 계기로 일어난 거대한 반인간주의적 변화 앞에서 자유주의 자체에 대한 신념에 회의가 일어났기 때문이다.

러시아혁명의 성공과 파시즘의 극성은, 자유주의자의 진보에 대한 신념을 무산시키고 사회생활과 사회제도의 점진적인 인간화와 자유화에 대한 기대를 산산조각 내고 말았다. 정치와 공공의 세계를 휘어잡고 있는 간악하고 거대한 세력은 개인들을 왜소화시키고 무력감에 빠지게 하였다. 그 세력은 차디찬 강철 옷의 유니폼을 입고 개성도 감정도 전혀 찾아볼 수 없는 기계화된 언어로 말하는 비인간이거나 반인간으로밖에는 보이지 않았다. 이러한 상황 속에서 휴머니즘의 전통을 그런대로 유지할 수 있는 인간 생활의 영역이 남아 있다면 그것은 오직 사생활과 사적 인간관계뿐이었다. 그러므로 20세기의 많은 자유주의자들이 사생활의 울타리 안에서 누리는 사적 관계와 사생활 자체에 높은 가치를 부여한다면 그것은 이상한 일이 아니다. 그리하여 포스터는 그의 소설에서 헬렌으로 하여금 "인간적 관계만이 영원히, 영원히 참된 삶이라는 것을 나는 알고 있다"고 말하게 하고, 오직 개인 관계의 사생활에서만 착한 일을 할 희망을 가질 수 있다고 말한다.[6] 포스터는 자기 작품들은 인간관계와 사생활의 중요성을 강조했다고 하면서, 그 까닭은 자기는 그런 생활밖에는 진실이 있다고 믿지 않기 때문이라고 밝혔다.[7]

20세기 자유주의자들이 현실 정치에 환멸을 느끼고 사적 관계의 좁은 영역 안으로 물러서 있다면, 그것은 공산주의와 파시즘에 환멸을 느꼈을 뿐만 아니라 그 전체주의와 맞싸우는 세력의 기질과 행동 양식에 대해서도 호감이 가지 않기 때문이었다. 그러나 모든 자유주의자가 다 사적 관계 안에 움츠리고 있었던 것은 아니다. 특히 파시즘과의 혈투가 불가피했던 1945년까지의 약 10년간은 용감한 자유주의자들이 빈사 상태의 자유주의를 사수하기 위해 목숨을 걸고 싸운 시기였다. 제2차 세계대전은 분명히 민주주의와 자유주의를 파시즘의 공격으로부터 지키기 위한 전쟁이었다. 자유주의의 깃발 아래 목숨을 내던진 수만 명의 희생 없이 과연 제2차 세계대전이 연합국의 승리로 끝날 수 있었을까?

그러나 그 전쟁이 민주주의와 자유주의의 승리로 끝났을 때 그 민주주의는 오래전부터 그 안에 내재하고 있었던 두 얼굴이 정면으로 대립하는 양상으로 나타났고, 그 자유주의는 비인간적·반인간적 파시즘과의 투쟁과정에서 '미운 놈 닮는다'는 속담처럼, 스스로 적을 닮아 가는 왜곡화의 경향을 보였다. 더구나 그 왜곡이 사적 관계 안에 움츠리고 있던 왜곡된 자유주의와 연합할 때, 그 자유주의는 고전적 자유주의에서도 신자유주의에서도 일탈한 성격의 것으로 변하고 있었다. 민주주의가 자유주의적 해석과 공산주의적 해석의 둘로 완전히 분열하게 되는 1945년 이후의 자유주의는, 반공의 깃발 아래 한결 더 고전적 형태에서 일탈한 냉전 자유주의라는 특이한 형태로 변모하게 되었다.

2. 냉전 자유주의(1) : 매카시즘

1947년 3월 미국 대통령 트루먼Harry Shippe Truman은 이른바 '트루먼 독트린'이라는 연설에서 다음과 같은 말을 하였다.

> 한 가지 생활양식은 매조리티majority의 뜻에 따르는 양식으로서 그 특징은 자유의 제도, 대표제의 정부, 자유선거, 개인적 자유의 보장, 언론과 종교의 자유, 정치적 억압으로부터의 자유이다. 또 한 가지 생활양식은 마이너리티minority의 뜻을 매조리티에게 억지로 뒤집어씌우는 것으로서, 그것은 테러와 억압, 통제된 출판, 조작된 선거 및 개인의 자유의 탄압에 의해서만 지탱된다.

당시의 세계를 완전히 상반되는 두 이데올로기의 대립으로 묘사한 트루먼은 계속해서 "자유의 인민들에게 전체주의 체제를 뒤집어 씌우려는 공격적 활동에 대항하여 자유 인민의 제도와 독립을 보존하도록 돕는 것"이 미국의 정책이 될 것을 시사하면서 "세계의 자유 인민은 자기들의 자유를 유지하기 위해 우리에게 지원을 기대하고 있다"[8]고 선언하였다. 이 선언은 제2차 세계대전이 끝난 지 이제 겨우 1년 반밖에 안 되었지만 스탈린주의 러시아의 세계 적화 정책의 음모가 이제 더 숨길 수 없는 사실로 드러나고 있었으니, 어제까지의 동맹 국가였던 소련의 팽창을 막고 자유주의를 수호하려는 미국의 단호한 결의의 표명이었다. 이듬해 1948년에는 체코슬로바키아에서 공산당 쿠데타가 있었고 독일에서는 베를린 봉쇄가 있었으며 그 다음 해에는 중국에서 모택동에 의한 공산화가 성공하고 또 그 다음 해에는 한반도에서 한국전쟁이 일어났다.

이러한 배경에서 공산주의와 소련에 대항하기 위해 서방 세계의 지식인들을 동원한 목적으로 '문화적 자유 의회Congress for Cultural Freedom'가 설립되고 그 첫 모임이 1950년에 서베를린에서 열렸다. 그리고 이 의회는 1953년 10월 이래 월간지 《엔카운터Encounter》를 발간했는데, 거기에는 우익에서부터 사회민주주의에 이르는 다양한 지식인들이 관여하였다.[9] 많은 자유주의자들은 자유주의적 원리를 수호하기 위해 제2차 세계대전에서 파시즘과 싸웠듯이, 파시즘과는 기본적 성격이 다르기는 하나 이제는 공산주의라는 전체주의와도 싸우지 않으면 안 되었다.

그러나 그 싸움이 이념적·이론적 차원을 넘어서 철저한 반공 정책에 휩쓸려 들어갈 때 자유주의는 설 자리가 매우 위태롭게 되었다. 이른바 매카시즘McCarthyism의 선풍이 바로 그러한 위기였다. 위스콘신 주 출신 상원의원 매카시Joseph Raymond McCarthy를 선두로 하는 빨갱이 사냥의 선풍이 미국의 정부, 교육계, 학계, 언론계, 연예계, 노동조합을 엄습했을 때 공산주의자들에게는 합법적인 기본권이 인정되지 않았다. '문화적 자유의회 미국 위원회'에 의하면, 공산주의자는 취업의 권리가 없고 학교에서 가르칠 자격이 없다는 것이었다. 후크Sidney Hook와 러브조이Arthur O. Lovejoy 같은 저명한 학자들이 포함된 위원회의 보고서는 "공산당 당원은 학문적 책임의 종규宗規를 짓밟았고 자기 지성을 노예근성에 팔아넘겼으므로 전문적인 학자와 교원으로서의 기능을 수행할 자격이 없다"[10]고 주장하였다. 후크는 미국 헌법 개정 조항 제5조의 묵비권에 의해 신문에 답하지 않는 자는 실질적으로 공산주의자임이 틀림없고, "그 묵비권에 호소하는 자는 거의 전부 현재 공산당원이거나 과거에 공산당원이었음을 입증하는 것"[11]이라고 주장하였다. 이러한 분위기 속에서 공산주의자는 거의 무조건 시민적 권리를 박탈당하였다.

그리하여 코트David Caute의 추계에 의하면 1956년까지 충성 조사 결과 파면된 연방 정부 공무원이 2,700명, 해임이 1만 2,000명에 이르고, 정치적 이유로 교단을 떠난 대학교수 및 교사가 약 600명, 일반 기업체에서 파면된 자가 약 5,000명, 할리우드 블랙리스트에 오른 감독·작가·배우 등이 약 250명, 공산주의자의 가입을 금한 노동조합이 40개였고, 노동조합 몇 개가 좌익의 낙인이 찍혀 해체되었다.[12]

그렇다면 매카시즘 선풍은 자유주의의 발전과 어떤 관계가 있을까? 자유 진영의 자유주의들이 자유의 수호를 위해 매카시즘 같은 방법을 어쩔 수 없는 것으로 묵인하거나 당연한 것으로 용인할 때, 진짜 공산주의자와 공산주의 공조자의 구분선을 어디에 긋느냐 하는 문제는 현실적으로 극히 중대한 문제였다. 그리고 매카시스트 가운데는 뉴딜 정책도 빨갱이들의 장난이었다고 공언하는 자들이 있었는데, 그들의 기준에 의하면 1950년대의 공산주의자들을 믿을 수 없다면 뉴딜러들도 마찬가지로 믿을 수 없었고, 또 공산당에는 가입하지 않았지만 공산주의에 동정하는 자들에게도 빠져나갈 길을 주어서는 안 되었다. 또 후크가 주장한 것처럼, 신문에서 묵비권을 행사하는 자에게도 도피처를 주어서는 안 되었다. 사태가 이 지경에 이르자 누군가가 "우리가 그들의 자유를 무조건 지켜줌으로써만 우리의 자유를 지킬 수 있다고 주장한다면 그는 …… 그들 중의 한 사람과 똑같은 말을 하는 놈으로 간주될 형편이었다"[13]라고 지적하고 나섰다. 즉 공산주의자도 사회의 다른 구성원들과 똑같은 시민의 권리를 갖고 있다고 주장하는 자는 결국 공산주의자로 낙인찍히게 되는데, 그 사람이 자유주의의 근본정신에 입각하여 그렇게 말한다면—진정한 자유주의자는 그렇게 말해야 한다—어떻게 될 것인가 하는 물음이었다.

그러므로 매카시즘의 선풍 속에서 자유주의자들이 어떠한 이유에서든 자유주의의 원리를 일단 양보하기 시작하면 그 순간부터 자유주의의 바탕 전체가 흔들리기 시작하고, 결국에 가서는 자유주의자들도 혐의와 공범의 올가미를 쓰게 마련이었다. 왜냐하면 공산주의자와 공산주의 공명자의 구별을 무시하는 조사 위원들이라면, 사회 개혁가와 사회 혁명가의 구별, 민주사회주의와 혁명적 마르크스주의의 구별을 제대로 할 것 같지 않기 때문이다. 더구나 미국에서는 '리버럴'이라는 말은 좌익이거나 모든 일에 진보적인 생각을 하는 사람을 의미하는 말이기 때문에 "리버럴 즉 자유주의자는 공산주의와 오십보백보라고 믿는 사람이 많다는 것은 조금도 이상하지 않았다. 공산주의자는 자유주의자에서 시작한다"[14]는 말이 상식처럼 통용되었다.

이렇게 하여 자유주의자들도 자기가 빨갱이가 아니라는 것을 입증하지 못하면 언제 매카시즘의 희생자가 될지 알 수 없는 불안감을 떨칠 수가 없었다. 특히 공산주의나 급진주의의 과거의 경력을 가진 자유주의자들은 자기들도 반공산주의자라는 것을 입증해보이기 위해 스스로 자유주의적 원리를 포기하는 경우가 적지 않았다. 물론 자유주의자들 가운데는 매카시즘에 과감히 반대하는 사람도 있었다. 슐레진저 2세Arthur Schlesinger, Jr는 "나는 한편으로는 문화적 자유에 대한 신념을 고백하고 다른 한편으로는 매카시즘을 비난하기를 거부하는 사람들과 행동을 같이할 수 없다"[15]고 명백히 자기 입장을 밝혔다.

매카시즘의 선풍은 제2차 세계대전에서 파시즘을 타도하는 데 앞장섰던 미국의 자유주의를 위해서뿐만 아니라 미국과 더불어 자유를 위해 싸웠던 모든 나라와 인민의 자유주의를 위해서도 크게 불행한 일이 아닐 수 없었다. 왜냐하면 자유주의의 전통이 수립되어 있는 사회에서는 그 자유주의를 더욱더 발전시켜야 하고, 그렇지 못한 사회에서는 이제부터 자유주의를 수립해가야 하는 것이 전후 세계의 세계사적 과업이었기 때문이다. 그 과업을 위해 앞장서고 있는 바로 그 미국에서 매카시즘의 선풍이 열병처럼 불어닥쳤으니, 미국 이외의 나라들 특히 자유주의의 뿌리가 없는 나라들의 경우, 정치적·도덕적으로 매카시즘의 폐해는 이루 말할 수 없이 극심한 것이었다.

3. 냉전 자유주의(2) : 전체주의에 대한 분석

냉전 시대의 자유주의자들은 자유주의의 옹호를 위해 소극적인 측면에서는 전체주의에 대한 정교한 이론을 발전시켰고, 적극적인 측면에서는 경험론적이고 다원주의적인 주장으로서의 자유주의 이론을 재정립하여 민주주의의 고전적 이론을 크게 수정하였다. 이제 이 두 가지를 고찰해보자.

전체주의의 개념을 정의하기는 결코 쉽지 않다. 냉전이 열전으로 화한 한국전쟁이 한창이던 1952년에 열린 한 심포지엄에서 대체적으로 합의된 보고서에 의하면 현대 세계의 모든 전체주의 사회에 기본적으로 공통된 요소를 다음 다섯 가지로 지적하고 있다. (1) 인간 존재의 중요한 모든 면을 지배하는 어용 이데올로기—이 이데올로기의 특성은 천년왕국적인 관점에서 인류 전체의 최후의 완전한 사회를 강조하고 있다. (2) 거대한 일당 정치 (3) 거의 완전한 무력 독점 (4) 거의 완전한 매스컴 독점 (5) 비밀경찰에 의한 공포정치.[16] 이 다섯 가지 특성에다 경제 전체의 중앙 통제를 여섯 번째 특성으로, 대중 동원 내지 대중 열광을 일곱 번째 특성으로 꼽는 학자들도 있다.

이와 같은 특성을 띤 전체주의의 대표적인 체제는 나치당의 독일, 파쇼당의 이탈리아, 스탈린의 소련인데, 냉전 시대의 자유주의자들은 우익 전체주의와 좌익 전체주의를 엄밀히 구별하지 않았고, 또 권위주의 체제와 전체주의의 구분도 분명하게 설정하지 않았다. 그들은 전체주의적 체제는 어떤 종류의 것이든 모두 다 자유민주주의의 원리를 부정한다고 생각했다. 우익 전체주의는 1945년에 멸망했고 그 후부터의 서구 자유주의에 대한 위협은 오직 공산주의뿐이었기 때문에 냉전 시대의 자유주의가 좌익 전체주의를 주로 문제삼은 것은 당연한 추세였다고 말할 수 있다. 그리하여 좌익 전체주의의 본질을 파헤치려는 자유주의 학자들은 전체주의의 기원을 프랑스 혁명 이래의 혁명적 사회주의에서 찾았다. 혁명적 사회주의 전통에는 일관해서 흐르는 중요한 전체주의적 요소가 하나 있는데, 그것은 인류 역사의 마지막 단계에서 실현되는, 역사의 궁극적 목표인 천년왕국적 유토피아 사상이었다. 이 유토피아 사상이 전체주의로 하여금 사회의 개조뿐만 아니라 인간성 자체의 개조를 향해 전력을 기울이게 한다는 것이다. 아렌트Hannah Arendt는 전체주의가 거창하게 설계한 이 사상이 가져올 무서운 결과에 관해 "강제수용소는 인간성의 변화를 시험하는 실험실"[17]이라고 단언하였다.

그러면 왜 좌익적 유토피아 사상은 그렇게 끔찍한 결과로 가게 마련일까? 유토피아 사상가들은 완전한 미래 사회의 비전에 지나치게 집착하고 지나치게 열중하다보니, 현재 개인들의 권리와 사람들의 고통에 무관심하게 되기 때문이라는 것이다. 카뮈Albert Camus는 이를 두고 "한 사람의 희생이 전 인류의 구원에 공헌하는데 그까짓 개인들의 희생 따위가 무슨 상관이 있는가!"[18]라며 마르크스Karl Marx를 빗대서 빈정대기도 했다.

자유주의 학자들 가운데는 좌익 전체주의의 세속적 유토피아 사상의 뿌리는 기독교의 천년왕국 사상에 있다고 주장하는 사람들이 있다. 그리스도의 재림 후 인류 역사는 1,000년 동안 에덴의 파라다이스와 같은 시대가 온다는 기독교 사관에 공산주의의 유토피아 사상의 뿌리가 있다는 것이다. 마르크스의 유물사관에 의하면 인류 역사는 원시 공산 사회에서 출발하여 노예제 사회, 봉건제 사회, 자본제 사회를 거쳐 일체의 사회적 모순도 계급투쟁도 없는 지상낙원의 사회주의사회로 전진한다. 이 역사의 발전 단계설은 마르크스가 그의 스승 헤겔에게서 배운 것이고 헤겔은 아우구스티누스의 기독교 사관에서 배운 것이었다.[19] 그러므로 공산주의의 세속적 유토피아 사상의 뿌리가 기독교 사관의 천년왕국설에 있다는 말은 결코 근거 없는 이야기가 아니다. 이리하여 좌익 전체주의의 유토피아 사상이 메시아주의적·광신적 종교 사상의 세속판이라면, 그것이 자유주의의 합리주의와 관용 정신에 전혀 맞지 않음은 말할 나위 없다.

이와 같이 전체주의의 유토피아 사상이 사이비 종교적·광신적 성격의 것이라면 그것은 본질적으로 비과학적인 것이 아닐 수 없다. 공산주의에 대한 자유주의자들의 가장 유력한 비판은 그들의 유토피아 사상이 비과학적이라는 점인데, 비판의 두 기수는 포퍼와 벌린이었다. 포퍼는 어떤 고상한 목표를 설정해놓고 그 목표에 따라 사회 전체를 변경시키거나 재건하려는 시도를 '유토피아적 사회공학'이라고 부르면서, 그러한 시도는 목표 달성에 필요한 모든 사실을 미리 다 알고 있다는 것을 전제로 하고 있는데, 그런 전제야말로 무엇보다도 비과학적이라고 했다. 사회적 실험에서 가장 중요한 것은 시행착오의 원리에 의해 착오에서 배운 과학적 지식을 현실의 사회에 적용시켜나가는 것인데, 유토피아적 사회공학은 과학의 그러한 기본 룰을 무시하고 있다는 것이다. 포터는 그렇기 때문에 유토피아적 방법은 결국 실패하게 마련이라고 지적했다.[20]

앞서 본 바와 같이 포퍼는 유토피아적 사회공학의 정신을 '홀리즘'이라고 불렀는데, 벌린은 그런 정신 태도를 '모니즘monism(일원론)'이라고 불렀다. 인간의 경험과 사회와 역사의 사실들은 한없이 다양하고 복잡하여 궁극적 진실은 누구도 알 수 없는 것인데도, 그 다양하고 복잡한 사실들을 하나의 가치 체계나 하나의 사회질서에 통합하여 인간과 사회와 역사의 궁극적 본질을 하나의 체계로 설명할 수 있다는 단호한 태도가 모니즘이다. 벌린은, 모니스트들은 사회적 진실을 사실 그대로 보지 못하는 비과학적 오류로 말미암아 결국 정치를 생태 해부로 만들고 사람들을 끔찍한 불구로 만드는 결과를 낳는다고 주장했다.

> 철저한 모니스트들, 냉혹한 광신자들, 모든 것을 한 덩어리의 비전 안에 묶는 사람들, 이런 사람들은 현실에 눈을 감을 수 없고 현실을 덮어둘 수 없는 사람들의 회의와 고뇌를 모르는 사람들이다.[21]

모니즘은 유토피아주의와 전체주의에 철학적 기반을 제공하여 결국 광신주의로 가게 마련이다. 그러나 정치적 다원주의는 현실 자체의 다양성과 복잡성을 강조하는 철학적 다원주의에 기반을 두고 있기 때문에 과학적이고 따라서 자유주의의 이념에 적합하다.

포퍼의 홀리즘이나 벌린의 모니즘은 다른 말로 하면 전체주의 이데올로기라고 말할 수 있다. 아렌트 여사의 말을 인용해보자.

> 이데올로기적 사고는 …… 현실의 세계에는 어디에도 존재하지 않는 일관된 논리로 사고를 계속한다. ……일단 그 가설 내지 출발점을 수립했다 하면, 그 이데올로기적 사고는 어떠한 경험도 받아들이지 않고 어떠한 현실에도 귀를 기울이지 않는다.[22]

또 다니엘 벨도Daniel Bell 이데올로그들은 모든 것을 단순화하는 자들이고 개별적인 문제들을 개별적 성질에 따라 대처하지 않고 이데올로기라는 자동판매기의 버튼을 누르기만 하면 정해진 답이 척

척 나오는 것으로 믿고 있다고 비판한다.[23] 아렌트나 벨이 의미하는 이데올로기는 벌린의 모니즘과 결국 같은 것이다. 개별적인 문제들은 그 하나하나 고유한 성질에 따라 개별적으로 대처해야 하는 것인데, 서로 다른 것들을 어떤 하나의 유형이나 체계 속에 틀어넣으려는 것은 잘못이고 위험하기 짝이 없다는 것이다. 아렌트와 벨도 벌린과 마찬가지로 다원주의자들이다.

그리고 이들 냉전 시대의 자유주의자들은 이데올로기는 이제 더 필요없다고 생각하였다. 왜냐하면 파시즘과 공산주의의 실제 운명을 보니, 인간성의 개조와 인간 사회의 재건이라는 유토피아주의의 거창한 설계는 결국 허구였다는 것이 이제 백일하에 드러났으니, 이데올로기도 결국 허구이기 때문이다. 그리고 또 적어도 서방 세계의 선진 산업민주주의 사회에서는 여러 기본적인 정치 원리에 대한 합의가 이루어져 있고, 구체적인 문제들에 대한 이견도 타협에 의해 해소될 수 있다는 신념이 널리 받아들여져 있기 때문에 이데올로기는 이제 더 불필요하다는 것이다.

> 그러므로 서방 세계에서는 오늘날 여러 가지 정치 문제에 관해 지식인들 사이에는 다음과 같은 합의가 대체로 이루어져 있다. 즉 복지국가를 기꺼이 받아들이고, 권력의 비집중화를 바람직하게 여기고, 혼합경제와 정치적 다원주의 제도를 모두 긍정하고 있다. 이런 의미에서도 이데올로기의 시대는 끝났다.[24]

벨의 이 말과 궤를 같이하는 립셋Seymour Martin Lipset의 말은 한결 더 의미가 심장하다.

산업혁명의 기본적 문제들이 이제 다 해결되었다는 사실 …… 서구 세계에서 일어난 민주주의적 사회 혁명의 승리야말로 진실로 이 승리가 없었더라면 이데올로기와 유토피아 사상을 가지고 정치 행동을 했을 지식인들에게, 그런 행동을 할 동기를 없애주었다.[25]

우익 전체주의는 1945년에 사망 선고를 받았고 좌익 전체주의도 유토피아적·비과학적 광신주의로 말미암아 조만간 사망 선고를 받지 않을 수 없으며, 따라서 자유주의를 핵으로 하는 다원주의적 서구 민주주의가 그러한 전체주의와 싸워 이기는 마당에, 일원주의적 이데올로기 따위는 이제 설 자리가 없다는 것이 벨, 립셋, 아렌트 같은 쟁쟁한 자유주의 이론가들의 주장이었다.

4. 냉전 자유주의(3) : 민주주의 정의의 수정

서구의 민주주의적 사회 혁명의 성공이 이데올로기의 종언을 선언할 수 있을 만큼 서구 자유주의의 현실에 만족한 냉전 시대의 자유주의자들은 서구 민주주의의 현실에 대해서도 만족할 만한 설명을 하지 않으면 안 되었다. 그러면 20세기의 민주주의는 그 실제가 민주주의의 본래 이상에 비추어볼 때 과연 만족할 만한 것이었을까? 불행히도 그렇지 못하였다. 거기서 자유주의자들은 민주주의의 본래의 이상에 비추어서 현행 민주주의의 실제를 철저히 분석하고 비판해야만 했다. 그런데도 그들은 그렇게 하지 않고 오히려 현행 민주주의의 실제에 맞는 논리로 민주주의의 개념을 다시 새로 정의하려고 하였다. 그 이유는 서구 사회가 스스로 민주주의라고 부르고 있는 그 민주주의가 실은 민주주의 본래의 이상에 부끄럽지 않게 잘 되어 있지 않다는 사실을 인정하기가 싫기 때문이었다. 그리고 민주주의라는 말은 20세기에 가장 위엄 있는 말이 되었던 만큼 민주주의의 명분을 세우는 것이 정치적으로 바람직하다고 생각했기 때문이었다. 거기서 민주주의 현실을 비판하기보다는 차라리 민주주의의 정의를 고치려고 한 것이다.

20세기 초의 이른바 엘리트설에 따르면, 민주주의는 과두정치를 몰아내는 데 성공하지 못했을 뿐만 아니라 사실 실제로 성공할 수 없었다. 즉 소수에 의한 혹은 엘리트에 의한 통치를 의미하는 과두정치는 정치 자체의 피할 수 없는 본질이기 때문에 민주주의적 통치란 것은 불가능한 것이고 민주주의적 통치라는 말 자체가 모순되는 말이다. 그런데 냉전 시대의 자유주의의 민주주의 이론은 대체로 이 엘리트설의 기준을 따라 고전적 모델의 민주주의는 불가능하다고 생각하였다. "민주주의에서 시민들은 그 고전 이론에 따르는 역할을 전혀 연출해낼 수가 없다"[26]는 것이 냉전 시대의 자유주의가 해온 생각이었다. 아니, 설혹 시민들이 그 고전 이론에 따르는 역할을 해낼 수 있다고 해도 그것은 바람직하지 않다고 생각했다. 따라서 민주주의라는 말이 제 값을 찾으려면 정치 현실에 맞게끔 민주주의를 고쳐 정의해야 하지 않겠느냐는 것이었다.

거기서 립셋은 민주주의의 개념을 아주 좁게 정부를 선택하는 제도로 제한했고, 슐레진저는 민주주의를 기본적으로 선거제도에 불과하다고 생각했다.

복합사회에서 가능한 데모크라시는 통치하는 관리들을 새로 뽑는 헌법상의 기회를 정기적으로 제공하는 하나의 정치제도이고, 가급적 최대 다수의 국민이 정치적 공직 경쟁자들을 선출함으로써 주요한 결정에 영향을 미치는 하나의 사회적 기구라고 정의할 수 있으리라.[27]

"국민의 과반수가 일정한 임기 동안 나라를 관리할 경쟁자들을 헌법상의 절차에 따라 자유로이 선출하는 제도"[28]가 민주주의이다. 이렇게 되면 결국 "민주주의는 기본적으로 절차상의 개념으로밖에는 생각되지 않는다".[29]

이처럼 민주주의를 합헌적 절차에 의한 공직자의 선출 제도 정도로 축소시켜서 해석하는 냉전 시대의 자유주의자들은 당연히 통치자와 피치자, 지도층과 피지도층을 구분하였다. 따라서 뒤베르제 Maurice Duverger는 "인민에 의한 인민의 정부라는 공식은 인민 출신의 엘리트에 의한 인민의 정부라고 고쳐야 한다"고 제창하였고, 립셋은 "민주주의의 특색 있고 가장 가치 있는 요소는 주로 수동적인 선거인들의 투표로써 경쟁적인 정치 엘리트를 만들어내는 것"[30]이라고 언명하였다. 여기서 특히 주목을 끄는 대목은 립셋의 "주로 수동적인 선거인들"이라는 말이다. 민주주의의 특색이 모든 유권자의 참여에 의한 공직자의 선출에 있다면서, 직접투표에 참여하는 선거인들을 능동적인 선거인이 아니라 수동적인 선거인이라고 하는 것은 무슨 말인가? 립셋은 "매우 높은 투표율이 반드시 민주주의를 위해 좋다는 생각은 잘못"[31]이라고 말함으로써 국민의 적극적인 높은 참여가 오히려 민주주의에 위험하다는 사실을 암시하였다. 인민주권 사상을 극도로 존중하게 되면 정치에 대한 무관심이나 기피를 전혀 용납하지 않는 전체주의로 기울 위험성이 있다는 생각이었다. 민주주의의 개념을 좁힐 수 있는 데까지 좁히려고 하다보니, 높은 투표율마저도 비자유주의적 가능성이 있고 전체주의로 흐를 위험성이 있다고 주장하기에 이른 것이다.

그렇다면 주권이 국민 한 사람 한 사람에게 있고 국민의 의지가 정부에 정확히 반영되는 때에 비로소 그 정치를 민주주의라고 할 수 있을 텐데, 시민은 수동적으로 이따금씩 투표장에 가서 투표하는 것 이상의 아무것도 못하는 존재라면, 그것을 과연 민주주의라고 말할 수 있을까? 여기서 수정주의 이론가들은 그러한 현대 민주주의에도 개인들이 통치 엘리트에 어떤 영향력을 행사할 수 있는 길이 있다는 것을 강조할 필요가 있었다. 거기서 발견해낸 것이 압력단체 혹은 이해집단이라는 것이었다. 이 집단들이 국회와 정부에 로비도 하고 압력도 가하여 주권자의 의사를 정치에 반영하고 있다는 것이다.

영국의 매켄지Robert Mckenzie는 영국 민주주의에서 의회제도 이외에 가장 활력 있는 특징은 이해집단 제도이고, 그 제도와 그 건실한 기능이야말로 다원주의 사회에 가장 핵심적인 위치를 차지한다고 주장하였다.[32] 미국의 달Robert A. Dahl도 미국에서는 적극적이고 합법적인 모든 민간 집단들이 정책 결정 과정의 중대한 시점에서 자신들의 의견을 채택할 수 있는 정치제도의 이상이 실현되어 있다고 확신하였다.[33] 압력단체가 현대 민주주의의 핵심적 중요성을 지니고 있다는 이러한 주장은 그것이 다원주의적 사회관을 전제로 하고 있다는 점에서는 자유주의의 주장과 대체로 일치한다. 그러나 집단의 구성원으로서의 개인들의 사회적 기능을 강조하고 따로따로 떨어져 있는 개인들이란 결국 무력하다는 생각을 전제로 하고 있는 점에서는 고전적 자유주의의 개인관을 부정하고 있는 셈이다.

그런데 이 압력단체 이론은 자기들의 이익과 의견을 전달할 만한 집단을 조직할 수 없는 시민들이 현실적으로 수없이 많다는 사실을 외면하고 있다. 가령 자본주의사회에 항상 수없이 많은 실업자들과 현대 산업사회에서 날로 늘어가고 있는 노인들, 그리고 병원에 입원해 있는 수많은 환자들은 어디에서 어떠한 조직을 통해 압력 집단의 효력을 발휘할 수 있는지 알 수 없다.

어쨌든 이상에서 우리는 민주주의의 개념을 고쳐 정의하려는 수정주의가 어떤 모양으로 민주주의를 수정하려는가를 간략히 살펴보았는데, 그것은 한마디로 말해서 민주주의의 고전적 이상을 매우 빈약하게 만들고 있다. 19세기에 민주주의를 위해 투쟁한 사람들은 민주주의를 하나의 선거제도나 정부 선택의 한 방법이라고는 결코 생각하지 않았다. 그들은 민주주의를 사회 전체에 흠뻑 스며 들어가야 하는 하나의 원리로 보았다. 그것은 하나의 사회적 이상이었지 정치적 기구 따위에 머무는 초라한 것이 아니었다. 존 스튜어트 밀은 선거권 확장에 퍽 불안해하면서도 모든 사람을 국가의 주권 행사에 참여하게 하는 것 이상 바람직한 것은 없다고 생각했고 또 아무리 사소한 일이라도 모든 사람이 공공 문제에 낱낱이 참여하는 것이 유용하다고 믿고 있었다. 그런데 민주주의에서는 높은 참여 자체가 위험스럽게 생각된다든가, 무관심이 오히려 더 바람직하다든가, 정치 활동의 짐을 소수 엘리트에게 내맡겨도 무방하다든가 하는 따위의 주장은 아마도 페인이나 밀 같은 사람에게는 도저히 이해가 가지 않는 주장들이다. 그들이 인민의 정치 활동을 각별히 강조한 것은 그것이야말로 민주주의의 핵심이었기 때문이다. 그런데 현대 수정주의자들은 그 핵심을 빼먹고 민주주의의 개념을 냉전 시대의 자유주의에 맞게끔 수정한 것이다. 그 결과 그들은 민주주의를 진보적인 정치사상에서 보수적인 정치사상으로 변모시키고 말았다.

냉전 시대의 자유주의는 공산주의라는 전제주의와의 대결에 정력을 지나치게 소모하다보니 본래의 진취성과 진보성이 위축되고 방어적이고 소극적인 것이 되었다. 기존의 정치 질서와 사회질서에 대한 비판적 기능의 흔적은 거의 없어지고 기본적으로는 현존 질서를 옹호하는 보수 경향이 강해졌다. 말하자면 자유주의의 이상은 서방 세계에서는 이미 다 실현되었으니, 이제 필요한 것은 밖으로는 전체주의에 대항하고 안으로는 극단주의에 대항하여 스스로를 방어하는 것뿐이라는 보수적 태도를 보이고 말았다. 그 자유주의는 인간과 사회의 다양성과 복잡성을 강조하여 어떤 하나의 유형을 강요해서는 안 된다고 강조하면서도, 현실 정치를 판단할 때는 그 정치에 자유주의적 가치들이 있느냐 없느냐에 절대적 기준을 두고 그 이외의 가치에 대해서는 전혀 고려하지 않는 자기모순을 저지르고 있다. 따라서 기아와 빈곤, 질병과 문맹 그리고 착취가 얼마나 줄어들었느냐 하는 사회적 · 경제적 성취에 대해 별로 큰 비중을 두고 있지 않다.

결론적으로 말해서 냉전 시대의 자유주의자들은 사회적 · 경제적 혁명에 반대하고, 심지어 더 많은 평등에 대해서도 그것이 개인적 자유에 위협이 된다고 생각할 때는 역시 반대한다. 제3세계에서 서구 자유주의를 덮어놓고 백안시하는 이유는 실은 바로 이 냉전 시대의 자유주의의 비자유주의적 왜곡화에 있는 것이다. 한때 세계사의 가장 위대한 변혁들을 불러일으키고 근세 유럽 문화의 위대한 정신에 불꽃을 당겨주었던 그 사상이 이제는 순하게 길들여진 보수적인 이론으로 퇴화한 셈이다.

냉전은 1970년대에 완화되기 시작하여 1980년대 말에 이르면 드디어 유럽에서만은 틀림없이 사라졌다. 냉전이 완화되고 사라져가기 시작하는 시기에는 자유주의도 한결 옛 모습을 되찾기 시작하였다. 그 모습이 어떠한 것인지는 마지막 장에서 간략히 살펴볼 것이다.

제12장

오늘의 자유주의

1. 일반적 특색

물러가기 시작한 냉전의 썰물은 1980년대 말에 이르면 거의 다 물러가고, 냉전의 썰물이 여전히 남아 있는 곳은 알바니아, 쿠바 및 한반도 정도인 것 같다. 유럽의 경우 서구 공산주의가 '유로코뮤니즘 Eurocomunism'이라는 명칭으로 탈바꿈을 시도하고, 동구 공산주의가 정치적으로는 일당독재를 탈피하고 경제적으로는 자유 시장 원리의 부분적 도입을 시도하는 움직임을 보이기 시작한 것은 1970년대부터였다. 냉전의 썰물이 물러나기 시작하면서 인간의 얼굴을 한 사회주의를 추구하기 시작한 것이다. 이 새로운 역사적 배경에서 냉전 이데올로기의 중요한 일익을 담당했던 자유주의도 고유의 보수적 색깔을 탈피하고 본래의 진보적인 성격을 회복하려는 움직임을 보이게 된다.

1970년대와 1980년대의 자유주의의 개황을 살피는 일은 결코 쉬운 일이 아니다. 여기서는 다만 이 새로운 움직임의 기본적 특색이 무엇이며 그리고 그 움직임의 대표적인 이론가들의 주장을 간략히 살피는 데 초점을 맞추고자 한다.

이 새로운 동향의 효시가 된 사람은 1971년에 《정의론A Theory of Justice》을 출판한 롤스John Rawls이다. 그 후에 전개되고 있는 자유주의 이론에 관한 거의 모든 연구와 논쟁은 그의 이론을 중심으로 하고 있다고 해도 과언이 아니다. 롤스의 이론을 살펴보기 전에 우리는 그에 앞서 종래의 자유주의 이론이 어디에 그 이론상의 결함이 있었는지를 먼저 살펴보는 것이 옳을 것 같다.

자유주의는 개인적 자유와 관용 같은 것을 가장 중요한 핵심 가치라고 주장하고 기타 다른 가치들, 예컨대 정의나 권리 같은 것은 종속적이고 이차적이라고 생각하였다. 그러면 그 자유와 관용 같은 핵심 가치들의 도덕적 기반은 무엇일까? 자유주의는 말하기를 모든 도덕은 주관적인 것이고 따라서 도덕은 어떤 객관적 기준에 의해 법으로 규제할 수 없다고 한다. 이른바 도덕적 상대주의를 주장한다. 예를 들면 외설 문학은 도덕적으로 나쁜 것이니 출판과 판매를 법으로 금지시켜야 한다고 할 때, 자유주의는 문학과 외설을 어떤 도덕적 기준에서 나쁘다 좋다로 구분할 수 있느냐고 반문하면서, 비록 외설 문학의 비도덕성을 인정하더라도 그것을 법으로 금지시켜서는 안 된다고 주장한다. 이와 같이 자유주의는 모든 가치의 도덕적 기반은 상대적인 것이라고 주장한다. 그렇다면 자유주의가 절대적으로 중요하다고 주장하는 자유와 관용 같은 가치도 결국 상대적인 것이 아닐까? 그 가치들의 도덕적 판단도 주관적인 것이 아닐 수 없으니 말이다. 여기서 자유주의의 중심적 가치들의 도덕적 기반이 흔들리게 되었다. 말하자면 자유주의 이론은 자기 부정적 모순에 봉착하게 되는 셈이었다.

여기서 롤스는 개인이 어떠한 것에 의해서도 침범당할 수 없고 이 세상에 태어나면서부터 갖고 나온 것은 자유가 아니라 정의에 바탕을 둔 권리라고 주장하여, 자기 모순에 빠진 자유주의 이론의 재건을 시도하였다. 그는 모든 사람은 어떤 것에 의해서도 유린될 수 없는 정의에 바탕을 둔 불가침성을 소유하고 있는데, 그 정의에 의해 확보된 모든 권리는 정치적 흥정이나 사회적 이익에 지배될 수 없다고 주장했다.

법철학자 하트H. L. A. Hart는 종래의 자유주의가 롤스 이후의 현대 자유주의로 발전하는 과정의 성격을 다음과 같이 요약하고 있다.

> 정치 도덕의 본질은 공리주의적인 형태로밖에는 파악될 수 없다고 생각했던 낡은 신념이, 진리는 개인들의 특정한 기본적 제 자유와 이익을 보호하는 기본적 인권 이론에 있지 않으면 안 된다는 새로운 신념으로 옮겨가고 있다는 것이다.[1]

오늘의 자유주의 이론은, 하트가 명백하게 말하듯이 결국 공리주의적 정치 도덕을 어떻게 극복하느냐 하는 문제에서 출발하고 있다. 그러면 도덕철학의 일반 이론으로서의 공리주의에 대한 비판이란 어떤 것일까? 어떤 사람들은 모든 선을 동일한 단위나 동일한 질로 계산할 수 있다는 공리주의의 가설에 대해 의문을 제기하고, 또 어떤 사람들은 모든 가치를 선호와 욕망으로 환산할 수 있다는 공리주의의 주장에 대해 예술적 욕망이나 과학적 욕망과 같은 고상한 욕망과 타인의 희생에 의해서라도 자기의 원시적 · 감각적 쾌락을 추구하는 저급한 욕망을 어떻게 동일한 단위나 동일한 질로 계산할 수 있느냐고 반박한다. 그리고 공리주의에 대한 최근의 반론의 초점은 공리주의가 과연 개인적 제 권리의 존중을 포함하는 자유주의적 제 원리에 대해 누구나 다 수긍할 수 있는 이론적 기반을 제공하고 있느냐는 것이다.

모든 사람이 투표권을 행사할 때 투표자들의 자기 표에 대한 주관적 가치판단이 아무리 천차만별이라도 그 표들은 모두 동일한 질의 것으로 간주되어 동일한 단위로 집계된다. 이 점에서 공리주의는 자유주의의 목적에 적합한 듯하다. 그리고 고대 로마에서 수천 명의 관중이 콜로세움에서 사자에게 무참히 잡아먹히는 기독교도의 고통을 보고 환성을 지르면서 쾌락의 욕망을 채웠을 때, 그 관중의 쾌락의 총량은 잡아먹히는 기독교도의 고통의 몇천 배가 되니까 공리주의에 따르면 관중의 쾌락은 도덕적으로 정당한 것이 된다. 또 소수 집단의 종교를 압도적 다수가 싫어하는 경우 그 종교에 대한 박해는 소수의 고통보다 더 많은 만족을 다수에게 주는 것이기 때문에 그 박해는 정당한 것이 된다. 그런데 그러한 공리주의의 정당성에는 개인의 기본적 권리가 완전히 무시되고 있다.

어쨌든 공리주의의 그러한 도덕적·이론적 결함에 대해 칸트는, 공리주의의 산술적 계산법은 인간을 그 자체의 목적으로 취급하지 않고 다른 사람들의 행복의 수단으로 취급한다고 공박하였다. 공리주의가 최대 다수의 최대 행복이라는 일반적 복리의 극대화를 추구하다보니, 결국 사회 전체를 하나의 인간처럼 취급하고 개인들 사이의 차이와 구별을 무시하고 개인 하나하나를 그 자체의 목적으로 존중하는 데 실패했다는 것이다. 그리하여 오늘날의 칸트학파는 개인적 권리를 더 중시하는 윤리적 차원에서, 어떤 개인적 권리들은 사회의 전반적 복지에 의해서도 유린될 수 없을 만큼 기본적인 것이라고 주장하게 되었다.

이 권리 우선론의 특징은 권리를 도덕적 선에 앞세우는 데 있다. 도덕적 판단은 사람에 따라 다르고 따라서 주관적인 것이기 때문에 상대적이라는 자유주의의 입장을 그대로 고수하면서, 자유주의의 중심적 가치로서 정의와 정의에 바탕을 둔 권리를 최고의 가치로 주장한다. 개인적 제 권리는 일반 선에 희생될 수 없고 또 그 권리들을 구체적으로 낱낱이 규정해주는 정의의 제 원리는 어떤 특정한 선을 전제로 할 수 없다는 것이다. 그리하여 그들은 도덕적 가치판단을 하지 않는 기본적 제 권리와 제 자유의 틀을 설정해놓고, 그 틀 안에서 사람들이 제각기 자기의 도덕적 판단에 따라 자기가 옳다고 생각하는 목적과 가치를 선택할 수 있게 해야 한다고 주장한다. 이렇게 하여 그들은 권리와 선을 엄격히 구분하여, 종래의 자유주의가 자기모순에 빠졌던 도덕적 상대주의에 빠지지 않으려고 한다.

이 권리 우선론자들도 어떤 권리들이 기본적 권리이며, 또 가치 중립적 틀의 이상이 요구하는 정책은 어떤 것이라야 하느냐 하는 문제에 대해서는 의견이 같지 않았다. 그들 중 평등주의적 자유주의자들은 복지국가를 지지하여 시민적 제 자유와 함께 사회경제적 제 권리―복지권, 교육권, 보건권 등등―를 주장하고, 그들보다 개인적 자유를 더 중시하는 자유주의자들은 부의 재분배 정책은 개인들의 권리를 침해한다는 이유로 시장경제를 옹호하고, 시민적 제 자유와 함께 사유재산을 엄격히 보호하는 정부를 지지한다.[2] 전자의 대표적인 학자들이 롤스와 드워킨Ronald Dworkin이고 후자의 대표적인 학자들이 하이에크와 프리드먼Milton Friedman이다.

그러나 이들이 다 같이 공통적으로 강조하는 점은, 개인은 각기 자신의 목적과 이해관계와 선의 개념을 갖고 있고 따라서 개인들은 자유로운 도덕적 존재로서 그 능력을 실현시킬 수 있는 제 권리를 갖고 있다는 것과, 이 권리들은 도덕적 판단을 하지 않는 틀 안에서 보호되어야 한다는 것이다. 그러한 틀은 구체적으로 말하면 국가나 정부 또는 정치적 결정이다. 그러므로 국가와 정부는 어떠한 개인생활이 착한 생활이냐 하는 문제에 중립적이어야 하고, 정치적 결정은 어떤 특정한 선의 개념에 대해서도 중립이라야 한다는 것이다.

냉전 시대의 퇴조와 함께 새로운 모습으로 나타나고 있는 현대의 자유주의의 주류는 이상과 같은 이론 구조를 갖고 있는 권리 우선론이라고 말할 수 있다.

2. 롤스와 하이에크

롤스의 자유주의 이론은 정의의 개념을 중심으로 하고 있다. 그는 사상 체계의 으뜸가는 덕이 진리듯이 여러 사회제도의 첫째가는 덕은 정의라고 주장한다. 그러나 그는 자유주의적 개인관은 결코 포기하지 않는다. 그의 개인주의는 홉스의 사회계약설을 따르고 있다. 개인들이 사회를 형성하는 이유는 그들의 목적을 충족하는 가장 효과적인 수단이 사회이기 때문이다. 그러므로 롤스에게도 개인이 첫째이고 사회는 이차적이다. 그의 개인주의는 새로운 것이 아니다.

그렇기 때문에 그가 원하는 사회는 그 사회 안에서 개인적 권리와 자유의 원리들이 아무 지장도 받지 않는 사회이다. 만일 그 원리들 이외의 다른 원리들, 예컨대 공동체라든가 경제적 평등이라든가 하는 원리들이 우세하게 되면, 그 사회에서는 개인적 권리와 자유가 위협을 받게 된다. 그러므로 롤스가 원하는 사회는 다원주의적인 개방사회이다. 그가 추구하는 사회적 목표는 그보다 한 세대 앞의 벌린이나 포퍼의 그것과 비슷한 것으로서 유토피아주의를 배격한다.

그러나 롤스의 자유주의론은 기본적으로는 평등주의에 가깝다. 이 점이 종래의 자유주의와 다른 또 하나의 새로운 특색이다. 그는 평등은 선험적인 법칙이고, 불평등은 그것이 정당하다는 것이 입증되지 않는 한 정당화될 수 없다는 전제에서 출발하고 있다. 이러한 평등주의적 태도는 사회에서 가장 어려운 사람들과 박탈당한 사람들에 대한 그의 동정심에 잘 나타나 있다. 이 점이 자유 시장론자들과 다른 점이고, 그가 사회민주주의에 가까운 자유주의자로 간주되기도 하는 이유이다. 그는 불평등이 사회의 가장 불우한 사람들에게도 유익하다는 것이 증명되지 않는 한, 그 불평등은 용납될 수 없다고 한다. 이러한 불평등관을 실제 정책에 적용하면 그것은 당연히 매우 급진적인 부의 재분배 정책이 되게 마련이다. 그러므로 그는 누구 못지않게 복지국가를 지지한다.

그러나 그는 개인들의 자존심을 상하지 않는 한, 상당한 정도의 불평등도 크게 문제가 될 것이 없다고 한다. "질서가 잘 잡혀 있는 사회에서는 개인의 자존심은 모든 사람들의 평등한 시민권에 대한 공적 확인에 의해 지켜질 수 있다"[3]든가, 사람의 자존심은 그가 벌어들이는 돈의 많고 적음에 달려 있는 것이 아니라 기본적 권리와 자유를 다른 모든 시민들과 똑같이 향유하는 평등한 자격을 누리고 있느냐 않느냐에 달려 있다"[4]는 주장이 그것이다. 이렇게 하여 그는 경제적·사회적 평등과 법적·정치적 평등을 구별한다. 그의 평등주의적 자유주의 이론은 결국 법적·정치적 평등주의이다. 물질적 재산의 평등한 분배는 다른 문제라는 것이다. 자유 시장 이론을 주장하는 하이에크와 롤스가 만나는 데가 바로 이 점이다.

그리고 이 점이 바로 롤스가 자유와 평등의 두 가치 중에서 자유를 평등보다 더 중시하게 되는 점이기도 하다. 그는 일정한 수준의 물질적 복리를 향유하지 못하는 사람들은 그들의 기본적 자유도 향유할 수 없기 때문에 그 문제를 해결하려면 복지정책이 필요하다고 강조하면서도, 평등한 자유가 일시 거부될 수 있는 경우가 있다고 한다. 어떤 경우에 그럴까? 앞으로 적당한 시기에 그 거부된 자유들을 모든 사람이 향유할 수 있게끔 문명의 수준을 높일 필요가 있다고 판단되는 경우이다.[5] 자유는 모든 도덕적 선에 우선하고 모든 사람이 똑같이 향유하는 것이라는 평등주의적 원리도 일시적으로 유보될 수 있으나, 그 유보를 해제할 수 있는 원리도 평등이 아니라 결국 앞으로 향유하게 될 자유이다. 롤스의 평등주의적 자유주의 이론이 평등보다 자유를 앞세우는 자유주의의 전통적 틀 안에 있다는 것을 말해주고 있다. 롤스가 궁극적으로는 사회민주주의자가 아니라 자유주의자인 까닭이 여기 있다.

롤스와 함께 자유주의적 평등을 강조한 또 한 사람은 드워킨이다. 그는 '리버럴'이라는 말을 미국에서 사용할 때 진보적이거나 좌익에 가까운 의미로 사용하여, 리버럴 즉 자유주의자들은 "복지정책과 누진세에 의한 부의 재분배를 통해 불평등을 줄일 것을 요구한다"[6]고 주장한다. 그러한 요구는 유럽의 기준에서 볼 때는 자유주의적이라기보다는 사회민주주의적인 요구이다. 그런데 드워킨의 평등주의도 롤스의 경우처럼 경제적 평등이 아니라 "개인에 대한 존경과 착한 생활의 선택에 대한 존경"의 평등이다. 그가 부의 불평등을 줄일 것을 요구하는 이유는 부의 불평등이 심하면 착한 생활을 선택할 기회의 평등이 그만큼 박탈되기 때문이다. 그러면 착한 생활이란 어떤 생활일까? 그것은 사람마다 제각기 자기의 도덕적 판단에 따라 선택할 문제이다. 그러므로 어떤 생활이 착한 생활이냐 하는 문제에 대해 정부는 중립이라야 한다.[7] 그리고 사람들이 제각기 옳다고 판단하여 선택하는 착한 생활은 여러 가지일 수밖에 없는데, 그 다양한 생활을 선택할 요구를 충족시켜줄 수 있는 것은 시장이다. 시장이 만일 모든 사람들의 욕구 충족에 평등한 기회를 제공하지 못할 경우에는 정부의 제한적인 간섭이 불가피하게 되는데, 그러한 정부의 간섭이 혼합경제이다. 이 혼합경제의 개념이야말로 드워킨의 평등주의적 자유주의 이론이 지닌 특색이다.

개인을 존중하고 자기 판단에 따르는 착한 생활의 선택을 존중하는 '존중의 평등' 원리는 다원주의, 제한 정부, 유토피아의 부정, 시장경제와 혼합경제 등의 이론적 기반이 되는 동시에 빈곤과 착취를 제거하려는 의욕과 사회정의를 실현하려는 뜻이 담긴 진보적 자유주의 이론의 원리가 되었다. 이러한 드워킨의 이론은 결국 사회민주주의적인 제한적 간섭주의와 부의 재분배를 지지하면서 동시에 자유 시장경제 이론을 강화시키는 이론적 재료를 제공하고 있다.

롤스와 드워킨의 주장에 기본적으로 동조하면서도 그들보다 보수적인 자유주의자는 노지크Robert Nozick이다. 노지크는 롤스의 주장을 부분적으로는 거부하면서도 상당한 부분을 받아들이고 있다. 즉 고전적 공리주의의 관심은 복리나 행복의 총계에 있고 개인적 권리에는 무관심한 데 반해 롤스가 권리, 자유, 정의의 관념에서 출발한 것은 옳았다는 것이다. 노지크는 롤스의 이론이야말로 공리주의를 극복한 위대한 발전임이 틀림없다고[8] 롤스를 칭송하였다. 그리하여 자기도 자기 이론의 중심 개념을 권리로 설정하고 최소한의 국가 간섭과 개인의 자율을 강조하였다.

그러나 그는 롤스와는 달리 사회정의에 대한 배려를 일체 부정한다. 롤스는 부의 재분배와 누진세제의 필요를 주장하고 불우한 사람들을 보호하고 돕기 위한 국가의 간섭을 정당시하지만, 노지크의 이론은 국가를 자유의 적으로 생각하는 고전적 자본주의처럼, 사유재산권에 대한 국가의 간섭은 어떤 종류의 것이든 인권에 대한 기본 침해라고 주장한다.

롤스의 권리의 개념에서 출발한 노지크의 결론은 롤스의 결론과는 매우 거리가 멀다. 노지크의 결론은 19세기 맨체스터학파로 돌아가고 있는 셈이다. 노지크의 그러한 주장은 권리 우선론을 내세우는 현대 자유주의의 첫째 그룹과 둘째 그룹을 이어주는 고리가 되었다. 그리고 이 고리가 1970년대 및 1980년대에 일어난 스태그플레이션 stagflation의 경제적 불황 앞에서 케인스 이론이 감당하지 못하고 있는 이론적·실제적 공백을 메우는 하나의 단서를 하이에크에게 제공하였다.

둘째 그룹의 대표적인 인물들은 시카고학파의 지도자들이며 노벨경제학상을 받은 하이에크와 프리드먼이다. 이들에게 개인적 권리는 롤스나 드워킨의 경우와는 달리 개인의 소유권이다. 그들은 노지크의 주장에 따라 사유재산권에 영향을 미치는 어떠한 간섭이나 압력도 배척한다. 이 그룹의 자유주의 이론은 기본적으로는 19세기의 고전경제학의 부활이며 그 이론의 재정리라고 말할 수 있다. 경제학자들은 이 둘째 그룹의 경제 이론을 '통화주의Monetarism'라고 부르는데, 통화주의는 '스태그네이션stagnation(경기 침체)'과 '디플레이션deflation(물가 하락)'을 극복하는 효과적인 방법으로서 화폐 공급의 엄격한 통제를 주장한다. 그것은 성장과 수요를 자극하여 실업자를 줄이고 완전고용에 의해 디플레이션을 극복할 수 있다는 케인스의 경제 이론을 부정하는데, 그 경제 이론이 이론상 얼마나 정확하며 현실적으로 얼마나 타당한 것이냐의 문제는 우리에게 그리 중요하지 않다. 우리에게 중요한 것은 결국 경제적 자유주의의 시장 이론의 부활로 생각되는 그 이론이 오늘의 자유주의에 어떠한 의미를 지니느냐 하는 것이다.

이들 시장론자들은 정치적 자유에 높은 가치를 부여하여, 자본주의와 경제적 자유 없이는 정치적 자유가 있을 수 없고 또 정치적 자유는 무제한의 민주주의와는 다른 것이고 오히려 무제한의 민주주의는 정치적 자유를 위협한다고 주장한다. 정치적 자유와 자본주의와의 관계에 대해 프리드먼은 "경쟁적 자본주의는 …… 경제의 힘과 정치의 힘을 분리시켜서 서로 그 힘을 상쇄하기 때문에 정치적 자유를 촉진시킨다"[9]고 말한다. 그러나 자본주의가 정치적 자유를 촉진시키는 내재적 경향이 있는지는 의심스럽다. 왜냐하면 20세기 후반기의 중남미 제국의 억압 체제나 양차 세계대전 사이에 있었던 파쇼 독재 체제가 모두 자본주의를 옹호하는 데서 생겼기 때문이다. 물론 프리드먼은 매우 조심스럽게 "자본주의는 정치적 자유가 지녀야 할 하나의 필요조건일 뿐이라는 것을 역사는 암시해준다"[10]고 한 걸음 양보하고 있다. 그러나 하이에크는 프리드먼의 이런 양보를 긍정하지 않는다. 하이에크는 권위주의와 전체주의를 구별하여, 권위주의는 민주주의의 반대이고 전체주의는 자유주의의 반대이므로 권위주의 정부도 자유주의적 원리에 따라 행동할 수 있다고 생각할 수 있고, 따라서 전체주의적 민주주의라고 부를 수 있는 것이 성립될 수 있다고 말한다.[11] 이러한 논법으로 하이에크는 제3세계의 자본주의 파쇼 독재 체제에도 개인적 자유가 있을 수 있다고 주장한다.

두 번째 주장, 즉 정치적 자유는 무제한의 민주주의와는 다른 것이고 무제한의 민주주의는 정치적 자유를 위협한다는 주장은, 민주주의와 자유를 별개의 것으로 생각해온 19세기 이래의 자유시장 이론의 연장이며, 토크빌 이래로 민주주의에 대해 자유주의가 품은 공포의 부활이다. 그러므로 이 문제는 여기서 길게 운위할 필요가 없다. 그러나 짚고 넘어가야 할 중요한 문제는, 지난 한 세기 이상의 역사의 발전은 영국이나 미국을 비롯한 서구 여러 나라에 민주주의를 확립시켰는데, 그러한 나라에서도 무제한의 민주주의가 자유에 위협이 되고 있느냐 하는 반문이다. 이러한 오류는 하이에크와 프리드먼 등이 지난 한 세기의 역사적 성과를 외면하고 역사를 뛰어넘으려는 그 비역사적 사고에 기인하는 것 같다. 그리고 그들의 비역사적 사고는 사실을 사실대로 인식하려고 하지 않는 비경험론적 태도에서 유래한다. 자유주의는 경험론을 중시한다. 그런데도 그들은 고전적 자유주의 경제의 이론적·실제적 약점들이 지난 한 세기에 어떻게 수정되거나 극복되어 왔느냐 하는 사실에 대해 의식적으로 외면하고 있다. 그들은 재산 소유자들의 자유로운 부의 축적은 자동적으로 가난한 자들에게도 이익을 가져다준다느니, 그렇기 때문에 노동자들은 자기 몫 찾기에 열을 올려서는 안 된다느니 하는 따위의 주장을 아직도 펴고 있지만, 오늘날 어떠한 노동자와 노동조합도 특히 선진사회에서 그런 주장의 타당성을 인정하지 않는다.

 그들의 추상적인 개인주의도 실은 지난 한 세기에 개인주의적 명제에 대해 아무 이의도 없었다는 듯이, 결국 벤담과 밀의 개인주의를 되풀이하고 있을 뿐이다. 원자적 개인주의의 입장에서 "자유인에게 나라라는 것은 나라를 구성하는 개인들의 집합"[12]이라고 말하는 프리드먼은 밀과 똑같이 개인이야말로 사회적 진보의 열쇠라고 한다. 그는 밀의 말을 그대로 옮긴 듯한 말투로 "문명의 위대한 발달은 개인의 천재성과 흔들리지 않는 소수의 의견 및 다종 다양을 용인하는 사회 분위기의 산물"[13]이라고 말한다. 사회의 경제생활도 역시 각자 제 이익을 추구하는 개인들로 이뤄지는 것이고 개인들의 자발적인 협력이 저절로 사회 전체의 이익을 낳는다고 한다. 200년 전의 애덤 스미스의 말과 무엇이 다른가? 지난 200년 사이에 고전경제학의 이론과 실제에는 아무 수정도 변경도 없었다는 듯이 말하고 있다.

이렇게 역사적 사실이 무시된 개인주의 시장 이론은 그것이 얼마나 비경험론적인가가 하이에크의 사회정의에 대한 태도에 극단적 형태로 표출되고 있다. 하이에크는 사회정의라는 낱말은 자유인 사회에서는 아무런 의미도 없는 말이고 사회정의는 하나의 신기루에 불과한 것이라고 한다. 또한 "자유경쟁은 공덕이니 (궁핍을 돌봐주는) 필요need니 기타 유사한 것에 대한 일체의 배려를 배제한다. 그런데도 사회정의는 그러한 것들에 대한 배려를 바탕에 두고 있다"[14]고 주장한다.

권리 우선론의 자유주의 경제 이론이 도덕적 공덕이나 공죄는 객관적으로 평가될 수 없는 가치들이기 때문에 자유 시장의 수입과 보수의 결정에서—즉 개인들의 소유권 행사에서—배제되어야 한다는 주장은 마다할 수 없다 하더라도, 궁핍한 자들에 대한 보살핌마저도 자유 시장 원리에 따라 배제되어야 한다는 것은 지난 한 세기의 선진 자본주의사회가 이룩한 사회보장제도와 복지국가의 가치와 업적을 깡그리 무시하는 것이 아닐 수 없다. 그럼에도 불구하고 하이에크에게는 궁핍에 대한 보살핌도 시장경제의 진정한 자유를 해치는 유독한 관념들 중의 하나이다.

결론적으로 말해서, 하이에크와 프리드먼의 시장 이론이 제시하는 자유주의는 정치적 시각에서 볼 때 스펜서와 19세기로 후퇴하고 있고, 20세기에 전개된 신자유주의 이론과 케인스 이론을 일체 부정하고 있다. 그러다 보니 프리드먼은 "경제적 자유와 정치적 자유의 결합이 19세기의 영국과 미국에 하나의 황금시대를 낳았다"[15]는 엉뚱한 말을 할 수 있었던 것이다. 황금시대란 말이 무슨 뜻인지 잘 알 수 없지만 그것을 국민 대다수의 생활수준의 향상으로 이해한다면, 영국과 미국을 필두로 하는 선진 자본주의국가들의 국민 대중의 생활수준이 크게 향상된 시대는 19세기가 아니라 20세기이고 특히 제2차 세계대전 이후 케인스 이론에 의한 국가 간섭의 시대이다. 즉 정부가 앞장서서 복지국가의 이상을 실현하려고 주력한 시대이다. 19세기의 황금시대라는 말은 전체 국민의 극히 일부인 소수 자본가계급에게나 해당되는 말이다.

이렇게 볼 때 하이에크와 프리드먼의 시장 이론이 경제학적으로 어떤 타당성을 지니는가의 문제와는 상관없이, 그 자유주의는 보수주의에 가깝다. 그러기에 그들의 경제 이론을 쌍수를 들어 환영한 정치가들은 미국의 레이건Ronald Wilson Reagan이나 영국의 대처 Margaret Hilda Thatcher 같은 보수주의자들이었다.

그렇다면 하이에크가 내세운 자유주의의 장래는 어떻게 되었을까? 동구 공산주의 국가들이 사회주의의 정치적·경제적 비능률을 개탄하면서 개방과 개혁의 자유화를 추구할 때 그것이 사회주의의 이상을 완전히 포기하는 것이라면, 그 자유화의 길에는 롤스의 길과 하이에크의 길이라는 양자택일이 있었다고 말할 수 있으리라. 그런 점에서 하이에크의 주장은 이후에도 계속 주목을 받을 것이다.

그러나 형식이야 어떻든 실질적으로 서독에 의한 동독의 병합의 형태로 이루어진 독일통일의 경우를 예로 볼 때, 그것이 하이에크적 시장경제 이론과 사회주의에 대한 자유주의의 승리로 이해할 수 있느냐 하는 문제가 남는다. 독일은 일찍이 비스마르크의 독일통일 직후부터 서구의 어느 나라보다도 앞서 사회보장제도를 실시한 나라이고, 서독은 동독의 공산주의가 부럽지 않을 만큼 복지국가의 이념을 결코 소홀히 하지 않았다. 특히 서독 사회민주당은 19세기 후반 이래의 긴 역사를 가진 마르크스주의의 수정주의 이데올로기를 채택한 정당이다. 그리고 기독교민주당의 집권 시대에도 사회민주당이 이룩한 복지정책을 후퇴시킨 일이 없다. 그러므로 서독에 의한 동독의 합병을 하이에크 이론의 승리로는 결코 볼 수 없다. 필자의 이 판단은 다른 동구 제국에 대해서도 해당될 수 있을 것이다.

　더구나 소련을 선두로 하는 동구제국의 자유화가 스탈린주의의 포기는 의미하되 사회주의적 이상의 포기는 의미하지 않는다면, 동구에서 하이에크의 이론이 설 자리는 별로 있을 것 같지 않다. 사회주의적 이상이란 무엇이냐의 문제는 결코 쉽게 답할 수 있는 성질의 것이 아니고 또 여기서 논할 자리도 아니지만, 적어도 사회주의에서 볼셰비즘 내지 스탈린주의의 독소들을 다 빼고 난 다음에도 계속 남는 알맹이가 있다면, 그것은 복지국가의 이상에 매우 접근하는 것이 될 것이다. 공산주의의 변질이 불가피하다고 판명 난 20세기 말 이후, 그 변질이 어떠한 형태로의 변질인가에 따라 자유주의도 그 갈 길을 다시 가다듬게 될 것으로 생각된다.

주

서론_ 왜 자유주의를 연구해야 하는가?

1) Beneditto Croce, *History of Europe in the Nineteenth Century*, trans. by Henry Furst, George Allen & Unwin, 1953, pp. 5~6.
2) Lord Acton, "The History of Freedom in Antiquity", *Essays in Freedom and Power*, Meridian Book, 1955, p. 53.
3) *Ibid.*, p. 5.
4) Isaiah Berlin, *Four Essays on Liberty*, Oxford University Press, 1969, p. 124.
5) Andrew Gamble, "The Free Economy and the Strong State", *The Sociologist Register*, 1979, Merlin Press, 1979, ed. by John Saville and Ralph Miliband.
6) Anthony Arblaster, The Rise and Decline of Western Liberalism, Basil Blackwell, 1984, pp. 5~6.
7) *Ibid.*, pp. 9~18.
8) Gertrude Himmelfarb, "Editor's Introduction," of J. S. *Mill's On Liberty*, Penguin, 1980, p. 7.
9) *Ibid.*, pp. 7~8.
10) 최상용, 〈푸대접 받는 자유주의〉, 《조선일보》, 1984년 10월 10일.
11) 한배호, 〈자유주의의 위기〉, 《조선일보》, 1989년 3월 10일.
12) 최상용, *op. cit.*
13) *Ibid.*
14) *Ibid.*
15) 한배호, *op. cit.*
16) 최상용, *op. cit.*
17) *Ibid.*

제1장_ 자유주의의 철학적 기반 : 개인주의

1) Alexander Gray, *The Socialist Tradition from Moses to Lenin*, Longmans, Green, 1946.
2) Fossey John Cobb Hearnshaw, *Conservatism in England*, Macmillan, 1933, p. 20.
3) Allan Bullock & Maurice Shock, ed., *The Liberal Tradition: From Fox to Keynes*, Adam & Charles Black, 1956, pp. liv-lv.
4) Jacob Salwyn Schapiro, *Liberalism: It's Meaning and History*, Van Nostrand, 1958, pp. 9~10.
5) Iris Murdock, *The Sovereignty of Good*, Routledge & Kegan Paul, 1970, p. 80.
6) Stuart Hampshire, *Thought and Action*, Chatto & Windus, 1959, pp. 236~237.
7) Alasdair MacIntyre, "Notes from the Moral Wilderness I", *The New Reasoner*, no. 7, Winter, 1958~1959.
8) Alasdair MacIntyre, *Marxism and Christianity*, Penguin, 1971, p. 93ff.
9) John Locke, *An Eassay Concerning Human Understanding*, Book IV, chs. 9, 3. and chs. 13, 2.
10) Bertrand Russell, "Philosophy and Politics", *Unpopular Essays*, Allen & Unwin, 1968, p. 21.
11) Leszek Kolakowski, "Neutrality and Academic Values", *Neutrality and Impartiality*, ed. by Alan Montefiore, Cambridge University Press, 1975, p. 76.
12) Francis Bacon, "Novum Organum", *Nature and Nature's Laws*, ed. by Marie Boas Hall, Macmillan, 1970, p. 449.
13) Thomas Hobbes, *Leviathan*, part 1. ch. 4.
14) Gottfried Wilhelm Leibniz, *Monadology*, paras. 3 & 18.
15) Crawford Brough Macpherson, *The Political Theory of Possessive Individualism*, Oxford University Press, pp. 140~141.
16) Tomas Hobbes, *op. cit.*, chs. 6, 8.
17) Anthony Arblaster, *op. cit.*, p. 34.
18) Friedrich A. von Hayek, *The Counter Revolution of Science*, Collier-Macmillan, 1955, pp. 37~38.
19) Karl Popper, *The Poverty of Historicism*, Routledge & Kegan Paul, 1961, p. 135.

20) Isaiah Berlin, *op. cit.*, p. 110.
21) Karl Popper, *op. cit.*, pp. 67, 79.
22) J. W. N. Watkins, *Hobbes's System of Ideas*, Hutchinson, 1965, p. 71.
23) William Hazlitt, "Project for a New Theory of Civil and Criminal Legislation", *Complete Works*, ed. by p. p. Howe, Dent, 1933, vol. 19, p. 305.
24) Steven Lukes, *Individualism*, Basil Blackwell, 1973, p. 62.
25) Roy Jenkins, *The Times*, 24 Jan., 1976.
Anthony Arblaster, *op. cit.*, p. 51.
26) Samuel Brittan, *Financial Times*, 20 Feb., 1975.
Anthony Arblaster, *ibid.*

제2장_ 자유주의의 여러 가치들

1) Allan Bullock & Maurice Shock, ed., *op. cit.*, p. 121.
2) Stuart Hampshire, "In Defence of Radicalism", *Encounter*, Aug., 1955, p. 37.
3) Isaiah Berlin, *op. cit.*, p. 122.
4) *Ibid.*, p. 123.
5) Maurice Cranston, *Freedom: A New Analysis*, Longmans, Green, 1953, p. 26.
6) *Ibid.*, p. 27.
7) *Ibid.*, p. 67.
8) Robert Paul Wolff, *Poverty of Liberalism*, Beacon Press, 1965, p. 145.
9) *Ibid.*, pp. 136~137.
10) Herbert Butterfield, *The Whig Interpretation of History*, Penguin, 1973, p. 63.
11) Thomas Paine, *Rights of Man*. ed. by Henry Collins, Penguin, 1969, p. 107.
12) Percy Bysshe Shelley, *An Address to the Irish People*, Oriole Chapbooks, 1812, p. 15.
13) Cyril Connolly, *The Unquiet Grave*, Hamish Hamilton, 1951, p. 7.
14) 실업의 원인이 기계의 출현에 있다고 믿고 기계의 파괴를 주장한 19세기 초엽 영국의 기계 파괴 운동가들.
15) Paul Johnson, *The Offshore Islanders*, Weidenfeld & Nicolson, 1972, pp. 421~422.

16) Jacob Leib Talmon, *The Origins of Totalitarian Democracy*, Sphere Books, 1970, pp. 2~3.
17) Berlin, *op. cit.*, p. 123.
18) C. B. Macpherson, *The Real World of Democracy*, Oxford University Press, 1966, p. 1.
19) Bullok and Shock, ed., *op. cit.*, p. 124.
20) Friedrich A. von Hayek, *Studies in Philosophy, Politics, Economics*, Routledge & Kegan Paul, 1967, p. 161.
21) Jacob Leib Talmon, *op. cit.*, pp. 46~47.
22) Bernard Crick, *In Defence of Politics*, Penguin Books, 1982, p. 60.
23) David Daiches Raphael, *Problems of Political Philosophy*, Pall Mall, 1970, p. 142.
24) Guido de Ruggiero, *The History of European Liberalism*, Beacon Press, 1959, p. 379.
25) John Maynard Keynes, *Essays in Persuation, Collected Writings*, vol. IX, Macmillan, 1972, p. 287.
26) *Ibid.*
27) *Ibid.* p. 293.

제3장_ 자유주의의 발생

1) Walter Ullmann, *Medieval Political Thought*, Penguin, 1975, p. 148.
2) Sidney Painter, *Feudalism and Liberty*, Johns Hopkins Press, 1961, p. 14.
3) Walter Ullmann, *op. cit.*, pp. 148~149.
4) Sidney Painter, *op. cit.*, pp. 248, 259.
5) Harold J. Laski, *The Rise of European Liberalism*, George Allen & Unwin, 1958, pp. 21~22.
6) Ernest Cassirer, et al., ed., *The Renaissance Philosophy of Man*, Chicago University Press, 1948, p. 225.
7) Erwin Panofsky, *Renaissance and Renascences in Western Art*, Paradin, 1970, p. 119.
8) Anthony Arblaster, *op. cit.*, p. 103.
9) E. M. Curley, *Descartes against the Sceptics*, Basil Blackwell, 1978, pp. 16~20.
10) Crane Brinton, *The Shaping of the Modern Mind*, Mentor Books, 1959, p. 24.

11) George H. Sabine and Thomas L. Thorson, *A History of Political Theory*, Holt-Saunders, 1973, p. 388.
12) Robert C. Schulty, ed., *Luther's Works*, Fortress Press, 1967, vol. 46, p. 39.
13) Roland H. Bainton, *Here I stand*, Abington Press, 1951, pp. 169~170.
14) John Calvin, *Institute of the Christian Religion*, ed. by John T. McNeill, SCM-M Press, 1961, vol. I, pp. 52~53.
15) S. F. Mason, "Science and Religion in Seventeeth-Century England", *The Intellectual Revolution of the Seventeenth Century*, ed. by Charles Webster, Routledge & Kegan Paul, 1974, pp. 202~203.
16) John Calvin, *op. cit.*, p. 221.
17) Christopher Hill, "Protestantism and the Rise of Capitalism", *Change and Continuity in Seventeenth-Century England*, Weidenfeld & Nicolson, 1974, p. 96.
18) James Atkinson, ed., *Luther's Works*, Fortress Press, 1966, vol. 44, p. 132.
19) Henry Kamen, *The Rise of Toleration*, Weidenfeld & Nicolson, 1967, p. 41.
20) *Ibid.*, p. 60.
21) Jean H. Elliott, *Europe Divided 1559~1598*, Collino/Fontana, 1960, p. 231.
22) Henry Kamen, *The Rise of Toleration*, Weidenfeld & Nicolson, 1967, p. 121.
23) Henry Kamen, *Ibid.*, p. 164.
24) Roland H. Bainton, *Studies on the Reformation*, Hodder & Stoughton, 1964, pp. 223~224.
25) H. R. Trevor-Roper, *Religion, the Reformation and Social Change*, Macmillan, 1967, pp. 15~24, 28~30.
26) Hans Kohn, *Making of the Modern French Mind*, Van Nostrand, 1955, pp. 1~2.
27) William Langer, ed., *Encyclopedia of World History*, Houghton Moffin, 1952, p. 384.
28) François Hotman, *Francogallia*, ed. by Ralph E. Glesey, Cambridge University Press, 1972, p. 401.
29) *A Defence of Liberty against Tyrants*, trans. of Vindiciae Contra Tyrannos, by H. J. Laski, Bell, 1924, pp. 97, 112.
30) *Ibid.*, pp. 100, 211, 213.

31) George Buchanan, *De Jure Regni apud Scotos*, Richard Baldwin, 1689, pp. 6, 7, 9, 12, 21.

제4장_ 17세기의 네덜란드와 영국

1) Harold. J. Laski, *op. cit.*, p. 86.
2) E. H. Kossmann and A.F. Mellink, ed., *Texts Concerning the Revolt of the Netherlands*, Cambridge University Press, 1974, pp. 216~217.
3) K. H. D. Haley, *The Dutch in the Seventeenth Century*, Thomas & Hudson, 1972, pp. 36~37.
4) Henry Kamen, *The Iron Century*, Weidenfeld & Nicolson, 1976, pp. 112, 116~118.
5) Charles Wilson, *The Dutch Republic and the Civilization of the Seventeenth Century*, Weidenfeld & Nicolson, 1968, p. 185.
6) *Ibid.*, p. 42.
7) James T. Boulton, ed., *Selected Writings of Daniel Defoe*, Cambridge University Press, 1975, p. 58.
8) Harold. J. Laski, *op. cit.*, p. 155.
9) Harold. J. Laski, *Ibid.*, pp. 86~87.
10) Christopher Hill, *Reformation to Industrial Revolution*, Weidenfeld & Nicolson, 1967, p. 19.
11) Richard Henry Tawney, *Religion and the Rise of Capitalism*, John Murray, 1926, p. 179.
12) Gerrard Winstanley, *The Law of Freedom and Other Writings*, ed. by Christopher Hill, Penguin, 1973, p. 90.
13) Barry Supple, "Class and Social Tension: the Case of the Merchant", E. W. Ives, ed., *The English Revolution 1600~1660*, Edward Arnold, 1968, p. 131.
14) Ivan Roots, "Interest—Public, Private and Communal", R. H. Parry, ed., *The English Civil War and After, 1642~1658*, Macmillan, 1970, p. 113.
15) Christopher Hill, *op. cit.*, p. 120.
16) Christopher Hill, *Change and Continuity in Seventeenth-Century England*, Weidenfeld & Nicolson, 1974, p. 186.
17) Christopher Hill, *Reformation to Industrial Revolution*, *op. cit.*, p. 144.
18) John Milton, *Selected Prose*, ed. by C. A. Patrides, Penguin, 1974, pp. 255, 259.

19) *Ibid.*, p. 356.
20) *Ibid.*, p. 335.
21) *Ibid.*, pp. 242, 244.
22) Christopher Hill, *Change and Continuity in Seventeenth-Century England*, p. 110.
23) Christopher Hill, *The World Turned Upside Down*, Temple Smith, 1972, pp. 19~20.
24) A. L. Morton, ed., *Freedom in Arms*, Lawrence & Wishart, 1975, p. 252.
25) *Ibid.*, p. 191.
26) Christopher Hill, *op. cit.*, p. 52.
27) G. E. Aylmer, *The Levellers in the English Revolution*, Thames & Hudson, 1975, p. 50.
28) *Ibid.*, p. 57.
29) Gerrad Winstanley, *op. cit.*, pp. 340, 87.
30) Edmund Dell, ed., *The Good Old Cause*, Frank Cass, 1969, p. 471.

제5장_ 18세기 영국의 자유주의

1) E. P. Thomson, *The Making of the English Working Class*, Penguin, 1968, p. 29.
2) Rosalie L. Cloie, "John Locke", *International Encyclopedia of Social Sciences*, Macmillan, 1974, vol. 9, p. 466.
3) *Ibid.*
4) Maurice Cranston, "John Locke and Government by Consent", *Political Ideas*, ed. by David Thomson, C. A. Watts, 1966, p. 69.
5) Peter Laslett, ed., *Locke's Two Treatises of Government*, Mentor, 1965, p. 333.
6) *Ibid.*, pp. 328~329.
7) *Ibid.*, pp. 334~335.
8) *Ibid.*, p. 332.
9) *Ibid.*, p. 329.
10) *Ibid.*, p. 335.
11) *Ibid.*, p. 330.
12) *Ibid.*, p. 336.
13) *Ibid.*, p. 334.
14) *Ibid.*, p. 441.

15) *Ibid.*, p. 377.
16) *Ibid.*, p. 392
17) *Ibid.*, p. 395
18) Henry Kamen, *op. cit.*, p. 231.
19) Lord Acton, *Lectures on Modern History*, Macmillan, 1906, pp. 207~208.
20) Edmund Burke, *Reflections on the Revolution in France*, ed. by Conor Cruise O'Brien, Penguin, 1968, p. 112.
21) Anthony Arblaster, *op. cit.*, p. 169.
22) *Ibid.*
23) Christopher Hill, *Reformation to Industrial Revolution, op. cit.*, p. 182.
24) J. p. Kenyon, *Revolution Principles*, Cambridge University Press, 1977, pp. 205~206.
25) Edward Palmer Tompson, *Whigs and Hunters*, Allen Lane, 1975, p. 241.
26) W. E. Tate, *The English Village Community and Enclosure Movement*, Gollancz, 1967, p. 130.
27) *Ibid.*, pp. 51, 88.
28) W. E. Tate, *op. cit.*, p. 85.
29) Christopher Hill, *op. cit.*, p. 23.
30) J. p. Kenyon, *op. cit.*, p. 113.
31) Eric Roll, *A History of Economic Thought*, Faber & Faber, 1973, p. 104.
32) *Ibid.*, p. 106.
33) E. H. Carr, *The New Society*, Macmillan, 1951, p. 42.
34) Bernard Mandeville, *The Fable of the Bees*, ed. by Phillip Harth, Penguin, 1970, p. 294.
35) *Ibid.*, pp. 294, 320.
36) Jonathan Swift, *Satires and Personal Writings*, ed. by W. A. Eddy, Oxford University Press. 1932, pp. 26~27.
37) James T. Boulton, ed., *Selected Writings of Daniel Defoe*, Cambridge University Press, 1975, p. 124.

제6장_ 18세기 프랑스의 자유주의

1) Theodore Besterman, ed., *Selected Letters of Voltaire*, Nelson, 1963, p. 34.
2) Voltaire, *Philosophical Letters*, trans. by E. Dilworth, Bobbs-Merrill, 1961, p. 61.
3) *Ibid.*, p. 110.

4) Peter Gay, *The Enlightenment, An Interpretation*, Wildwood House, 1973, p. 24.
5) Volatire, *op. cit.*, p. 53
6) Jean le Roland d'Alembert, *Preliminary Discourse to the Encyclopaedia of Diderot*, trans. and ed. by R. N. Schwab, Bobbs-Merrill, p. 29.
7) Theodore Besterman, ed., *op. cit.*, pp. 52~53.
8) Immanuel Kant, "What is Enlightenment?", *On History*, ed. by Lewis White Beck, Bobbs-Merrill, 1963, p. 3.
9) Immanuel Kant, "Idea for a Universal History", *ibid.*, p. 16.
10) Immanuel Kant, "Conjectural Beginning of Human History", *ibid.*, pp. 58~59.
11) Cesare Beccaria, *On Crime and Punishments*, trans. by Henry Paolucci, Bobbs-Merrill, 1963, p. 69.
12) Jack Lively, ed., *The Enlightenment*, Longmans, 1966, pp. 37~38.
13) Anthony Strugnell, *Diderot's Politics*, Martinus Nijhoff, 1973, p. 155.
14) Norman Hampson, *The First European Revolution 1776~1815*, Thames & Hudson, 1969, p. 18.
15) Jean le Roland D'Alembert, *op. cit.*, p. 31.
16) Alfred Cobban, *In Search for Humanity*, Jonathan Cape, 1960, p. 167.
17) Peter Gay, *Voltaire's Politics*, Vintage, 1965, p. 222.
18) George H. Sabine and Thomas L. Thorson, *A History of Political Theory*, Holt-Saunders, 1973, p. 524.
19) Alfred Cobban, *op. cit.*, p. 165.
20) Roger Wines, ed., *English Despotism*, D. C. Heath, 1967, p. 21.
21) Sidney Pollard, *The Idea of Progress*, C. A. Watts, 1968, p. 47.
22) H. N. Brailsford, *Voltaire*, Oxford University Press, 1935, p. 70.
23) Lester G. Crockers, *Diderot, The Embattled Philosopher*, Free Press, 1966, p. 385.

제7장_ 자유주의의 승리

1) Staughton Lynd, *Intellectual Origins of American Radicalism*, Faber, 1969, p. 23.
2) Richard Hofstadter, *The American Political Tradition*, Harcourt Brace, 1927, p. 16.
3) Merrill D. Peterson, ed., *The Portable Thomas Jefferson*, Penguin, 1977, p.

396.

4) *Ibid.*, p. 217.
5) *Ibid.*, p. 356.
6) *Ibid.*, p. 358.
7) Elisha p. Douglas, *Rebels and Democrats*, University of North Carolina Press, 1955, p. 56.
8) Robert A. Dahl, *A Preface to Democratic Theory*, University of Chicago Press, 1963, p. 7.
9) Bernard Bailyn, *The Ideological Origins of the American Revolution*, Harvard University Press, 1967, pp. 187~188.
10) Staughton Lynd, *Class Conflict, Slavery and the United States*, Bobbs-Merrill, 1967, pp. 179~180.
11) Alexis de Tocqueville, *The Ancien Regime and the French Revolution*, trans. by Stuart Gilbert, Collins-Fontana, 1966, pp. 43~44.
12) Edmund Burke, *op. cit.*, p. 92.
13) Abbé Sieyés, *What is the Third Estate?*, ed. by S. E. Finer, Pall Mall, 1963, p. 156.
14) *Ibid.*, pp. 158~159.
15) *Ibid.*, pp. 74~75.
16) *Ibid.*, p. 85.
17) *Ibid.*, pp. 161~162.
18) Georges Lefebvre, *The Coming of the French Revolution*, trans. by R. R. Palmer, Vintage Books, 1957, pp. 185, 148.
19) Alfred Cobban, *The Social Interpretation of French Revolution*, Cambridge University Press, 1968, p. 40.
20) Norman Hampson, *The French Revolution—A Concise History*, Thames & Hudson, 1975, p. 52.
21) Alfred Cobban, *Aspects of the French Revolution*, Paladin, 1971, p. 168.
22) R. B. Rose, *The Enragés: Socialists of the French Revolution?*, Sydney University Press, 1965, p. 87.
23) *Ibid.*, p. 84.
24) George Rudé, *Robespierre*, Collins, 1973, p. 151.
25) Richard Herr, *The Eighteenth-Century Revolution in Spain*, Princeton University Press, 1969, p. 276.
26) *Ibid.*
27) Norman Hampson, *The First European Revolution, 1776~1815*, Thames

& Hudson, 1969, p. 155.
28) *Ibid.*
29) Raymond Carr, *Spain 1808~1939*, Oxford University Press, 1966, p. 94.

제8장_ 자유주의의 두 갈래

1) Alfred Cobban & Robert Smith, ed., *The Correspondence of Edmund Burke*, Cambridge University Press, 1967, vol. IV, p. 96.
2) *Ibid.*, p. 109.
3) Thomas Paine, *Rights of Man*, ed. by Henry Collins, Penguin, 1969, p. 168.
4) *Ibid.*, p. 234.
5) *Ibid.*, p. 148.
6) Thomas Paine, *Common Sense*, ed. by Issac Kramnick, Penguin, 1976, p. 65.
7) *Ibid.*, p. 187.
8) Benjamin Constant, "De la Liberté des anciens comparée à celle des modernes", *cours de politique constitutionnelle*, ed. by E. Laboulaye, Paris, 1872, Vol II, p. 539.
9) Benjamin Constant, *De la force du gouvernement actuel de la France et la necessité de s'y rallier*, Paris, 1796, p. 84.
10) P. Bastid, *Benjamin Constant et sa doctrine*, Paris, 1966, Vol I, p. 280.
11) Duvergier de Hauranne, *Histoire du gouvernement parlementaire en France 1814~1848*, Paris, 1868, p. 492.
12) E. Laboulaye, éd. *op. cit.*, p. 173.
13) John Cruikshank, *Benjamin Constant*, Twayne Publishers, 1974, p. 30.
14) *Ibid.*, p. 70.
15) *Ibid.*, p. 18, 64.
16) *Ibid.*, p. 56.
17) Antoine Nicolas de Condorcet, *Sketch for Historical Picture of the Progress of the Human Mind*, trans. by June Barraclough, Weidenfeld & Nicolson, 1955, pp. 34~39.
18) Keith Michell Baker, *Condorcet*, Chicago University Press, 1975, pp. 56~57.
19) *Ibid.*, p. 330.
20) Keith M. Baker, ed., *Condorcet: Selected Writings*, Bobbs-Merrill, 1976,

p. 108.
21) A. N. de Condorcet, *op. cit.*, pp. 130~131.
22) *Ibid.*, p. 180.
23) *Ibid.*, p. 175.
24) *Ibid.*, p. 141.
25) Keith Michell Baker, ed., *op. cit.*, pp. 97, 102.
26) Stuart Hampshire, *Thought and Action*, Chatto & Windus, 1959, p. ix.

제9장_ 경제적 자유주의의 이론과 실제

1) Donald Winch, *Adam Smith's Politics*, Cambridge University Press, 1978, p. 68.
2) *Ibid.*, p. 58.
3) Adam Smith, *Wealth of Nations*, Dent/Everyman, 1910, pp. 57, 110.
4) *Ibid.*, p. 436.
5) *Ibid.*, pp. 231~232.
6) *Ibid.*, p. 373.
7) Donald Winch, *op. cit.*, p. 138.
8) *Ibid.*, p. 70.
9) Thomas Robert Malthus, *An Essay on the Principle of Population*, ed. by Anthony Flew, Penguin, 1970, p. 72.
10) *Ibid.*, p. 176.
11) *Ibid.*, p. 172.
12) Raymond G. Cowherd, *Political Economists and the English Poor Laws*, Ohio University Press, 1977, pp. 161~162.
13) Nora Barlow, ed., *The Autobiography of Charles Darwin*, Collins, 1958, p. 120.
14) David Ricardo, *On the Principles of Political Economy and Taxation*, ed. by R. M. Hartwell, Penguin, 1971, pp. 115~116.
15) A. W. Coats, ed., *The Classical Economists and Economic Policy*, Methuen, 1971, p. 61.
16) Lord Robbins, *The Theory of Economic Policy in English Classical Political Economy*, Macmillan, 1952, pp. 101~102.
17) Keith Feiling, *A History of England*, MaGraw-Hill, 1948, p. 836.
18) Cecil Woodham-Smith, *The Great Hunger*, Hamish Hamilton, 1962, pp. 375~376.

19) *Ibid.*, pp. 410~411.
20) Donald Read, *Cobden and Bright*, Edward Arnold, 1967, p. 107.
21) *Ibid.*, p. 33.
22) *Ibid.*, p. 65.
23) *Ibid.*, p. 110.
24) *Ibid.*, p. 76.
25) Keith Robbins, *John Bright*, Routeledge & Kegan Paul, 1979, p. 176.

제10장_ 자유주의의 분수령

1) J. Lhomme, *La Grande bourgeoisie au pouvoir 1830~1880*, Paris, 1960, p. 44.
2) François Guizot, *Histoire parlementaire de France, Recuil complet des discours prononcés dans les chambres de 1819~1848*, Paris, 1863, Vol III. pp. 554~559.
3) G. de Beaumont, éd., *A. de Tocqueville Oeuvres*, Paris, 1861, Vol. IX, p. 534.
4) *Ibid.*
5) *Ibid.*
6) Alexis de Tocqueville, *Democracy in America*, ed. by Henry Steele Commager, Oxford University Press, 1946, pp. 192~194, 580.
7) *Ibid.*, p. 6.
8) Geraint L. Williams, ed., *John Stuart Mill on Politics and Society*, Fontana/Collins, 1976, p. 242.
9) John Stuart Mill, *Autobiography*, ed. by Jack Stillinger, Oxford University Press, 1971, p. 138.
10) *Ibid.*
11) Geraint L. Williams, ed., *op. cit.*, p. 182.
12) John Stuart Mill, *Principles of Political Economy*, ed. by Donald Winch, Penguin, 1970, p. 142.
13) *Ibid.*, p. 113.
14) *Ibid.*, pp. 353~367.
15) Isaiah Berlin, *op. cit.*, pp. 173~174.
16) Bullock and Shock, ed., *op. cit.*, pp. 119~120.
17) *Ibid.*, pp. 125, 123.
18) H. C. G. Matthew, *The Liberal Imperialists*, Oxford University Press,

1973, pp. vii, 139.
19) Leonard Trelawney Hobhouse, *Liberalism*, Oxford University Press, 1964, p. 110.
20) Anthony Arblaster, *op. cit.*, p. 285.
21) Melvin Richter, *The Politics of Conscience: T. H. Green and His Age*, Weidenfeld & Nicolson, 1964, p. 210.
22) Thomas Hill Green, *Lectures on the Principles of Political Obligation*, Longmans, 1924, pp. 67, 48.
23) R. L. Nettleship. ed., *Colleted Works of Thomas Hill Green*, Longmans, 1888. vol. III, pp. 371, 386.
24) *Ibid.*, pp. 370~372.
25) Melrin Richter, *op. cit.*, pp. 289~290.
26) *Ibid.*, p. 340.
27) Leonard Trelawney Hobhouse, *The Elements of Social Justice*, Allen & Unwin, 1922, p. 83.
28) David Nicholls, "Positive Liberty 1880~1914", *American Political Science Review*, 1962, pp. 122~124.
29) Edward David, "The New Liberalism of C. F. G. Masterman, 1873~1927", Kenneth D. Brown, ed., *Essays in Anti-Labor History*, Macmillan, 1974, p. 37.
30) Ross McKibbin, *The Evolution of the Labour Party 1910~1924*, Oxford University Press, 1974, p. 244.
31) Leonard Trelawney Hobhouse, *Democracy and Reaction*, T. Fisher Unwin, 1909, p. 231.
32) *Ibid.*, p. 238.
33) *Ibid.*, p. 239.
34) John Maynard Keynes, *Essays in Persuasion, Collected Writings*, vol. IX, Macmillan, 1972, p. 300.
35) *Ibid.*, pp. 298, 305.
36) John Strachey, *The Strangled Cry*, Bodley Head, 1962, pp. 213~214.
37) John Strachey, *Contemporary Capitalism*, Gollancz, 1956, p. 253.
  Richard Howard Stafford Crossman, *The Charm of Politics*, Hamish Hamilton, 1958, pp. 42~43.
38) Peter Clarke, *Liberals and Social Democrats*, Cambridge University Press, 1978, p. 274.
39) *Ibid.*, p. 253.

제11장_ 20세기의 자유주의

1) Bertrand Russell, *Unpopular Essays*, Allen & Unwin, 1968, p. 22.
2) *Ibid.*, pp. 21, 23.
3) Isaiah Berlin, *op. cit.*, p. 39.
4) Edward Morgan Forster, *Two Cheers for Democracy*, Penguin, 1965, p. 70.
5) *Ibid.*, p. 55.
6) Edward Morgan Forster, *Howard End*, Penguin, 1941, pp. 27, 121.
7) *Ibid.*, p. 64.
8) Paul Kennedy, *The Rise and Fall of the Great Powers*, Random House, 1987, pp. 371~372.
9) Cristopher Lasch, *The Agony of the American Left*, Knopf, 1969, pp. 63~69.
10) Daniel Bell, *The End of Ideology*, Free Press/Macmillan, 1965, p. 83.
11) David Caute, *The Fellow Travellers*, Weidenfeld & Nicolson, 1973, p. 311.
12) David Caute, *The Great Fear*, Secker & Warburg, 1978, pp. 275, 353, 359, 364, 406.
13) Leslie Fiedler, *An End to Innocence*, Beacon Press, 1955, p. 72.
14) David Caute, *The Great Fear*, *op. cit.*, p. 115.
15) *Partisan Review*, Sept-Oct., 1952.
16) Carl J. Friedrich, ed., *Totalitarianism*, Harvard University Press, 1954, pp. 52~53.
17) Hannah Arendt, *The Origins of Totalitarianism*, Allen & Unwin, 1967, p. 458.
18) Albert Camus, *The Rebel*, Hamish Hamilton, 1953, p. 175.
19) Hans Meyerhoff. ed., *The Philosophy of History in Our Time*, Doubleday, 1959, pp. 6~7.
20) Karl Popper, *The Open Society and Its Enemies*, Routledge & Kegan Paul, 1962, vol. I, p. 163; *The Poverty of Historicism*, 1961, pp. 68~69.
21) Isaiah Berlin, *op. cit.*, p. lv.
22) Hannah Arendt, *op. cit.*, p. 471.
23) Daniel Bell, *op. cit.*, p. 405.
24) *Ibid.*, pp. 402~403.
25) Seymour Martin Lipset, *Political Man*, Heinemann, 1960, p. 406.

26) Arthur Schlesinger, Jr., *The Politics of Hope*, Eyre and Spottiswoode, 1964, p. 21.
27) Seymour Martin Lipset, *op. cit.*, p. 45.
28) Arthur Schlesinger, Jr., *op. cit.*
29) Charles A. McCpy and John Playford, ed., *Apolotical Politics*, Thomas Y. Crowell, 1967, p. 201.
30) M. I. Finley, *Democracy, Ancient and Modern*, Chatto & Windus, 1973, p. 12.
31) Seymour Martin Lipset, *op. cit.*, p. 32.
32) Robert McKenzie, "Politics of Pressure." *Observer*, 14 May, 1961.
33) Robert A. Dahl, *A Prelude to Democratic Theory*, University of Chicago Press, 1956, pp. 137~138.

제12장_ 오늘의 자유주의

1) H. L. A. Hart, "Between Utility and Rights", *The Idea of Freedom*, ed. by Alan Ryan, Oxford University Press, 1979, p. 77.
2) Michael, J. Sandel, ed., *Liberalism and Its Critics*, Basil Blackwell, 1984, p. 125.
3) John Rawls, *A History of Justice*, Clarendon Press, 1972, p. 544.
4) *Ibid.*
5) *Ibid.*, p. 152.
6) Ronald Dworkin, 'Liberalism,' Stuart Hampshire, ed., *Public and Private Morality*, Cambridge University Press, 1978, p. 122.
7) *Ibid.*, p. 127
8) Robert Nozick, *Anarchy, State and Utopia*, Basil Blackwell, 1974, p. 230.
9) Milton Friedman, *Capitalism and Freedom*, University of Chicago Press, 1962, p. 9.
10) *Ibid.*, p. 10.
11) Friedrich A. von Hayek, *New Studies in Philosophy, Politics, Economics and the History of Ideas*, Routledge & Kegan Paul, 1978, p. 143.
12) Milton Friedman, *op. cit.*, p. 1.
13) *Ibid.*, p. 4
14) Friedrich A. von Hayek, *op. cit.*, pp. 57~58.
15) Milton and Rose Friedman, *Free to Choose*, Penguin, 1980, p. 21.

참고문헌

(*표시는 이 책에 인용되지 않은 문헌)

Acton, Lord, *Essays in Freedom and Power*, Meridian Book, 1955.
_____, *Lectures on Modern History*, Macmillan, 1906.
* Allett, John, *New Liberalism*, University of Toronto Press, 1981.
Arblaster, Anthony, *The Rise and Decline of Western Liberalism*, Basil Blackwell, 1984.
Arendt, Hannah, *The Orgins of Totalitarianism*, Allen & Unwin, 1967.
Atkinson, James, ed., *Luther's Works*, Fortress Press, 1966.
Aylmer G. E., *The Levellers in the English Revolution*, Thames & Hudson, 1975.
Bacon, Francis, 'Novum Organum', *Nature and Nature's Laws,* ed. by Marie Boas Hall, Macmillan, 1970.
Bailyn, Bernard, *The Ideological Origins of the American Revolution* , Harvard University Press, 1967.
Bainton, Roland H., *Here I stand*, Abington Press, 1951.
_____, *Studies on the Reformation*, Hodder & Stoughton, 1964.
Baker, Keith Michell, *Condorcet*, Chicago University Press, 1975.
_____, ed., *Condorcet: Selected Writings*, Bobbs-Merrill, 1976.
_____, *Studies on the Reformation*, Hodder & Stoughton, 1964.
Barlow, Nora, ed., *The Autobiography of Charles Darwin*, Collins, 1958.
* Barry, Norman P., *On Classical Liberalism and Libertariansim*, St. Martin∏s Press, 1987.
Bastid P., *Benjamin Constant et sa doctrine*, Paris, 1966.
Beaumont, G. de, ed., *A. de Tocqueville Oeuvres*, Paris, 1861.
Beccaria, Caesare, *On Crime and Punishments*, 1764, trans. by Henry Paolucci, Bobbs-Merrill, 1963.
Bell, Daniel, *The End of Ideology*, Free Press/Macmillan, 1965.

Berlin, Isaiah, *Four Essays on Liberty*, Oxford University Press, 1969.
Besterman, Theodore, ed., *Selected Letters of Voltaire*, Nelson, 1963.
* Boesche, Roger, *The Strange Liberalism of Alexis de Tocquiville*, Cornell University Press, 1975.
Boulton, James T., ed., *Selected Writings of Daniel Defoe*, Cambridge University Press, 1975.
Brailsford, H. N., *Voltaire*, Oxford University Press, 1935.
Brinton, Crane, *The Shaping of the Modern Mind*, Mentor Books, 1959.
Brown, K. D., ed., *Essays in Anti-Labor History*, Macmillan, 1974.
Buchanan, George, *De Jure Regni apud Scotos*, Richard Baldwin, 1689.
Bullock, Allan & Shock, Maurice, ed., *The Liberal Tradition: From Fox to Keynes*, Adam & Charles Black, 1956.
Burke, Edmund, *Reflections on the Revolution in France*, ed. by Conor Cruise O'Brien, Penguin, 1968.
Butterfield, Herbert, *The Whig Interpretation of History*, Penguin, 1973.
Calvin, John, *Institute of the Christian Religion*, ed. by John T. McNeill, SCMM Press, 1961, vol. I.
Camus, Albert, *The Rebel*, Hamish Hamilton, 1953.
Carr, E. H., *The New Society*, Macmillan, 1951.
Carr, Raymond, *Spain 1808~1939*, Oxford University Press, 1966.
Cassirer, Ernest, et al., ed., *The Renaissance Philosophy of Man*, Chicago University Press, 1948.
Caute, David, *The Fellow Travellers*, Weidenfeld & Nicolson, 1973.
_____, *The Great Fear*, Secker & Warburg, 1978.
Clarke, Peter, *Liberals and Social Democrats*, Cambridge University Press, 1978.
Coats, A. W., ed., *The Classical Economists and Economic Policy*, Methuen, 1971.
Cobban, Alfred, *Aspects of the French Revolution*, Paladin, 1971.
_____, *In Search for Humanity*, Jonathan Cape, 1960.
_____, *The Social Interpretation of French Revolution*, Cambridge University Press, 1968.
Cobban, Alfred & Smith, Robert, ed., *The Correspondence of Edmund*

Burke, Cambridge University Press, 1967.
* Collins, Irene, *Liberalism in the Nineteenth-century Europe*, English Historical Association, 1971.
Condorcet, A. N. de, *Sketch for Historical Picture of the Progress of the Human Mind*, trans. by June Barraclough, Weidenfeld & Nicolson, 1955.
Connolly, Cyril, *The Unquiet Grave*, Hamish Hamilton, 1951.
Constant, Benjamin, *De la force du gouvernement actuel de la France et de la necessité de s'y rallier*, Paris, 1796.
Cowherd, Rabmond G., *Political Economists and the English Poor Laws*, Ohio University Press, 1977.
* Craig, Gordon Alexander, *The Triumph of Liberalism*, Collier Books, 1990.
Cranston, Maurice, *Freedom: A New Analysis*, Longmans, Green, 1953.
_____, 'John Locke and Government by Consent', David Thomson ed., *Political Ideas*, C. A. Watts, 1966.
Crick, Bernard, *In Defence of Politics*, Penguin Books, 1982.
* *The Crisis of Liberal Democracy*, State University of New York Press, 1987.
Croce, Beneditto, *History of Europe in the Nineteenth Century*, trans. by Henry Furst, George Allen & Unwin, 1953.
Crockers, Lester G., *Diderot, The Embattled Philosopher*, Free Press, 1966.
Crossman, R. H. S., *The Charm of Politics*, Hamish Hamilton, 1958.
Cruikshank, John, *Benjamin Constant*, Twayne Publishers, 1974.
Curley, E. M., *Descartes against the Sceptics*, Basil Blackwell, 1978.
Dahl, Robert A., *A Preface to Democratic Theory*, University of Chicago Press, 1963.
D'Alemberd, Jean le Roland, *Preliminary Discourse to the Encyclopaedia of Diderot*, trans. and ed. by R. N. Schwab, Bobbs-Merrill.
Dell, Edmund, ed., *The Good Old Cause*, Frank Cass, 1969.
Douglas, Elisha P., *Rebels and Democrats*, University of North Carolina Press, 1955.
Dworkin, Ronald, 'Liberalism,' Stuart Hampshire, ed., *Public and Private*

Morality, Cambridge University Press, 1978.

Elliott, J. H., *Europe Divided 1559~1598*, Collino/Fontana, 1960.

* Eisenach, Eldon J., *Two Worlds of Liberalism*, University of Chicago Press, 1981.

Feiling, Keith, *A History of England*, McGraw-Hill, 1948.

Fiedler, Leslie, *An End to Innocence*, Beacon Press, 1955.

Finley, M. I., Democracy, *Ancient and Modern*, Chatto & Windus, 1973.

* Flathman, Richard E., *Toward a Liberalism*, Cornell University Press, 1989.

Forster, E. M., *Toward End*, Penguin, 1941.

_____, *Two Cheers for Democracy*, Penguin, 1965.

* Freeden, Michael, *The New Liberalism*, Clarendon Press, 1978.

* _____, *Liberalism divided*, Clarendon Press, 1986.

Friedman, Milton, *Capitalism and Freedom*, University of Chicago Press, 1962.

Friedman, Milton and Rose, *Free to Choose*, Penguin, 1980.

Friedrich, Carl J., ed., *Totalitarianism*, Harvard University Press, 1954.

Gamble, Andrew, 'The Free Economy and the Strong State', *The Sociologist Register*, 1979, ed. by John Saville, Merlin Press, 1979.

Gay, Peter, *Voltaire's Politics*, Vintage, 1965.

_____, *The Enlightenment, an Interpretation*, Wildwood House, 1973.

* Gerber, Larry G., *The Limits of Liberalism*, New York University Press, 1983.

Gray, Alexander, *The Socialist Tradition from Moses to Lenin*, Longmans, Green, 1946.

* Gray, John, *Liberalisms*, Routledge, 1989.

_____, *Liberalism*, University of Minesota Press, 1986.

Green, T. H., *Lectures on the Principles of Political Obligation*, Longmans, 1924.

Guizot, François, *Histoire parlementaire de France, Recuil complet des discours prononcés dans les chambres de 1819 a 1848*, Paris, 1863.

Haley, K. H. D., *The Dutch in the Seventeenth Century*, Thomas & Hudson, 1972.

* Hall, John A., *Liberalism*, University of North Carolina Press, 1988.
* Hallowell, John H., *The Decline of Liberalism as an Ideology*, H. Fertig, 1971.
* Hamby, Alonzo L., *Liberalism and its Challengers*, Oxford University Press, 1985.

Hampshire, Stuart, *Thought and Action*, Chatto & Windus, 1959.

Hampson, Norman, *The First European Revolution, 1776~1815*, Thames & Hudson, 1969.

_____, *The French Revolution: A Concise History*, Thames & Hudson, 1975.

* Harrison, Deborah, *The Limits of Liberalism*, Black Rose Books, 1981.

Hart, H. L. A., 'Between Utility and Rights', *The Idea of Freedom*, ed. by Alan Ryan, Oxford University Press, 1979.

Hartz, Louis, *The Liberal Tradition in America*, Harcourt Brace, 1955.

Hauranne, Duvergier de, *Histoire du gouvernement parlementaire en France 1814~1848*, Paris, 1868.

Hayek, F. A., *The Counter Revolution of Science*, Collier-Macmillan, 1955.

_____, *New Studies in Philosophy, Politics, Economics and the History of Ideas*, Routledge & Kegan Paul, 1978.

_____, *Studies in Philosophy, Politics, Economics*, Routledge & Kegan Paul, 1967.

Hazlitt, William, 'Project for a New Theory of Civil and Criminal Legislation', *Complete Works*, ed. by P. P. Howe, J. M. Dent, 1933, vol. 19.

Hearnshaw, F. J. C., *Conservatism in England*, Macmillan, 1933.

Herr, Richard, The *Eighteenth-Century Revolution in Spain*, Princeton University Press, 1969.

Hill, Christopher, *Change and Continuity in Seventeenth-Century England*, Weidenfeld & Nicolson, 1974.

_____, *Reformation to Industrial Revolution*, Weidenfeld & Nicolson, 1967.

_____, *The World Turned Upside Down*, Temple Smith, 1972.

Hobhouse, L. T., *Democracy and Reaction*, T. Fisher Unwin, 1909.

_____, *The Elements of Social Justice*, Allen & Unwin, 1922.

_____, *Liberalism*, Oxford University Press, 1964.

* Hobson, J. A., *The Crisis of Liberalism*, Barnes & Noble, 1974.

Hofstadter, Richard, *The American Political Tradition*, Harcourt Brace, 1927.

Hotman, François, *Francogallia*, ed. by Ralph E. Glesey, Cambridge University Press, 1972.

Johnson, Paul, *The Offshore Islanders*, Weidenfeld & Nicolson, 1972.

Kamen, Henry, *The Iron Century*, Weidenfeld & Nicolson, 1976.

_____, *The Rise of Toleration*, Weidenfeld & Nicolson, 1967.

Kant, Immanuel, *On History*, ed. by Lewis White Beck, Bobbs-Merrill, 1963.

Kennedy, Paul, *The Rise and Fall of the Great Powers*, Random House, 1987.

Kenyon, J. P., *Revolution Principles*, Cambridge University Press, 1977.

Keynes, J. M., *Essays in Persuasion*, Collected Writings, vol. IX, Macmillan, 1972.

* Koerner, Kirk F., *Liberalism and its Critics*, St. Martin's Press, 1985.

Kohn, Hans, *Making of the Modern French Mind*, Van Nostrand, 1955.

Kolakowski, Leszek, 'Neutrality and Academic Values', *Neutrality and Impartiality*, ed. by Alan Montefiore, Cambridge University Press, 1975.

Kossmann, E. H. and Mellink, A. F., ed., *Texts Concerning the Revolt of the Netherlands*, Cambridge University Press, 1974.

* Kukathas, Chandran, *Hayek and Modern Liberalism*, Oxford University Press, 1989.

Lasch, Christopher, *The Agony of the American Left*, Knopf, 1969.

Laski, Harold J., *The Rise of European Liberalism*, George Allen & Unwin, 1958.

_____, *A Defence of Liberty against Tyrants,* trans. of *Vindiciae Contra Tyrannos*, Bell, 1924.

Laslett, Peter, ed., *Locke's Two Treatises of Government*, Mentor, 1965.

Laboulaye, E., *Cours de politique Constitutionelle*, Paris, 1872.

Lefebvre, Georges, *The Coming of the French Revolution*, trans. by R. R.

Palmer, Vintage Books, 1957.
Lhomme, J., *La grande bourgeoisie au pouvoir 1830~1880*, Paris, 1960.
Lipset, S. M., *Political Man*, Heinemann, 1960.
Lively, Jack, ed., *The Enlightenment*, Longmans, 1966.
* Lloyd Thomas, David, *In Defence of Liberalism*, Blackwell, 1988.
* Lowi, Theodore J., *The End of Liberalism*, Norton, 1979.
* Lobot, Eugene, *Liberalism in an Illiberal Age*, Greenwood Press, 1982.
Lukes, Steven, *Individualism*, Basil Blackwell, 1973.
Lynd, Staughton, *Class Conflict, Slavery and the United States*, Bobbs-Merrill, 1967.
_____, *Intellectual Origins of American Radicalism*, Faber, 1969.
McCoy, Charles A. and Playford, John, ed., *Apolotical Politics*, Thomas Y. Crowell, 1967.
MacIntyre, Alasdair., *Marxism and Christianity*, Penguin, 1971.
McKibbin, Ross, *The Evolution of the Labour Party 1910~1924*, Oxford University Press, 1974.
Macpherson, C. B., *The Political Theory of Possessive Individualism*, Oxford University Press, 1962.
_____, *The Real World of Democracy*, Oxford University Press, 1966.
Malthus, Thomas Robert, *An Essay on the Principle of Population*, ed. by Anthony Flew, Penguin, 1970.
Mandeville, Bernard, *The Fable of the Bees*, ed. by Phillip Harth, Penguin, 1970.
* Manning, D. J., *Liberalism*, J. M. Dent, 1976.
Mason, S. F., 'Science and Religion in Seventeenth-Century England' , *The Intellectual Revolution of the Seventeenth Century*, ed. by Charles Webster, Routledge & Kegan Paul, 1974.
Mattew, H. C. G., *The Liberal Imperialists*, Oxford University Press, 1973.
Meyerhoff, Hans, ed., *The Philosophy of History in Our Time*, Doubleday, 1959.
Mill, J. S., *Autobiography*, ed. by Jack Stillinger, Oxford University Press, 1971.
_____, *Principles of Political Economy*, ed. by Donald Winch, Penguin,

1970.
Milton, John, *Selected Prose*, ed. by C. A. Patrides, Penguin, 1974.
Morton, A. L., ed., *Freedom in Arms*, Lawrence & Wishart, 1975.
Murdock, Iris, *The Sovereignty of God*, Routledge & Kegan Paul, 1970.
Nettleship, R. L., ed., *Colleted Works of Thomas Hill Green*, Longmans, 1888.
Nozick, Robert, *Anarchy, State and Utopia*, Basil Blackwell, 1974.
Paine, Thomas, *Common Sense*, ed. by Issak Kramnick, Penguin, 1976.
_____, *Rights of Man*, ed. by Henry Collins, Penguin, 1969.
Painter, Sindney, *Feudalism and Liberty*, Johns Hopkins University Press, 1961.
Panofsky, Erwin, *Renaissance and Renascences in Western Art*, Paradin, 1970.
Peterson, Merrill D., *The Portable Thomas Jefferson*, Penguin, 1977.
Pollard, Sidney, *The Idea of Progress*, C. A. Watts, 1968.
Popper, Karl, *The Open Society and Its Enemies*, Routledge & Kegan Paul, 1962.
_____, *The Poverty of Historicism*, Routledge & Kegan Paul, 1961.
Raphael, D. D., *Problems of Political Philosophy*, Pall Mall, 1970.
Rawls, John, *A History of Justice*, Clarendon Press, 1972.
Read, Donald, *Cobden and Bright*, Edward Arnold, 1967.
Ricardo, David, *On the Principles of Political Economy and Taxation*, ed. by R. M. Hartwell, Penguin, 1971.
Richter, Melvin, *The Politics of Conscience: T. H. Green and His Age*, Weidenfeld & Nicolson, 1964.
Robbins, Keith, *John Bright*, Routeledge & Kegan Paul, 1979.
Robbins, Lord, *The Theory of Economic Policy in English Classical Political Economy*, Macmillan, 1952.
* Robertson, J. M., *The Meaning of Liberalism*, Kennikat Press, 1971.
Roll, Eric, *A History of Economic Thought*, Faber & Faber, 1973.
Roots, Ivan, 'Interest—Public, Private and Communal', R. H. Parry, ed., *The English Civil War and After, 1642~1658*, Macmillan, 1970.
Rose, R. B., *The Enrages: Socialists of the French Revolution?*, Sydney

University Press, 1965.
* Rosenblum, Nancy L., *Another Liberalism*, Harvard University Press, 1987.

Rudé, George, *Robespierre*, Collins, 1973.

Ruggiero, Guide de, *The History of European Liberalism,* trans. by R. G. Collingwood, Beacon Press, 1959.

Russell, Bertrand, *Unpopular Essays*, Allen & Unwin, 1968.

Sabine, George H. and Thorson, Thomas L., *A History of Political Theory*, Holt-Saunders, 1973.

* Salvadori, Massimo, *European Liberalism*, Wiley-Interscience, 1972.

Sandel, Michael, J., ed., *Liberalism and Its Critics*, Basil Blackwell, 1984.

* Savelle, Max, *Is Liberalism Dead?*, University of Washington Press, 1967.

Schapiro, J. Salwyn, *Liberalism: It's Meaning and History*, Van Nostrand, 1958.

Schulesinger, Arthur Jr., *The Politics of Hope*, Eyre and Spottiswoode, 1964.

Schulty, Robert C., ed., *Luther's Works*, Fortress Press, 1967. vol. 46.

* Seidman, Steven, *Liberalism and the Origins of European Social Theory*, University of California Press, 1983.

Shelley, Percy Bysshe, *An Address to the Irish People*, Oriole Chapbooks, 1982.

* Sidorsky, David, *The Liberal Tradition in European Thought*, Putnam, 1970.

Sieyes, Abbé, *What is the Third Estate?*, ed. by S. E. Finer, Pall Mall, 1963.

Smith, Adam, *Wealth of Nations*, J. M. Dent/Everyman, 1910.

Strachey, John, *Contemporary Capitalism*, Gollancz, 1956.

_____, *The Strangled Cry*, Bodley Head, 1962.

* Strauss, Leo, *Liberalism, Ancient and Modern*, Cornell University Press, 1989.

Strugnell, Anthony, *Diderot's Politics*, Martinus Nijhoff, 1973.

Supple, Barry, 'Class and Social Tension: the Case of the Merchant', E. W. Ives, ed., *The English Revolution 1600~1660*, Edward Arnold, 1968.

Swift, Jonathan, *Satires and Personal Writings*, ed. by W. A. Eddy, Oxford University Press, 1932.

Talmon, J. L., *The Origins of Totalitarian Democracy*, Sphere Books, 1970.
Tate, W. E., *The English Village Community and Enclosure Movement*, Gollancz, 1967.
Tawney, F. H., *Religion and the Rise of Capitalism*, John Murray, 1926.
Thompson, E. P., *The Making of the English Working Class*, Penguin, 1968.
_____, *Whigs and Hunters*, Allen Lane, 1975.
Tocqueville, Alexis de, *The Ancient Regime and the French Revolution*, trans. by Stuart Gilbert, Collins-Fontana, 1966.
_____, *Democracy in America*, ed. by Henry Steele Commager, Oxford University Press, 1946.
Trevor-Roper, H. R., *Religion, the Reformation and Social Change*, Macmillan, 1967.
Ullmann, Walter, *Medieval Political Thought*, Penguin, 1975.
Voltaire, *Philosophical Letters*, trans. by E. Dilworth, Bobbs-Merrill, 1961.
* Von Mises, Ludwig, *Liberalism*, Sheed Andrews and McMeel, 1978.
Watkins, J. W. N., *Hobbes's System of Ideas*, Hutchinson, 1965.
* Weiler, Peter, *The New Liberalism*, Garland Publishing, 1982.
Williams, Geraint L., ed., *John Stuart Mill on Politics and Society*, Fontana/Collins, 1976.
Wilson, Charles, *The Dutch Republic and the Civilization of the Seventeenth Century*, Weidenfeld & Nicolson, 1968.
Winch, Donald, *Adam Smith's Politics*, Cambridge University Press, 1978.
Wines, Roger, ed., *English Despotism*, D. C. Heath, 1967.
Winstanley, Gerrard, *The Law of Freedom and Other Writings*, ed. by Christopher Hill, Penguin, 1973.
Wolff, Robert Paul, *Poverty of Liberalism*, Beacon Press, 1968.
Woodham-Smith, Cecil, *The Great Hunger*, Hamish Hamilton, 1962.

찾아보기

ㄱ

그레이 Gray, Alexander 38
그린 Green, Thomas Hill 63, 264~266
글래드스턴 Gladstone, William E. 278
기조 Guizot, François 248, 249
기즈 공 Duc de Guise 131

ㄴ

나바르의 앙리 Henri de Navarre(앙리 4세 Henri IV) 128
노지크 Nozick, Robert 6, 7, 304, 305
녹스 Knox, Henry 199
뉴턴 Newton, Isaac 55, 135, 177, 179

ㄷ

다윈 Darwin, Charles 237
달 Dahl, Robert A. 293
달랑베르 d'Alembert, Jean le Roland 180, 188
대처 Thatcher, Margaret Hilda 309
더빈 Durbin, Evan 272
데이비스 Davies, David 170
데카르트 Descartesm, René 46, 48, 115, 135, 140, 179
돌바크 d'Holbach, Paul Henri Dietrich 181, 184, 186, 191
뒤베르제 Duverger, Maurice 292
드워킨 Dworkin, Ronald 300, 303~305
디드로 Diderot, Denis 183, 186, 191, 193, 194
디킨스 Dickens, Charles 241
디포 Defore, Daniel 168, 170, 173, 174

ㄹ

라디스체프 Radishchev, Aleksandr Nikolayevich 212
라스키 Laski, Harold J. 135
라이프니츠 Leibniz, Gottfried Wilhelm 48
러브조이 Lovejoy, Arthur O. 282
러셀, 버트런드 Russell, Bertrand 47, 277, 278
러셀, 존 Russel, John 242
레이건 Reagan, Ronald Wilson 309
로베스피에르 Robespierre, Maximilien François Marie Isidore de 208, 209, 217, 226
로우스 Rowse, A. L. 272
로이드 조지 George, David Lloyd
로자크 Roszak, Theodore 84
로크 Locke, John 7, 46, 48, 49, 58, 70, 77, 115, 139, 155, 157~165, 172,

174, 177, 189
로피탈 L'Hospital, Michel de 128
롤스 Rawls, John 6~8, 297, 298, 300~
    305, 309
루 Roux, Jacques 210
루베르튀르 l'Ouverture, Toussaint 216
루소 Rousseau, Jean Jacques 5, 6, 19,
    92, 94, 98, 100, 176, 192, 210, 226
루이 14세 Louis XIV 130, 156, 177,
    179, 214
루이 16세 Louis XVI 194, 211
루이 18세 Louis XVIII 247
루지에로 Ruggiero, Guido de 94
루터 Luther, Martin 117, 118, 120, 121,
    123, 124, 126, 127
르페브르 Lefebvre, Geoges 207
리 Lee, Joseph 144
리카도 Ricardo, David 237, 238, 246
린드 Lynd, Staughton 201
릴번 Lilburne, John 153
립셋 Lipset, Seymour Martin 289~292

□

마르세나 Marchena, Jose 213
마르크스 Marx, Karl 286, 287
마르크스주의 24, 25, 35, 45, 85, 95,
    129, 167, 270, 283, 310
마사초 Masaccio 114
마오쩌둥 281
매디슨 Madison, James 198
매스터먼 Masterman, Charles F. G.
    267
매카시 McCarthy, Joseph Raymond
    281
매카시즘 280~284
매켄지 Mckenzie, Robert 293
맨더빌 Mandeville, Bernard 52,
    172~174, 183, 190
맬서스 Malthus, Thomas Robert 231,
    234~238, 240, 241, 246
먼 Mun, Thomas 144
모드제브스키 Modrzewski, Andrew
    Frycz 127
모어 More, Thomas 116
몽테뉴 Montaigne, Michel Eyquem de
    46, 115
몽테스키외 Montesquieu 156, 176,
    178, 179, 182, 184
무솔리니 Mussolini, Benito Amilcare
    Andrea 35, 275
밀, 제임스 Mill, James 7, 234, 256, 259
밀, 존 스튜어트 Mill, John Stuart 25,
    60, 92, 250, 255, 294
밀턴 Milton, John 146, 148, 149, 165

ㅂ

배저트 Bagehot, Walter 246
버크 Burke, Edmund 82, 165, 203, 217,
    219~223, 233, 234, 246
벌린 Berlin, Isaiah 259, 278, 287~289
베이컨 Bacon, Francis 46, 48, 177, 184
베인스 Baynes, Adam 145
베카리아 Beccaria, Cesare 185, 187
베커 Becker, Carl 198
베토벤 Beethoven, Ludwig van 212
벤담 Bentham, Jeremy 7, 48, 50, 55,

58, 193, 195, 239, 256, 259, 307
벨, 다니엘 Bell, Daniel 288~290
벨, 피에르 Bayle, Pierre 135, 139
보나파르트, 나폴레옹 Bonaparte,
　Napoléon(나폴레옹 1세) 105,
　211~215, 217, 226, 227
보나파르트, 샤를 루이 나폴레옹
　Bonaparte, Charles Louis
　Napoléon(나폴레옹 3세) 247, 249,
　250
볼테르 Voltaire 25, 79, 156, 157,
　176~183, 190~194, 228, 278
부셔 Busher, Leonard 130
부캐넌 Buchanan, George 133
불록 Bullock, Allan 38
브라운 Brown, Robert 125
브라이트 Bright, John 244~246
브리튼 Brittan, Samuel 63
비요 바렌 Billaud-Varennes, Jean
　Nicolas 210

ㅅ
새뮤얼 Samuel, Herbert 266~267
생쥐스트 Saint-Just, Louis Antoine
　Léon de 187, 209, 210
샤를 10세 Charles X 248
샤프츠버리 Shaftesbury, Anthony A. C.
　159
샤피로 Schapiro, Jacob Salwyn 102
성 아우구스티누스 St. Aurelius
　Augustinus 21
세르베투스 Servetus, Michael 122, 123
셰이스 Shays, Daniel 199

셸리 Shelley, Percy Bysshe 81
셸링 Schelling, Friedrich Wilhelm
　Joseph von 202
소치누스 Socinus, Faustus 124
소크라테스 Socrates 39, 40, 102, 103
쇼크 Shock, Maurice 38
슈바르첸베르크 Schwarzenberg, Karl
　Philipp 250
슈펭글러 Spengler, Oswald 275
슐레진저 2세 Schlesinger, Arthur Jr.
　284, 291
스미스, 애덤 Smith, Adam 6, 52, 95,
　96, 144, 221, 224, 229, 231~234,
　237, 308
스미스, 토머스 Smith, Thomas 145
스위프트 Swift, Jonathan 174
스트래치 Strachey, John 272
스파르타쿠스 Spartacus 183
스펜서 Spencer, Herbert 237, 308
스피노자 Spinoza, Benedict de 48, 54,
　140
시니어 Senior, Naussau William 238,
　239
시드넘 Sydenham, Thomas 135
시에예스 Sieyès, Emmauel Joseph(흔
　히 아베Abbé 시에예스로 알려짐)
　205~207

ㅇ
아네트 Annet, Peter 157
아렌트 Arendt, Hannah 286, 288~290
아리스토텔레스 Aristoteles 7, 58, 103,
　113

아벨라르 Abélard, Pierre 39, 40, 102
아이어턴 Ireton, Henry 152, 153
앙주의 앙리 Henri d'Anjou(앙리 3세 Henri III) 127
애덤스 Adams, John 198
애슈턴 Ashton, Thomas Southcliffe 232
애스퀴스 Asquith, Herbert Henry 268
액턴 Acton, John Emerich Edward Dalberg(액턴 경) 20, 67, 90, 164, 260, 261,
에라스무스 Erasmus, Desiderius 116, 122~125
엘베시우스 Helvétius, Claude Adrien 191
영 Young, Arthur 170
예카테리나 2세 Ekaterina II 193
오렌지 공 윌리엄 William I, Prince of Orange(오라녜 공 빌렘 Prins van Oranje Willem) 130
오버턴 Overton, Richard 49
오브리언 O'Brien, Denis Patrick 232
오웰 Orwell, George 278
오트망 Hotman, François 132
요제프 2세 Joseph II 193
우드햄 스미스 Woodham-Smith, Cecil 243
울만 Ulmann, Walter 104
월리스 Wallace, Alfred Russel 237
월윈 Walwyn, William 150, 151
월폴 Walpole, Robert 166, 177
윈스턴리 Winstanley, Gerrard 144, 146, 152

윈치 Winch, Donald 232

ㅈ
제이 Jay, Douglas 272
제임스 1세 James I 139, 154, 158, 165
제임스 2세 James II 129, 130
제퍼슨 Jefferson, Thomas 196~198
조리스 Joris, David 123
조지 George, Loyd 268
조지 3세 George III 198, 199
조토 Giotto di Bondone 114
존슨 Johnson, Paul 84

ㅊ
찰스 1세 Charles I 148, 150
최상용 28, 32

ㅋ
카를로스 1세 Carlos I 136
카뮈 Camus, Albert 286
카스텔리오 Castello, Sebastian 123, 124
칸트 Kant, Immanuel 52, 54, 55, 101, 181~183, 185, 195, 202, 211, 299
칼뱅 Calvin, Jean 117~119, 121~124, 138
칼뱅주의 119, 126, 134
칼뱅파 127, 129
캠벨 배너먼 Campbell-Bannerman, Henry 270
케이멘 Kamen, Henry 164
케인스 Keynes, John Maynard 96, 97, 271~273, 276, 305, 309

코널리 Connolly, Cyril 84
코브던 Cobden, Richard 234, 244~246
코트 Caute, David 282
콜럼버스 Columbers, Christopher 106, 136, 275
콜리니 Coligny, Gaspard II de 131
콩도르세 Condorcet, Marie Jean Antoine Nicolas de Caritat 183, 184, 195, 218, 225, 228~231, 235, 245, 278
콩스탕 Constant, Benjamin 218, 225~228, 248
크랜스턴 Cranston, Maurice 72
크로스먼 Crossman, Richard Howard Stafford 272
크로체 Croce, Benedetto 19, 20
크롬웰 Cromwell, Oliver 146, 150~155
크리크 Crick, Bernard 92
클라크 Clark, George Kitson 232

ㅌ

타운센드 Townsend, Joseph 172
탈몬 Talmon, Jacob Leib 85, 92
토인비 Toynbee, Arnold 266
토인비 Toynbee, Arnold Joseph 183
토크빌 Tocqueville, Alexis de 202, 203, 220, 247, 250~255, 259~261, 307
투생 루베르튀르 Toussaint l'Ouverture, François-Dominique 216~218
튀르고 Turgot, Anne Robert Jacques 194, 228
트루먼 Truman, Harry Shippe 280, 281

틴들 Tindal, William 120

ㅍ

파노프스키 Panofsky, Erwin 114
파스칼 Pascal, Blaise 135
페리클레스 Pericles 40, 103
페인 Paine, Thomas 81, 85, 217, 219, 222~225, 294
페인터 Painter, Sidney 104
페티 Petty, William 168, 171, 172
펠리페 2세 Felipe II 137
포스터 Forster, Edward Morgan 277~279
포이어바흐 Feuerbach, Anselm von 214
포퍼 Popper, Karl 56, 57, 287, 288, 302
폭스 Fox, C. G. 219, 220
프라이스 Price, Richard 219
프레스턴 Preston, John 119
프로타고라스 Protagoras 114
프리드리히 대왕 Friedrich der Grosse(프리드리히 2세Friedrich II) 193
프리드먼 Friedman, Milton 6, 95, 96, 300, 305~309
피코 델라 미란돌라 Pico della Mirandola, Giovanni 113
필 Peel, Robert 242

ㅎ

하이에크 Hayek, Friedrich A. von 6, 7, 56, 57, 95, 96, 300, 301, 303, 305~310

하트 Hart, H. L. A. 298
한배호 29
해링턴 Harrington, James 146
해밀턴 Hamilton, Alexander 200
해즐릿 Hazlitt, William 58
햄프셔 Hampshire, Stuart 67, 230
헌쇼 Hearnshaw, Fossey John Cobb 38
헤겔 Hegel, Georg Wilhelm Friedrich 19, 202, 211, 287
홀 Hall, John 144
홀데인 Haldane, Richard Burdon 261

홉스 Hobbes, Thomas 6, 48, 50, 55, 58, 70, 77, 87, 128, 135, 140, 146, 159, 162, 163, 301
홉하우스 Hobhouse, Leonard Trelawney 6, 63, 261, 262, 266, 270, 271
횔덜린 Hölderlin, Johann Chritian Friedrich 202
후브마이어 Hubmaier, Balthasar 122
후크 Hook, Sidney 282, 283
흄 Hume, David 50, 55, 181
히틀러 Hittler, Adolf 35

자유주의의 역사

1판 1쇄 2011년 6월 30일
1판 2쇄 2015년 2월 16일

지은이 | 노명식
펴낸이 | 류종필

편집 | 천현주, 박진경
마케팅 | 김연일, 이혜지, 노효선

표지디자인 | 석운디자인
본문디자인 | 글빛

펴낸곳 | (주)도서출판 책과함께
주소 | 서울시 마포구 월드컵로 50 덕화빌딩 5층
전화 | 02-335-1982~3
팩스 | 02-335-1316
전자우편 | prpub@hanmail.net
블로그 | blog.naver.com/prpub
등록 | 2003년 4월 3일 제6-654호

ISBN 978-89-91221-82-6 03920

이 도서의 국립중앙도서관 출판시도서목록(CIP)은 e-CIP 홈페이지(http://www.nl.go.kr/ecip)와 국가자료공동목록시스템(http://www.nl.go.kr/kolisnet)에서 이용하실 수 있습니다.(CIP제어번호: CIP2011002467)